龙华集团
LONGHUA GROUP
龙华集团成立三十周年
1994—2024

陕西龙华煤焦电集团有限责任公司
荣誉出品

神奇神木
石峁

高杰◎主编

陕西新华出版
陕西人民出版社

图书在版编目（CIP）数据

神奇神木 / 高杰主编 .— 西安：陕西人民出版社，2024

ISBN 978-7-224-15339-2

Ⅰ. ①神… Ⅱ. ①高… Ⅲ. ①神木县—概况 Ⅳ. ① K924.14

中国国家版本馆 CIP 数据核字（2024）第 054884 号

责任编辑： 马　昕
王亚嘉
整体设计： 赵文君

神奇神木
SHENQI SHENMU

主　　编　高　杰
出版发行　陕西人民出版社
（西安市北大街 147 号　邮编：710003）
印　　刷　中煤地西安地图制印有限公司
开　　本　787 毫米 ×1092 毫米　1/32
印　　张　23.75
字　　数　480 千字
版　　次　2024 年 8 月第 1 版
印　　次　2024 年 8 月第 1 次印刷
书　　号　ISBN 978-7-224-15339-2
定　　价　356.00 元（全五册）

“神奇神木”编委会

主　编

高　杰

副主编

刘小毅　王碧清　贺治军

执行主编

杨　瑞

执行编委

张　朋　杨　萍　大　雄　周　旭

参编人员（按姓氏笔画排序）

王　力	王　东	王　荣	王兴朝	王利平
云　龙	卢德林	付俊明	乔清亮	刘　江
刘庆峰	刘军生	刘晓兵	许红午	李　春
李克威	李小强	杨晓霞	杨德茂	杨汉威
张　妍	张　瑶	张宗飞	张胜田	张爱林
张小战	范光胜	尚清平	呼志平	赵米真
贺江林	贺治军	贺韬利	高　睿	郭振刚
曹国选	曹银侠	惠新军	薛　壮	穆阿辉

序

文化是一座城市的灵魂，是推动可持续发展的内在动力。在以现代化高端能源化工为主要发展取向的神木，旖旎秀丽的自然风光和深厚悠久的文化积淀也成为促进经济转型、提升城市品位的重要资源。也正因有了遗鸥翔集的大漠明珠，有了石破天惊的史前文明，有了大街小巷的斑驳印记，神木不再单单是能源重镇，更是一座闪耀着文明火光，浸润着诗意山水的心灵归宿。

神奇神木，神秘神往。神木之“奇”在于其或俊逸旷达，或清新浪漫，或脱尘超俗……在亿万年地质变迁和数万年人类活动中，神木受到自然和历史的双重眷顾。从绵延的秃尾河到横亘的历代长城，从自由的遗鸥到雄奇的二郎山，从四千年前的石峁到五百年前的高家堡，昭君出塞、杨业抗辽、范仲淹巡边等历史故事传唱千古，为我们留下了太多遐想；唢呐、三弦、酒曲、说书等众多地域特色文化引人入胜。历朝历代的烽火硝烟、雷霆战鼓、

写意诗画、风俗民情，或托于遗存，或附于山丘，或以诗表、或以词生，凡此种种，都在数千年的皇皇之旅中留下了深深的印痕，至今徜徉其中，仍旧令人惊叹不已、感动莫名。

“神奇神木”由龙华集团精心策划推出，以高家堡、石峁遗址、杨家城、二郎山、红碱淖五处神木市代表景点为对象，用尽可能翔实的描述，通过图文并茂的形式展示神木市秀美的自然山水、深厚的历史文化、浓郁的地方风情，为广大游客游览提供有益遵循，为促进神木市文旅融合发展做出进一步的探索。其中，《石峁》以考古发掘成果及遗址的重要价值意义为线索，重点介绍石峁古城的构成、出土器物以及传说故事，以期让读者对遗址有更为清晰明确的认知;《高家堡》由古而今，对当地重要的景点进行了比较系统、详尽的叙述，包括历史渊源、文化内涵、年代特征等，并用适当的笔墨对传说故事加以介绍，力求给读者展现平凡世界之外的不平凡;《杨家城》则以古麟州的遗存为重点，结合当前旅游开发情况，着重介绍遗存现状、现有景点、历史人物、诗词歌赋等，由此反映麟州的性格品质、人间烟火;《红碱淖》以自然风光、珍奇禽类为要素，对湖泊生态、保护情况、周边景致、游览感怀等进行介绍，为畅游其中指明了方向;《二郎山》将错落有致地分布着集儒、释、道三教合一的各类建筑，庙内遗存丰富的壁画、雕塑、石刻、题词等一一介绍，展现出其独特的艺术和历史价值。

龙华集团作为一家扎根神木的企业，目前初步形成了以煤炭为主体，煤化工和新能源为两翼，现代物流、现代服务、生态农

业为支撑的“一体两翼三保障”的产业格局，希望在企业高质量发展的道路上，从挖掘历史文化的角度为神木市的社会事业发展贡献自己的力量。这套丛书以“神奇神木”为题，一方面旨在要表达对先民和大自然丰厚馈赠的最高礼赞，另一方面也希望借此进一步宣传和推广神木旅游品牌。

我们衷心希望这套丛书能够得到广大读者的喜爱，让更多的人畅游神木，感受神木的神奇之处。

皇城台
洞川沟
秃尾河
高家堡
石峁

外城东门
玉器

目录

石峁遗址地形地貌

遇见石峁

石峁遗址位于陕西省神木市高家堡镇，地处黄土高原北部、毛乌素沙漠南缘，黄河一级支流秃尾河及其支流永利河交汇的台塬梁峁之上，属新石器时代晚期至夏代早期遗存，是国内已发现的一处规模宏大的史前石筑城址。

石峁城址初建于距今 4300 年前后，沿用至距今 3800 年前后，由皇城台、内城、外城三部分石砌城垣构成，面积逾 4 平方千米。城内密集分布着大量宫殿建筑、房址、墓葬、手工业作坊遗迹，先后出土了大量的玉器、陶器、骨器、石雕石刻、彩绘壁画等珍贵文物。

皇城台是石峁城址的核心区域，其形状是由底部向台顶四面包砌层阶状护坡石墙台地，底大顶小，护墙保存较好处多达 10

余层阶。台顶推测为大型宫殿建筑区域，发现了大型石筑基址、石雕、石刻等重要遗迹及遗物。内外城城墙依山势而建，形状大致呈东北—西南方向。城墙大部分处于山脊之上，墙体上发现了城门、瓮城、角台、马面、墩台等防御性建筑遗迹，内城区内密集分布着居住区、墓葬区及手工业作坊区，外城内同类遗迹较为稀少。

石峁遗址在陕西省的地理位置

外城东门址位于外城东北部，是遗址区域内最高处，由外瓮城、砌石夯土墩台、内瓮城、门塾、马面、角台等部分组成，总面积2500余平方米。外城东门址及马面、角台等附属设施，揭示出一座体量巨大、结构复杂、筑造技术先进的城门遗址，出土了玉器、壁画、石雕、陶器、石质生产工具等龙山晚期至夏时期的重要遗物。

石砌墙体内极为特殊的大量藏玉现象，突显了东亚地区古人崇尚玉石辟邪御敌观念，石峁城址或许与中国古代文献中记载的“玉门”“瑶台”等相关；瓮城、马面、角台等城防设施的出现不仅表明在中国早期国家形成的阶段，中国北方地区政治格局的复杂化及武力战争的频繁，也成为东亚地区土石结构城防设施的最早实物资料；大量早期集中埋葬于城门地面之下头骨的出现，清晰地表明了城建过程中奠基活动或祭祀仪式的存在及这一区域社

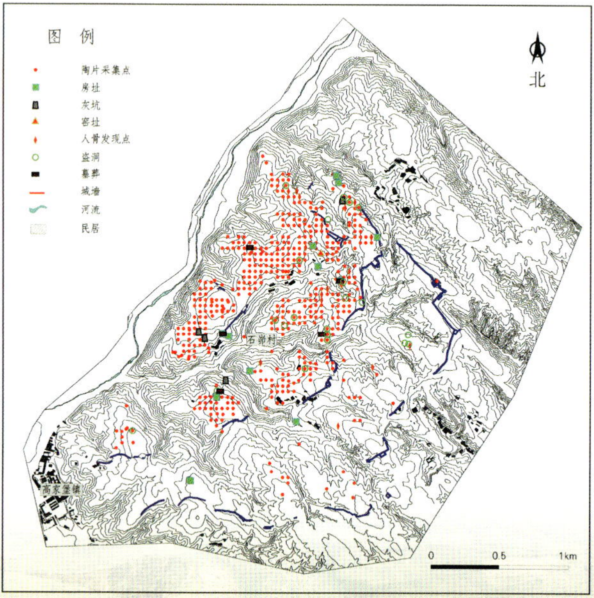

石峁古城内遗迹点分布图

会复杂化倾向加强。

石峁玉器质料精良、工艺复杂、特征显著，是我国龙山晚期至夏时期北方地区玉器之集大成者。近年来，城址周边出土的铜制品经过初步科学检测，确定为我国北方地区时代最早的一批铜器。石峁城址以皇城台为中心、内外城半包围环绕的环套结构，开启了中国古代都城建筑格局的先河。

考古研究工作表明，石峁遗址系公元前两千纪前后中国所见规模最大的城址，形制完备，结构清晰，保存良好，被誉为 21 世纪中国最为重要的史前考古发现之一。2019 年 4 月，石峁遗址被国家文物局列入《中国世界文化遗产预备名单》。2020 年，石峁遗址入选 2019 年度“中国六大考古新发现”和“中国十大考古新发现”。2020 年 5 月 15 日，石峁遗址外城东门景观入选“国家名片”首组《亚洲文明》特种邮票。2020 年 12 月，石峁遗址入选美洲考古学会《考古》期刊世界十年（2011—2020）十大考古发现。2022 年 2 月，石峁遗址文化旅游区获评国家 AAAA 级旅游景区。2022 年 12 月，石峁遗址荣登第四批国家考古遗址公园名单。

公元前 2000 年前后正是中华文明和早期国家形成、发展的关键阶段，石峁遗址作为河套地区和黄河中游的区域性政权核心，它的发现为探讨中华文明起源形成的多元性和发展过程提供了全新的研究资料，对该时期中国政治、军事、宗教、经济等领域的研究提供了重要的资料，改变了人们对中华文明早期格局的传统认识，对进一步理解东亚及东北亚地区国家的起源与发展过程具有重要意义。

皇城台冬日雪景

依山傍水

石峁遗址位于黄土高原北部、毛乌素沙漠南缘，处于游牧文明和农耕文明的交错区域。万里长城从这里蜿蜒穿行，黄河一级支流秃尾河流经这里。这里是典型的黄土地貌，气候干旱，植被稀疏，沟壑纵横，崎岖不平，春日风沙漫天，冬季严寒漫长。

据专家考证，在石峁时期，秃尾河的水位比现在高出 26—40 米，现在的高家堡在那时就是一片汪洋。在《史记·五帝本纪》里有记载，当时整个中华大地水患泛滥，于是就有了大禹这样一位治水大神横空出世。大禹治水虽然只是一个传说，但是，气象学研究表明，距今 5000 年到 4000 年之间这里的气候相比如今较温暖湿润，平均气温比现在高出 2℃~3℃，年降水量在 200—300 毫米之间，秃尾河的水位比现在要高出 26—40 米。从石峁古城所处的地理位置来看，4000 年前，这里地形较如今相对平缓，没有那么多纵横的沟壑，植被生长得也较好。

知识链接

龙山文化（Longshan Culture），泛指中国黄河中下游地区新石器时代晚期的一类文化遗存，属铜石并用时代文化。

龙山文化因首次发现于山东省济南市历城县龙山镇（今属济南市章丘区）而得名。经放射性碳素断代并校正，年代为公元前 2500 年至公元前 2000 年（距今 4000 多年前）。分布于黄河中下游的河南、山东、山西、陕西等省。龙山文化时期相当于文献记载的夏代之前或与夏初略有交错。

龙山文化源自大汶口文化，为汉族先民创造的远古文明。1928 年的春天，考古学家吴金鼎在山东省济南市历城县龙山镇发现了举世闻名的城子崖遗址。在此之后，考古学家们先后对城子崖遗址进行多次发掘，发现了一批以精美的磨光黑陶为显著特征的文化遗存。根据这些发现，考古学家把这些以黑陶为主要特征的文化遗存命名为“龙山文化”。

走进『神话』王国

湿润的气候，充足的水源，孕育了灿烂的石峁文明。石峁遗址的发现改变了学术界对新石器时代中国史前文化格局的认识，为探讨中华文明的起源和发展过程提供了新的研究资料，引起了学术界关于中华文明起源与形成过程的反思，为正在进行的“中华文明探源工程”输入了新鲜血液。

餐饮文化

从目前考古情况来看，石峁先民的餐饮文化也相当发达。他

成熟的谷穗

石峁谷子

石峁遗址出土的谷物（黍）

石峁遗址出土的谷物（粟）

们不仅制作了大量分工、用途明确的陶制炊具，更是荤素搭配，营养均衡。在皇城台区域，考古工作者发现了部分碳化的粟和黍的颗粒残迹，即我们现在常说的小米和糜子，而这两种食物至今仍旧是黄土高原的特产。由此可见，石峁人已掌握了农业种植生产技术，并将粟和黍当作重要的食物来源。另外，石峁遗址内还发现了部分牲畜的居住地，充分说明石峁人已能够饲养家畜，自给自足。石峁遗址内遍布的动物骨头遗存，经相关团队鉴定近 30

种，除常见的羊、猪、牛、狗、鸡外，还有鹿、熊、鹤等，这些也进一步说明了石峁人食材的多样性。

丧葬文化

在石峁遗址已发掘区域，考古人员发现了石棺葬、瓮棺葬、大型贵族墓葬三种丧葬形式。其中石棺葬是用大块片状石板拼接成长方形的狭小容器装殓躯体的一种墓葬形式，棺内没有陪葬物品，基本上是当时平民的丧葬方式。而瓮棺葬则是以瓮或盆为葬具装殓躯体的一种丧葬形式，一般用来埋葬夭折的幼儿和少年，大多数埋在居住区内房屋附近或室内地面下。贵族墓葬则普遍规

瓮棺葬

扩充阅读：中国古代陵墓的称谓

中国古代陵墓的称谓众多，有“墓”“坟”“冢”“陵”“林”等。从古义上讲，古人死后挖个坑将尸体或棺材放入后，盖土，与地面平，不植树者称为“墓”。“坟”要比墓稍晚，是起土堆成的，现在坟与墓的含义基本相同。《说文》云：“冢，高坟也。”坟和冢是贵族、有身份的人的死后居所。“陵”为更高的土山，是皇家专用的名称，如秦始皇帝陵、茂陵、乾陵等。“林”面积较大，是圣人的墓地所在，如孔子的墓地所在被称为“孔林”，关羽的墓地所在被称为“关林”等。

模较大，构造比较规整，墓主人或单人独葬或夫妻合葬，墓坑里有壁龛、殉人以及玉器、陶器等各种陪葬品。

天文历法

已发掘的石峁遗址外城东门址，主体建筑为一大一小的南、北墩台和门道。据现代天文学的公式和星象复原方法计算，其门道与墩台东北侧外立面均精确地朝向4300年前夏至日出方位。这一现象表明，早在4300年前，石峁先民可能已经根据对天象变幻、气候往复的观察总结掌握了丰富的天文历法知识。因此在

石峁星轨图

设计和修筑石峁城址时有意契合相应的天文现象，寄托某种精神期望和信仰追求。

婚姻制度

墓葬被视为社会的缩影，它从侧面反映出墓葬者所处时代方

石峁遗址出土的各类石器

方面面的社会情况。《家庭、私有制和国家的起源》一书中讲道：群婚制是和蒙昧时期相适应的；对偶婚制是和野蛮时期相适应的；一夫一妻制是和文明时期相适应的。

2014 年，考古人员在韩家圪旦地点的墓葬区发现了夫妻墓，这些墓葬的发掘，为我们研究石峁时期的婚姻制度提供了依据。在近年来的考古发掘中，发现了众多能反映所处时代婚姻制度的墓葬。在临潼姜寨仰韶文化遗址的墓葬中就有 2 座双人合葬墓；在山东大汶口遗址中发现的 25 座墓葬，均为年龄相当的男女合葬墓；在牛河梁红山文化遗址中也发现多处男女合葬的墓穴。石峁时期一夫一妻的婚姻制度充分显示出当时的文明程度。

建筑奇观

石峁遗址由皇城台、内城、外城三重城垣构成，这种建筑格局一直是后世中国都城建筑格局的主流。石峁遗址外城东门、内城东门、皇城台门址，均采用内外双瓮城结构布局，是中国城防史上目前已知最早的瓮城实例。自 2011 年考古发掘以来，考古工作者在石峁遗址的城墙墙体中和坍塌的墙体堆积里先后发现了玉璋、玉铲、玉刀、玉钺等各类玉器，这种“藏玉于墙”的现象，是石峁遗址特有的现象。在石峁遗址外城东门南北墩台和皇城台东护坡北段上部的墙体中有大量孔洞，其中一些孔洞内仍可见朽木遗存，木质基本为柏木，据碳 -14 测年法测定这些柏木均距今 4000 年左右，功能与现代的钢筋类似，用于高大的墙体。

皇城台建筑效果图

皇城台门道修复示意图

外城城墙

石峁遗址的马面规模宏大，形式多样，包括城墙上间隔分布的凸出矩形墩台，门道两侧的大型墩台，以及城墙拐角处的角台三类，是龙山时代发现马面数量最多的遗址。马面形态成熟，分布规律，建造技术先进，对探讨马面的起源及发展演变具有重要意义。皇城台广场是目前考古发现时代最早的宫城门前广场，具有一定的礼制功能，开创了后世宫城正门前面设置广场的先河。

独特艺术

石峁艺术独具特色，在音乐、绘画、雕刻等艺术领域有着较高的价值。其中出土于皇城台东护墙北段上部的“弃置堆积”层内的口簧，系目前世界范围内所见年代最早、结构完整、特征明确的口簧，出土数量较多、出土背景明确、共存器物丰富，是音乐史上的重要发现。陶哨、骨笛以及鳄鱼骨板所代表的“鼓”等乐器更是显示了石峁人对音阶、音律、音域、音色等概念有着比较全面的了解和掌握。

石峁壁画是目前中国史前遗址壁画出土数量最多的，壁画色泽鲜明，图案规整，绘制精美，通过黑白线条绘制出菱形等几何形图案，充分说明当时的石峁先民已经掌握了丰富的图形知识和绘制方法。

在石峁遗址皇城台顶部出土的 70 余件石雕中，有立柱石雕、平面石雕、符号石雕、人像石雕等多类，对称工整，极具艺术美感，不仅忠实地记录了石峁先民的生产劳动景象，还体现了他们极具想象的创造力和独具一格的审美。

东门址内瓮城壁画出土情况

石雕（出土于东门址外瓮城南墙内侧）

石雕（出土于东门址外瓮城东南角）

石峁遗址北侧洞川沟冬日风貌

发现之旅

1607 年（万历三十五年），延绥巡抚郑汝璧、涂宗濬等纂修的《延绥镇志》将石峁遗址推断为唐代的幽陵都督府遗址。

1673 年（康熙十二年），延安府同知谭吉璁纂修的《延绥镇志》沿用前说，仍将石峁遗址记述为幽陵都督府。

1841 年（道光二十一年），榆林知府李熙龄纂修的《榆林府志》、神木县知县王致云纂修的《神木县志》，记载石峁遗址时均沿用旧说，并引申出“英宁府”“宅门墙堡”的记述。

1927 年 7 月 16 日，天津《大公报》刊发《陕北发现汉匈奴古物》的报道，记述了高家堡籍北京大学学生韩寿萱回乡时对石峁遗址的调查。

1928 年 1 月 4 日，《大公报》刊发了一则题为《陕北掘出汉

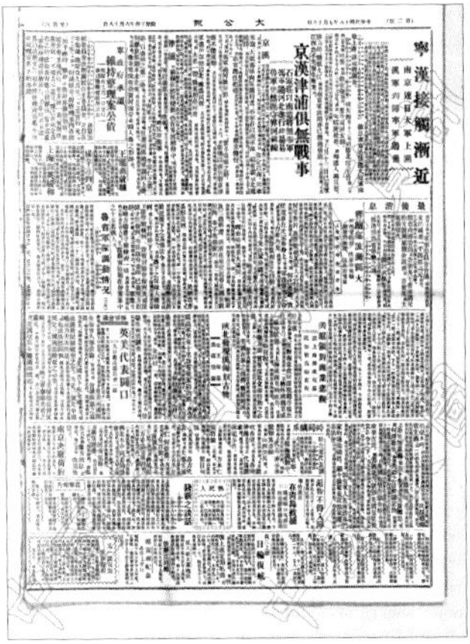
京漢津浦俱無戰事

1927 年《大公报》发表的关于石峁遗址的报道

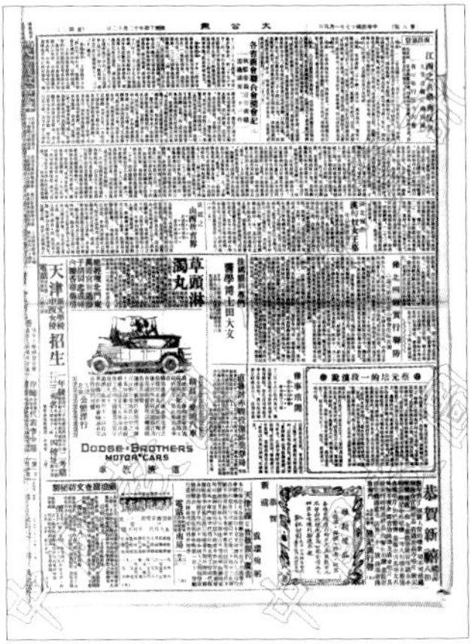

1928 年《大公报》发表的关于石峁遗址的报道

匈奴女王墓》的报道，报道中写道：

陕北地处边陲，与内蒙古接壤，古昔夷夏战场，多在此间。长城环曲绵延，焚台远近林立，为历史上边疆重镇。迤西有无定河曲折南流，古人云：“可怜无定河边骨，犹是春闺梦里人。”盖指此也。近有新由该处来京者云，陕北神木县高家堡东十里许有崔家峁山头，四边隐有朽腐石墙，中有乱石陶片、牛马朽败骨片，该处农人往往拨搜得铁片、铁箭头、玉片、铜带钮、铁马镫等物，山头土呈黑红色。据本地学者云，此系昔时匈奴南犯之酋王垒寨，距此山头迤南三里，有古冢四五处，墓峰高若

> 丘陵。有农人康某窃发掘一处，墓穴深阔若洞，发现刀、枪头、弓、箭头等铁兵器多种，殉葬牛羊马骨、雕刻玉石牛马骆驼羊及佩物甚多，并有金绣衫一袭，系金丝织制。据该处一般人云，此曾为匈奴女王葬处。惟康某恐官厅惩罚，畏罪潜逃。北大考古学会得此消息后，业已转嘱神木学生韩益生旋里调查。候得确实报告后，将派人前往考察，以为考究古代匈奴生活、习惯、心理之材料也。

1929年，美籍德裔汉学家萨尔蒙尼在北平从榆林府农民手中购得42件玉器，研究者推测这批玉器源于石峁遗址。

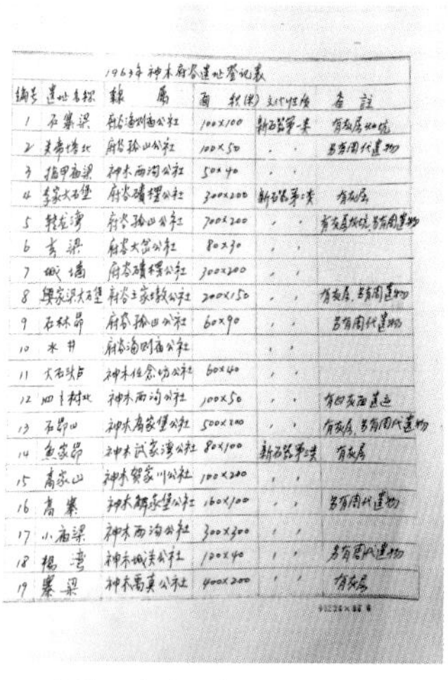

1963年神木府谷遗址登记表

编号	遗址名称	隶属	面积(米)	文化性质	备注
1	石寨梁	府谷海则庙公社	100×100	新石器第一类	有灰层灰坑
2	关帝塔北	府谷孤山公社	100×50	〃	另有周代遗物
3	指甲西梁	神木西沟公社	50×40	〃	
4	李家大石堡	府谷碛塄公社	300×200	新石器第二类	有灰层
5	转龙湾	府谷孤山公社	700×200	〃	有灰层灰坑，另有周代遗物
6	寺梁	府谷大岔公社	80×30	〃	
7	城墙	府谷碛塄公社	300×200	〃	
8	郭家梁大石堡	府谷王家墩公社	200×150	〃	有灰层，另有周遗物
9	石林峁	府谷孤山公社	60×90	〃	另有周代遗物
10	水井	府谷海则庙公社		〃	
11	大石头卜	神木什念坊公社	60×40	〃	
12	四十村北	神木西沟公社	100×50	〃	有灰面遗迹
13	石峁山	神木高家堡公社	500×200	〃	有灰层，另有周代遗物
14	鱼家峁	神木武家湾公社	80×100	新石器第二类	有灰层
15	高家山	神木贺家川公社	100×200	〃	
16	高寨	神木解家堡公社	160×100	〃	另有周代遗物
17	小面梁	神木西沟公社	300×300	〃	
18	杨湾	神木城关公社	120×40	〃	另有周代遗物
19	寨梁	神木万镇公社	400×200	〃	有灰层

1963年陕西考古研究所长城沿线调查中的神木石峁遗址登记表

1958年，第一次全国文物普查时，发现断续分布的石砌城墙。认为城址由“三套结构”组成，东至牛家沙墕，西至土王（旺）山、北至公路（高家堡至神木县城）断崖，南至雷家墕庙，南北约3千米、东西约2千米，并将其命名为“石峁山遗址”。

1976年1月，陕西省文物管理委员会干部戴应新在石峁遗址调查，征集

1983 年石峁遗址县级重点文物保护单位标志碑

2006 年石峁遗址全国重点文物保护单位标志碑

到玉器、陶器等一批重要文物，并于同年 9 月进行复查。戴应新在《考古》1977 年第 3 期发表《关于石峁调查的简报》，提出了“石峁遗址”的命名。戴应新的这篇研究文章发表后引起了学界热议。

1981 年，西安半坡博物馆受陕西省文物局委托对石峁遗址进行了试掘，发现了房址、灰坑、石棺葬、瓮棺葬等遗迹，出土器物以陶器为主，采集器物包括玉、石、骨、陶器等。1983 年发表《陕西神木石峁遗址调查试掘简报》介绍试掘工作收获。

2011 年，陕西省考古研究院、榆林市文物考古勘探工作队、神木县文体广电局组成联合调查队，对石峁遗址及周边 10 平方千米的范围进行系统考古调查，确认遗址由皇城台、内城、外城组成，面积逾 400 万平方米，为国内史前规模最大的城址。

发掘中的皇城台遗址

一座孤寂的石头城

外城

外城系利用内城东南部墙体，向东南方向再行扩筑一道弧形石墙构成的环套城区，面积逾 190 万平方米，绝大部分墙体为高出地面的石砌城墙。城墙上发现有城门 4 座、马面 9 座、角台 3 座，残存城墙 20 余段。

· 外城东门址

位于外城东北部，门道为东北—西南方向，由内外两重瓮

外城东门址

外城东门址俯视图

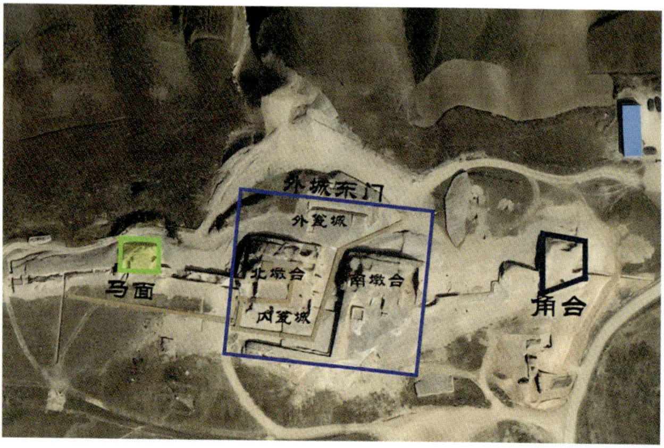

外城东门城防体系图

城、门道、砌石夯土墩台、门塾等设施组成，总面积约 2500 平方米。从地势来看，外城东门位于城址区域内最高处，地势开阔，位置险要。其结构清晰、设计先进、保存完好的城门遗迹，体量巨大，结构复杂，筑造技术先进，被誉为“华夏第一门”。

· 东南城门址

位于外城东南部，破坏较为严重，门道东向，有瓮城。城门所在位置地势高于四周，在此可远眺外城东门址、内城以及皇城台，应为当时一座位置十分重要的城门，起到控制交通、外防内守的重要作用。

· 外城城墙

绝大部分墙体为高出地面的石砌城墙，多位于山峁顶部地势平坦处，随山势起伏较小，墙体较为平直，大部分墙体已无整齐墙面，仅在地面上可见隆起的土石堆。残存墙体 20 余段，墙体长者超过百米，短者数十米。城墙不闭合，从东至西跨越城内的石墙阴洼、坟峁、雷家塌、石家圪、阴湾等 7 处地点。北墙直接共用内城南墙；东墙沿内城东墙一线向南修筑，但与内城东墙不

外城城墙（局部）

外城角台遗址

直接相连，由于被一条冲沟所隔，在外城东门处折向南；南墙较长，除东段个别墙体外，主要修建于较平坦的山峁顶部，走势较平直，南墙的西端折向西北，修建至临近秃尾河谷的山峁断崖边而止，据自然天险而未修筑西墙。外城城墙长度约 4.2 千米，绝大部分墙体为高出地面的石砌城墙，墙体宽度为 2.5 米左右，保存最好处残高 1 米有余。

内城

内城将皇城台包围其中，大致呈东北—西南向的椭圆形。城墙大部分处于山脊之上，为高出地面的石砌城墙，长度 5700 余米，宽约 2.5 米，一般高出地表 1 米左右。还发现有城门、马面、角台等城防设施。2012 年至 2013 年，考古队对内城后阳湾和呼家洼等地点开展了小面积的抢救性发掘工作。2014 年，对内城韩家圪旦地点进行了考古发掘，发现了一处贵族墓葬区，周边分布着数量较多的房址和灰坑。

· 内城东门址

位于外城东门西北部，与外城东门隔沟相望。原有石砌城墙与外城城墙相连接，后来受雨水侵蚀，内城东门东侧形成巨大冲

石峁遗址内城东门址（未发掘）

沟，连接墙体遭到破坏。内城东门保存较好，入门处有一道明显的短墙，将门道完全遮蔽，形成一个标准的外瓮城。门道两侧的墩台对称分布，体量不如外城东门的巨大。穿过笔直的门道，可见一个四四方方的广场式空间，极尽对称之美。内城东门虽暂未发掘，但登高远眺，轮廓清晰，雄风依旧。

· 韩家圪旦地点

位于皇城台东南方向的一处椭圆形山坳台地之上。除了东南侧有马鞍形的山体与其他山峁相连，其余三侧均临沟壑，山坡平缓。石峁考古队于 2014 年 6 月到 10 月对其进行发掘，共清理房址 42 座、墓葬 41 座、灰坑 27 处、灰沟 4 条，出土陶、石、骨器千余件。发掘确认韩家圪旦地点为石峁城址内城的一处贵族墓葬区，周边分布着数量较多的房址和灰坑。韩家圪旦地点发现的房屋基址和灰坑在层位上要比竖穴土坑墓和石棺墓早，说明该区域早期是有大量的房屋存在，到后来才成为墓地的，暗示着石峁城址内部相同区域在不同时期的功能划分是不断变化的。

· 后阳湾地点

位于皇城台东北方的山坳台地之上。房址较为集中，为方形地穴式，地面中央为圆形灶址，出土鳄鱼骨板。20 世纪 90 年代发现土坑墓，出土有玉环、玉铲等遗物。2012 年在一处土坑墓中发现一具 20 岁左右女性侧身屈肢殉人遗骨；在一处正装双鋬鬲瓮棺葬中发现一具不足周岁的婴孩遗骨，其骨殖上残留苎麻类纤

韩家圪旦墓地

维织物残片。

· 呼家洼地点

位于皇城台南端的山峁台塬北坡，东端北侧为一处天然冲沟。20 世纪 90 年代，石峁村民修建进村道路时将冲沟南侧周边的山峁整修，暴露出灰坑、深穴式房址。四座白灰面地穴式房址，自南向北依次排列，分布规律。其中一座房址出土一组器型丰富的陶器组合，包括鬲、斝、瓶、豆、尊等。

石峁遗址内城城墙

皇城台

皇城台是当地老百姓对一处砌石台地的称呼，位于内城偏西的中心部位，四面包砌护坡石墙，底大顶小呈金塔状，台顶面积 8 万余平方米。皇城台为大型宫殿及高等级建筑基址的核心分布区，台顶有成组分布的建筑基址，东北侧仍然可见十多级的堑山砌筑的护坡石墙层叠包裹，局部墙体有众多石雕装饰，错落有致，坚固雄厚，巍峨壮观。皇城台处石峁遗址最核心的部位，是整个城址的中心和贵族居住区，也是宫庙基址、祭祀等礼仪性建筑所在地。

皇城台东护墙北段冬日雪景

皇城台北墙西段纴木

皇城台边坡护墙

皇城台东护墙[illegible]景

樊庄子地点

樊庄子地点位于石峁遗址外城东南方向一处山峁顶部，与外城南侧的一座城门隔沟相望，四周视野非常开阔。2013 年在顶部乱石堆积附近采集到一件玉刀。2015 年 6 月到 11 月，考古队对这里进行了发掘。它的顶部由长 14 米、宽 11 米的长方形石砌城墙围成空间，外围一侧有弧形石墙环绕，是一处在自然土峁顶部垫土找平后再修构的石砌建筑。从目前发现来看，除 2013 年调查采集的一件玉刀之外，在它的方形空间中没有发现明显踩踏和用火的迹象，根据墙体内均匀分布的“壁柱槽”推测，它应该是登高预警的“哨所”类建筑。

发掘前的樊庄子地点

樊庄子地点

但其圆丘状的外形，“外圆内方”的两重石围结构与牛河梁红山文化遗址中的圆形祭坛以及后世各类祭坛的格局类似，契合了古代“祀天于圜丘，祀地于方丘”的祭祀理念，突显了古人“天圆地方”的宇宙观念，不排除为祭坛的可能。

畛惶梁地点

位于外城东北方向约 2000 米处，北侧筑有一座明代烽火台，有居住痕迹，应该是类似樊庄子的哨所类城外预警系统。这里也是传说中的女王坟所在地。

发掘中的皇城台遗址

手铲里诞生的图景

1981年8月，西安半坡博物馆巩启明、魏世刚、高耀成等人在石峁遗址调查并小范围试掘，1983年发表《石峁遗址调查试掘简报》。

1997—1998年，榆林地区文物管理办公室组织调查队对石峁遗址进行调查和局部勘探发掘。

2011年，陕西省文物局组织了联合考古队对遗址展开了科学系统的考古调查和发掘。考古工作揭示出一座由皇城台、内城、外城三部分石砌城垣构成的超大型城池，面积逾4平方千

2013 年外城东门出土的石器

米，城内密集分布着大量宫殿建筑、房址、墓葬、手工业作坊等龙山文化晚期至夏代早期遗迹，先后出土了大量的石雕作品、彩绘壁画、占卜用具、生产生活工具、装饰品、武器、玉器等珍贵文物。

2012—2015 年，石峁考古队重点对外城东门址及城内后阳湾、呼家洼、韩家圪旦等地点进行针对性发掘，揭示出一座体量巨大、结构复杂、筑造技术先进的外城东门遗址和成排成列分布的房址、高等级墓葬等遗迹，出土了一批具有断代意义的陶、玉、石、骨等遗物。

2016 年起，重点对皇城台区域进行发掘，先后完成皇城台广场、门道、东护墙、南部护墙考古清理工作，出土了大量精美玉器、石器、骨器、彩绘陶器及具有抽象意义的石雕石刻等。

目前，石峁考古队正在对皇城台顶部大台基西侧墓地进行细致考古发掘。

大型人面石雕（位于皇城台大台基南护墙西南拐角处）

文明的见证

玉器

石峁玉器数量庞大，或来源于交换，或是周边部族纳贡，抑或是通过战争掠夺。玉料更是来源广泛，品种多样。常见的有墨玉、玉髓、黑曜石、石英石、大理石、蛇纹石、碧玉等，还有一部分属透闪石软玉，基本涵盖了中国古代玉器的大部分玉石材质。出土玉器包括牙璋、钺、斧、戈、刀、璧、环、璜、人头雕像、动物雕像等十余类，兼具南北多元文化元素。部分体型扁薄的端刃器和较高的玉器改制和再利用率，显示出其自身鲜明的风格特点和制玉技术传统，这说明石峁已成为继红山文化和良渚文化之后的又一处史前玉文化中心。

· 玉雕人面像

玉雕人面像

玉雕人面像，是1976年戴应新所征集的126件石峁玉器中的一件，现藏于陕西历史博物馆。头像高4.5厘米、宽4厘米、厚0.5厘米。玉髓质，玉面光滑，色泽淡雅。头像整体扁平，呈侧面剪影式双面形象，面容安详，神态自然，头顶一椭圆形发髻或小冠，鹰钩鼻，口外凸而微张，正反两面各有一只橄榄形无珠大眼，大耳突出于脑后，面颊正中还钻有一圆孔。单面头像整体轮廓清晰，五官比例相对协调，造型逼真，生动传神，充满神秘与志趣，可能是石峁先民的神灵祖先形象抑或是图腾崇拜形象。石峁玉雕人面像是我国史前玉雕人面像之中唯一一件侧面雕像，具有极高的历史价值和美学价值，是石峁玉器的代表之作。

· 牙璋

牙璋是一种礼仪性兵器，也有学者认为牙璋可能来源于生产工具。石峁遗址出土的众多玉器中，除玉雕人面像外最具有代

牙璋

表性的就是牙璋。《周礼·春官·典瑞》记载:“牙璋,以起军旅,以治兵守。”由此反映出牙璋的符节作用。牙璋最早出现于新石器时代晚期的龙山文化时期。这类玉器整体呈扁平长方形状,通体光素,首端刃部呈内弧形,靠近刃部较为锋利。柄部两侧有小齿牙,柄端有一个小孔。材质一般以墨玉为主,油墨如漆。与其他区域出土的牙璋相比,石峁牙璋较为宽大扁薄,可能与农牧交错地带民族粗犷、豪放的性格相关。

· 玉琮

在中国古代,人们认为玉可通灵,于是将形制内圆外方、体现了古人天圆地方理念的玉琮作为礼器来祭祀神祇。目前发现的最早玉琮出现于安徽潜山薛家岗第三期文化,距今约 5100 年。新石器时代中晚期,玉琮在江浙一带的良渚文化、广东石峡文化、山西陶寺文化中大量出现,一度成为史前玉文化中典型的器型代表。

石峁遗址发掘至今,玉琮出土数量较少,具有鲜明的特色。一般分为两种:一种整体呈方柱形,外表没有进行雕刻,和同时

玉琮（部分）

代的齐家文化玉琮风格高度相似；另一种玉琮整体扁薄，四周的角部突出，一般装饰有平行刻线或对称小圆圈，纹饰具有明显的良渚文化神人兽面纹玉琮的风格。还有少量琮形器，有明显的残缺或者二次加工的痕迹，可能是半成品，也可能是制作玉琮的余料，还有可能是要将其改制为其他器型。

· 玉璜

古时，有“半壁为璜”之说。玉璜，是佩戴的一种饰物。从新石器时代早期开始一直是女性的象征，也代表了祥瑞，经常与玉管、玉串组合成一串串精美的挂饰，显示出佩戴者的社会地位。玉璜一般为扁平弧形，半圆或扇面状。表面光素无纹，大多两端有孔。在中国古代，玉璜与玉琮、玉璧、玉圭、玉璋、玉琥，统称为“六器”，均为玉制礼器，以礼天地四方。当然，现

玉璜

在大家所能看到的玉璜形态，除单体外也包括一些组合而成的璜形器，一般为环状。常见的有两联璜、三联璜，璜与璜之间通过对应的小孔穿线串联起来，组成相对完整的玉璧或玉环。据专家考证，某些联璜璧环并非有意为之，而是一些完整的璧或环无意间破裂后，古人将破裂部分加工、打磨、钻孔组合而成，应该说是旧物再利用。

· 玉牙璧

玉牙璧也被称为玉璇玑，造型奇特，通体扁平，中央有一个圆形孔洞，形状像变形的玉环。这种玉器外缘一般有三个形状相同且均向同一方向旋转的等距分布的锯齿状凸脊，看着像一个风车，造型极具动感。也有部分牙璧是利用联璜璧和高领环改制的，有的在牙之间雕出一至三组不等的扉棱。少数牙璧近长方

玉牙璧

玉环

铜玉牙璧组合

形，四角出牙，与山西清凉寺庙底沟二期遗址出土的牙璧相似，有原始风格。有的牙璧与带齿铜环同出，表面残留有铜锈痕迹，应该是配套使用的。还有一种牙璧形环，环体外缘刻有三至四组扉棱，或许是模仿铜齿环的样式。考古资料揭示，牙璧很可能是一种佩戴用的装饰玉器。

· 玉钺

在崇尚力量的古代，斧头一直是实力与地位的象征。玉钺就是一种脱胎于石斧的器具，外形与斧头很相似，在《说文》当中就有“大者称钺，小者称斧”的解释，所以能看得出来，钺就是大斧。在目前已出土的众多玉质斧钺上都没有见到明显使用的痕迹，可以看出玉钺已经脱离了实用器的范畴，成为一种彰显身份地位的礼器，在随后的发展过程中，形制逐步规范，成为王权与君权的象征。

石峁玉钺从形制来看，呈扁平长方形状，刃部比背部稍长，比一般的斧类器物宽，全身又扁又薄，靠近上端的部分一般有一个圆形穿孔或者上下并列两孔，用来穿线捆扎。与现已出土的同时期玉钺相比，石峁玉钺质地精美，形式也比较复杂，制作工艺更为先进。

玉钺

石雕

石峁遗址皇城台顶部出土了70余件石雕，按照造型可分为立柱石雕、平面石雕、符号石雕等。其中立柱石雕有粗有细，总体有半人高。石柱在正反面采用浮雕技法各雕刻一个神面，正反神面在眼形、嘴形和齿形上都有区别，不过都没有明显的獠牙。平面石雕基本呈长条形，图案内容多样，刻画细致，表现丰富。根据构图方式，可以划分为单体、对称、连续、组合四式，其中以单体式最为常见。石雕的图案包括动物、神兽、

大型石雕（出土于皇城台大台基南护墙）

大型立柱石雕（出土于皇城台大台基南护墙外侧的地面）

立柱石雕（出土于皇城台）

石雕（出土于皇城台）

符号类石刻

人面石雕

石雕

眼纹

人面石雕

人像、符号以及装饰性纹样等等。从皇城台广场穿过外瓮城沿着门道一路上行，在门道拐角处的地面上我们可以看到三块刻有特殊符号的石块。一块刻有类似于锁具的形象，呈开启状；一块刻有外形闭合的圆形，圆内有圆圈图案；还有一块外部为方形圈，内部刻有方形小圈。人头像石雕多数体量较大，构图方式也最为复杂，根据形象可分为无发无冠、有发无冠、有发有冠三类。有发有冠人头像脸部细节丰富，表情夸张，最具"脸谱化"或"神格化"，或为石峁先民的英雄、祖先、王者甚至是神祇的代表形象。其雕刻技法非常成熟，有圆雕、浮雕，有阴刻，也有阳刻。经过敲打、切割、琢磨、修整等各道工序，涉及各种石雕加工的基本技法。甚至一件石雕上还出现了多种手法结合使用的现象，令人惊叹。

陶器

陶器是石峁遗址不可或缺的重要组成部分。自 1976 年戴应新采集至今，石峁遗址出土了大量大小不一、外形规整、种类繁多、用途多样的陶器，基本涵盖了生活的方方面面。

石峁陶器材质以灰陶、黑陶为主，分夹砂和泥质两种。夹砂灰陶数量最多，泥质灰陶次之，细泥褐陶和夹砂红陶最少。夹砂陶质地粗糙，内含砂粒较粗，多为饮器及大型容器，包括鼎、鬲、斝、盉等；细泥褐陶质地较为细腻，多为瓶、碗、杯、小罐等饮食器类。

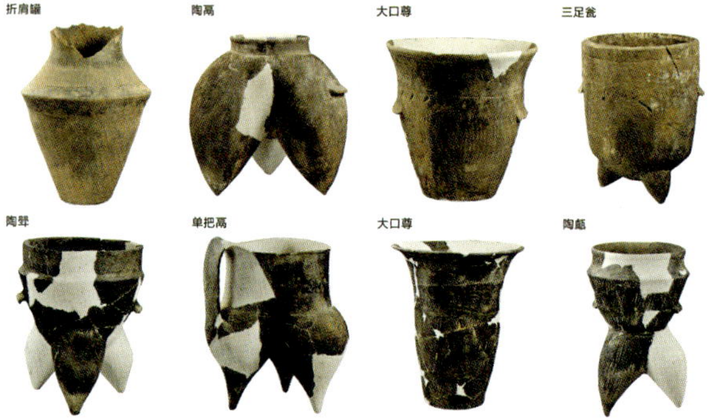

石峁遗址出土的陶器

从外在纹饰看，石峁陶器除素面外，还有篮纹、方格纹、圆圈纹、划纹、镂孔、弦纹、绳纹附加堆纹、几何锥刺纹、网纹等十余种。其中篮纹陶数量最多，其次是弦纹陶和绳纹陶，其他纹饰的陶器数量很少。这些纹饰大多处于器物的口沿下或肩部，有极少部分在陶器腹部。

从制作方法看，石峁陶器基本上采用手制、模制和轮制三种技术。其中轮制非常普遍，模制和手制则比较少见。

· 陶鬲

石峁遗址后阳湾出土的这件矮领肥足鬲口径 22 厘米、腹径 49 厘米、裆高 14 厘米、通高 43 厘米。夹砂灰陶，陶色亮灰。直口，厚圆唇，矮领竖直，袋足自领下鼓出，三足聚合于裆部，

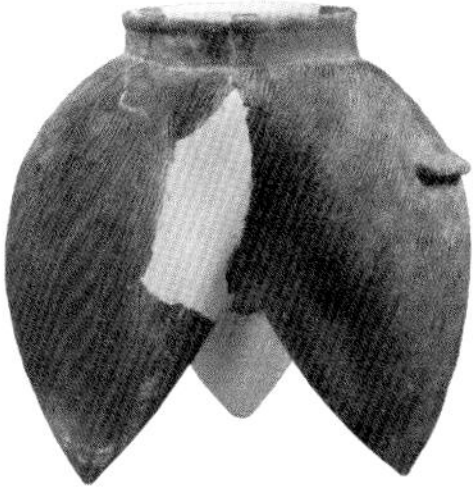
矮领肥足鬲

裆部有明显的瘤状下凸。器身上腹部有两个对称的梯形鋬，其一位于裆部正中上方，另一位于对称的袋足正上部。领部抹光，领部以下通体饰细密的斜向绳纹，足内侧饰交错绳纹。

· 陶鹰

这件陶鹰出土于皇城台东护墙北段的“弃置堆积”层内，通过对大量陶片的辨认，类似的陶鹰可能还有十几件。经过复原，陶鹰残高 50 至 60 厘米，身体部位塑造得栩栩如生，体格健硕，展翅伸颈，跃跃欲飞，这充分显示了石峁先民高超的雕塑技术。

根据现有考古发现来看，类似石峁陶鹰这么大体量的新石器时代动物造型陶塑在国内罕见，或许与红山文化中龙的图腾一脉相承。从造型与结构来讲，陶鹰肯定不是实用类的器物，而以动物为原型的陶塑背后多带有

陶鹰（皇城台出土）

宗教和礼仪祭祀的作用，可能是石峁统治者信仰鹰的某种特性，以鹰为原型制作祭祀物品，或者说鹰本身就是石峁族群祭祀的用品之一。

乐器

· 口簧

被誉为“人类最初音节”。口簧出土于皇城台东护墙北段上部的“弃置堆积”层内，为骨制品，外形规整，呈窄条状，中间有细薄弦片，一般长8—9厘米、宽1厘米多，厚度仅1—2毫米，出土有20余件。最新的测年数据显示，这些口簧制作于距今约4000年前，系目前世界范围内所见年代最早、结构完整、特征明确的口簧，出土数量较多，出土背景明确，共存器物丰富，是

口簧（皇城台出土）

音乐史上的重要发现。考古专家认为，石峁口簧是近现代流行于世界各地的口弦类乐器的祖型，它的传播与流布和古代族群的流动及文化交流有着密切关系，是探讨欧亚草原廊道早期人群流动及文化交流的重要线索。

· 陶制球哨

石峁陶制球哨（陶哨）是在人工捏制泥坯的基础上烧制而成的，小巧精致，有一孔哨、两孔哨、三孔哨，吹奏的时候声音嘹亮而有穿透力。其历史从新石器时代的河姆渡文化算起距今已有约 7000 年。陶哨不但是狩猎时的诱捕工具，还是点缀生活的乐器。

陶哨的作用是除了帮助捕获更多的猎物外，或许与今天的哨子一样，当遇战争或大型活动时，作为石峁人统一号令的工具。还有可能是在大型祭祀活动中，以其声响沟通神灵，达到祈福禳灾的目的。石峁出土大量陶哨，而不见陶埙，有专家猜测，是因为陶哨声音单一，音频较高，

陶制球哨（皇城台出土）

适合在放牧中呼唤牲畜，这从另一个侧面说明石峁先民有可能是狩猎和游牧相结合的部族。在石峁遗址，陶哨的出土，证明这一时期的先民已经具有了一定的音乐思维能力。

· 骨笛

骨笛是目前中国出土的最古老的乐器，是探索人类音乐文明发展的重要实物依据。石峁骨笛使用鹰等大型鸟类动物的翅骨制成，有专家认为这是源于石峁先民对飞翔于天空的大鸟的一种原始崇拜。石峁骨笛目前共出土 4 支，包括单孔 3 支和多孔 1 支，制作精细，显示了石峁人对音阶、音律、音域、音色等概念有着比较全面的了解和掌握。其中，多孔骨笛为竖吹演奏，双手持笛，两手的食指、中指和无名指按正面 6 个音孔，一个拇指按背

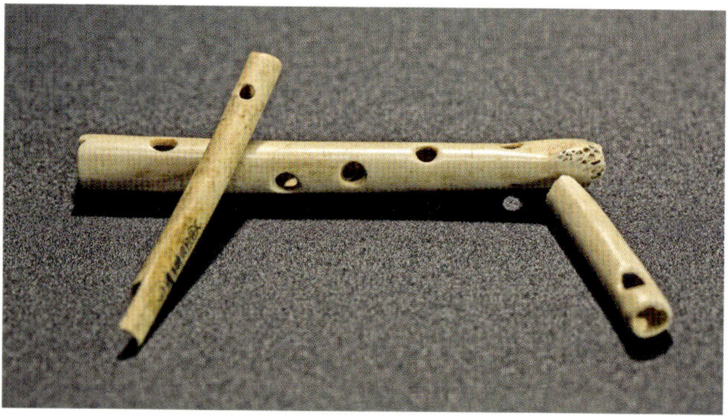

骨笛（皇城台出土）

面音孔，另一个拇指支撑笛身。吹奏时，气流对准“V”形缺口，气息吹入骨腔发生振响，再变换指法，奏出旋律。石峁骨笛是继贾湖骨笛、兴隆洼骨笛、河姆渡骨笛等之后，骨笛家族又一重要考古发现，不断丰富着多元一体、悠久绵长的中华文明内涵。

骨笛（皇城台出土）

鳄鱼骨板

在2012年的考古发掘中，考古工作者在石峁遗址的后阳湾地点发现了一块鳄鱼骨板。这块鳄鱼骨板边长约2厘米，呈方片状，正面有许多点状小孔，内侧凸起一条脊，背面略有内凹。专家们经过深入研究，认定这块骨板为扬子鳄骨板，而扬子鳄并非生长于黄土高原，由此推断，这块鳄鱼骨板很可能是从南方交易而来。

鳄鱼习性凶猛，对于崇尚力量的石峁先民来说，制作鳄鱼皮鼓应该是以实用功能为主，他们相信鳄鱼皮鼓发出的浑厚鼓声蕴含着鳄鱼的巨大力量，具有强大的力量感和穿透力，应用

鳄鱼骨板（后阳湾出土）

于军事、通信或祭祀等活动中，能够振奋人们的精神，达到统一行动的目的。

海贝

海贝在中原地区的仰韶文化遗址、商周遗址和贾湖遗址等曾有大量出土，可以说海贝作为一种装饰品和交换介质在史前各文明社会一度被广泛使用，成为身份和地位的象征。

在石峁遗址的考古发掘当中，也出土了相当数量的海贝。根据考证，这些海贝属于暖水贝，分布于印度洋和中国南海的热带海域中，不属于中原地区的产物，而且这些海贝在中国南部的广大区域并没有发现，可见不太可能是由中国南海传播而来的。因此就有学者猜测，这些海贝是从远方交换而来的，也可能是近海的方国朝贡而来。可见石峁时代的人们，远比我们

海贝与陶片（皇城台出土）

想象中走得要远。

骨针

骨针是人类最早的缝纫工具，在我国，骨针从旧石器时代晚期开始出现，到新石器时代和商周时期普遍使用，直到战国秦汉时期铁针出现并普遍使用后才被淘汰。石峁遗址皇城台区域出土的骨针数量多达万余枚。经过分析，这些制作骨针的原料取材于羊的小腿骨，从采集到的制作骨针的标本来看，骨料经过了切、磨等不同工序加工，展示了当时制作骨针的全过程。

骨针（皇城台东护墙北段“弃置堆积”层内出土）

同时大量骨针现身皇城台，意味着这里可能曾经存在着规模不小的制骨作坊。

壁画

石峁壁画绘制精美，色彩鲜艳，残块大部分发现于石墙底部的地面上，部分还附着于墙体上。壁画以草拌泥层和白灰面作地仗层，绘制时先以阴刻起稿线进行整体规划，再用红、黄、黑、绿四种颜色绘出几何形图案。在制作工艺及绘制技法上与汉代及其以后壁画的主要制作工艺较为相似，这一现象表明中国壁画的基本制作工艺及工序至迟在夏代早期就已经基本确立。其中阴刻起稿线以及铁黄、绿土两种颜料的应用更是目前已知最早的实例。

石峁壁画是迄今为止中国境内出土数量最多的早期壁画，是研究中国绘画发展史、早期壁画艺术特征和制作工艺的重要实物资料。

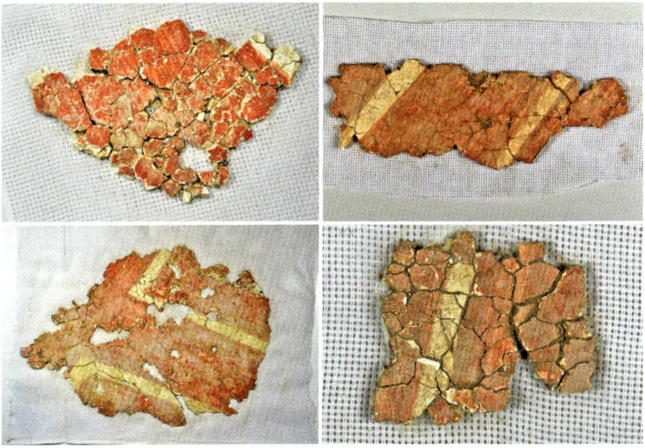

揭取的壁画残块

织物

在石峁遗址后阳湾地点瓮棺葬的发掘清理过程中，考古工作者在瓮棺葬里不足一周岁的婴儿骸骨上，发现留有织物残片。织线的经纬依稀可辨，并且有了内衣和外衣的区分，靠近身体的一层纺织品经纬线明显细密，而外面那层却相对疏松。经过进一步鉴定，确定这些织物原料为苎麻纤维。苎麻是一种人工种植的植物。另外，在石峁出土的众多玉器当中，有一种蚕形玉器，制作精细，栩栩如生，更是进一步说明当时人们对蚕这种动物有着较为精确的认知。由此可见，石峁人的衣服除苎麻类织物外，或许还有丝织品。可以说石峁时期人们早已脱离了赤身裸体、兽皮夹裹的蒙昧，进入了衣物制作讲究、材料来源

苎麻

苎麻类织物残片

纺轮

多样的社会，其文明程度可见一斑。

头骨

2012年以来，在石峁遗址外城东门址的考古发掘中，考古工作者陆续在早期地面下发现了6处人头骨坑，出土近百颗人头骨。坑内埋藏的只有头骨，身体其他部位不知去向。从人种特征看，这些头骨具有颅型偏长、面型偏窄、面部扁平度大的特征，与内蒙古长城一带先秦时代的土著居民具有高度一致性。经过鉴定，这些头骨多为年轻女性，部分头骨有明显砍痕，个别枕骨和下颌部位有灼烧的迹象。考古专家认为，在修筑城墙时集中杀戮女性并掩埋头颅，可能与城墙修建时的奠基或祭祀活动有关，显示出当时先民的精神信仰。

石峁遗址文化旅游景区入口

在光影里看见石峁

立柱石雕山门

在石峁遗址入山口处，矗立着 7 根古朴、自然的巨大砌石立柱，高低错落、粗细不一，与现场的山体环境和后方的黄色路面构成一幅恢宏壮观的画面。通过纵向的造型，突显石峁石城当年的宏伟，给人以强烈的视觉冲击。石柱在主路两侧按照左四右三的布局排列，预示着 4300 年的石峁文化。整体呈土黄色，与黄土高原和石峁壁画的黄色浑然一体，上面雕刻有各

立柱石雕山门

种各样的精美图案，取材于石峁遗址出土的各类石雕石刻，极具艺术特色。

小米大道

小米大道又叫石峁遗址生产道路，道路起于榆西路与石峁遗址入口交叉处，绕呼家洼墓地南侧，经过南石峁，由西向东，沿已有旧路至外东门管理处后沿内城东门经皇城台下行形成环状路网。线路总长度 6.43 千米，路基宽度 3.5—7.5 米，主要针对旧有路面进行加固保护并完善防护排水及安全设施，路基材料采用土壤固化剂专利技术新材料，中间采用沥青铺装，最上层铺设 3

石峁金黄色小米大道

毫米黄色陶瓷颗粒，并进行了标识标牌制作及护栏安装。小米大道修建以来，成为石峁遗址参观旅游的主要通道，同时因其黄色的路面独树一帜，吸引了众多游客打卡拍照。

文化雕塑

石峁文化雕塑是沿石峁黄色小米游览环线布设的全面反映石峁先民生产生活场景的大型景观雕塑，主要以狩猎场景、石器制作、石刻场景、种植场景、吹奏口簧场景、搬运石块场景、砌墙场景、计算场景、占卜场景、集市场景、房屋建造场景、朝拜场景、绘画场景、祭祀场景、钻木取火场景15个与石峁先民生活密切相关的场景为

石峁遗址沿线雕塑

表现内容。雕塑为铸铜材质，人物栩栩如生，动作流畅，内容表现具体生动，游客可游、可观、可思、可品，身临其境，体验石峁人的生活日常。

外城东门址景区

· 石砌景观墙

4000 年前的石峁人，用汗水和智慧筑造了史前规模最大的城址，这一筑城技术时至今日仍被当地人广泛应用于砌墙、铺院、建房等。在石峁遗址外城东门址南侧道路的两侧有两道新砌的石墙，一侧低矮，一侧高大。低矮的石墙随着道路两旁延伸，主要起道路挡排水的作用，砌石技艺一般，看不出任何特别之处。高大的石墙砌筑整齐，石材加工规范有序，颇有石峁石城修

石砌景观墙

石砌景观墙

石砌景观墙

筑的风范，在墙体中零星布放着通过 3D 打印复制的皇城台出土的石雕，古朴自然，神秘感十足。墙体顶部均匀摆放着石峁陶器鬲、斝、鹰等辨识度极高的艺术模型，极易引起游人的兴趣。

· 石雕阵

沿着黄色的小米大道一路上行到达外城东门址停车场后，映入眼帘的是一批土黄色的石雕阵，石雕造型各异，体量大小不

外城东门石雕阵

等，形象或含蓄或夸张，神秘感十足。这些石雕是依据皇城台出土石雕的造型复制的。

· 文明实证标识

在石峁遗址外城东门址入口处不远，立有一个“五千年中华文明的实证”标识景观，红色的底座，黄色的字，通过直观的形式直接展示石峁遗址的重要价值和意义。石峁遗址是探寻中华文明起源的窗口，很有可能是夏早期中国北方的中心，也有人认为是黄帝的昆仑城。以“中华文明的前夜”入选 2012 年“中国十大考古新发现”和“世界十大田野考古发现”以及“二十一世纪世界重大考古发现”,2019 年被列入《中国世界文化遗产预备名单》。

石峁城址还为石峁玉器的年代、文化性质等问题的研究提供了科学背景，对进一步了解早期的历史文明格局具有重要意义。

“五千年中华文明的实证”标识景观

知识链接

文明起源的标准是什么？

什么是文明？判断进入文明社会的标准是什么？这一问题至关重要，直接关系到判断中华大地各区域文明形成的时间以及中华文明历史究竟有多么悠久等一系列关键问题。

当前西方学术界比较流行的判断文明是否形成的标志是“三要素”，即冶金术、文字和城市的出现。这是根据西亚的两河流域和北非的埃及文明归纳出来的。但是，世界上不乏并非同时具备“三要素”的文明，如中美洲的玛雅文明被公认是文明社会，其特点十分鲜明，但该文明就没有制造和使用金属器，没有冶金术，辉煌的印加文明也是没有文字的文明。可见，这“三要素”并不是具有普遍意义的标准。

以中国为代表的东方古代文明的起源和早期发展，在相当长时间里，既缺乏资料，也缺乏系统认识，中国学者少有发言权，其学术意见也往往被西方学术界所忽视。“中华文明探源工程”根据对中国各地早期文明的考古发现，经过多学科联合攻关研究，认为中华文明的形成有自己的特殊规律，提出了符合中华文明特质的判断社会是否进入文明社会的标准。

第一，生产力获得发展，出现社会分工。在农业显著发展的基础上，出现农业和手工业的分离，并且部分手工业生产专业化（如琢玉、髹漆、制作高等级陶器、冶金等）。

第二，社会出现明显的阶级分化，出现王权。社会阶层分化显著，少部分社会上层精英垄断社会管理权（如军事指挥权、原始宗教祭祀权），出现最高统治者——王，形成严格的社会等级制度及维护社会等级制度规范的礼制。贵族、权贵控制盐、铜等重要的经济资源以及高等级手工业制品的生产和分配。出现埋葬王、其他高等级权贵阶层的专门墓地和随葬高等级礼器的大型墓葬。

第三，人口显著增加和集中，出现都邑性城市，并成为政治、经济、文化中心。出现反映王权的高等级大型建筑和需要耗费大量人力物力兴建的大规模公共设施。出现明显的城乡分化。

第四，出现王所管辖的区域性政体和凌驾于全社会之上、具有暴力职能的公共权力——国家。国家的产生是文明形成的本质特征。战争、刑罚和杀戮等暴力行为成为较为普遍的社会现象。祭祀等礼仪活动在社会生活中占有重要地位。

以上几个特征，并不包括以地中海和两河流域文明为基础所总结的、西方学术界常用的“三要素”中的两条文明判断标准，即文字和冶金术。这种差别，正是中华文明不同于埃及文明和两河流域文明的地方，恰恰说明人类文明的起源和历史的发展有其普遍性的一面，也有其特殊性的一面。

· 出土器物景观墙

在石峁遗址外城东门址入口不远处，矗立着一面巨大的石墙，高约 6 米，长约 20 米，整体为土黄色。墙上雕刻着牙璋、玉璜、玉钺、陶鹰、陶鬲等各类石峁出土器物的形象，为我们了解石峁遗址丰富的文化构成提供了途径。

石峁出土器物景观墙

· 外瓮城

瓮城是古代城市主要防御设施之一。简单来说，瓮城就是城门外侧的一个加筑的小城，这个小城与城门是相连接的，而且和城墙也能够连为一体，可以说是古代城墙的一个很重要的组成部分。在这漫长的历史变迁中，它也有过很多不同的名字，比如曲城、回门等。

2012年，考古队围绕石峁遗址的外城东门址及周边地区进行了重点发掘。外城东门址主要由外瓮城，包石夯土的南、北两座墩台，以及曲尺形的内瓮城、门塾等部分组成。今天已知

外城东门址外瓮城北端东侧石墙内玉铲出土状况

的瓮城雏形最早出现于西汉时期，而石峁遗址的瓮城早于西汉至少 2000 年。

· 头骨坑

在已经发掘的外城东门址地面下，考古人员共发现 6 个人头骨坑，近百颗人头骨，只有头骨，身体其他部位不知去向。根据体质人类学家的初步鉴定，这些头骨均为 15 岁到 35 岁的女性头骨，部分头骨有明显的砍痕，个别枕骨和下颌部位有灼烧的迹象。专家认为：之所以在修筑城墙时按照一定规律集中杀戮掩埋女性，可能与城墙修建时的奠基活动或祭祀活动有关。我们从集中奠基的头骨也可以看出，当时社会已经有了明显的尊卑贵贱之分，关系趋向复杂，奴隶社会早期的雏形可见一斑。

· 门道

外城东门址门道为一大一小的南、北墩台构成的通道。据现代天文学的公式和星象复原方法计算，其门道与墩台东北侧外立面均精确地朝向 4300 年前夏至日出方位。这一现象表明，早在 4300 年前，石峁先民可能已经根据对天象变幻、气候往复的观察总结掌握了丰富的天文历法知识，因此在设计和修筑石峁城址时有意契合相应的天文现象，寄托某种精神期望和信仰追求。

门道日出图

· 门塾

在中国古典建筑史上，门自古以来都是一种备受重视的建筑构造。作为出入的要道、贫贱的象征、文化的载体，门早已突破了仅仅作为开阖建筑的狭义范畴。它的形式和内容渗透了中国传统文化的浓重色彩，也体现了古代人民强烈的民族情趣。外城东门门道和门塾，实际上是一种军事防御建筑，左右两边的门塾呈对称性，为士兵站岗放哨的地方。倒座建筑与出入口相结合的门塾，是古代建筑中最为常见的一种形式，上自皇帝的宫室，下至普通百姓的住宅，都有较为广泛的应用。

门塾

· 纴木

纴木是古人为了增强墙体的坚固程度，在墙体中横向插入的一种木头，所起作用和现代建筑中的钢筋类似，一般用于高差较大的墙体。这和成书于北宋时期的《营造法式》中“筑城时，城每高五尺，横用纴木一排”的记载吻合。但过去一般认为在汉代才开始使用这种技术。

在石峁遗址外城东门址南、北墩台和皇城台东护坡北段上部

纴木

的墙体中有大量孔洞，其中一些孔洞内仍可见朽木遗存，纴木下面还用石板支护，木质基本为柏木，据碳 -14 测年法测定，这些柏木均距今 4000 年左右。在修建石峁城墙的过程中，横插墙体的纴木，将纴木的使用史向前推进了 2000 年，是中国古代城建技术的又一重要创举。

· 壁画出土地点

考古人员在内瓮城石墙根底部的地面上，发现了成层、成片分布的壁画残块 300 余块，部分壁画还附着于晚期石墙的墙体上。这些壁画以白灰面为底，以红、黄、黑、橙等颜色绘出几何形图案，最大的一块 30 厘米见方。这是龙山文化遗址中，发现壁画数量最多的一次。其中石峁壁画上出现的铁黄颜料，应该是中国历史上首次使用。而炭黑颜料的使用历史可以追溯到更早的新石器时代，石峁壁画表面炭黑颜料为该颜料在我国早期的使用增添了新的实物证据。至于绿土，一般认为提取该种颜料的海绿石，是在水深 100—300 米的浅海环境中，在有蒙脱石存在的情况下缓慢沉积而形成。但石峁遗址地处黄土高原腹地，距离海洋较远，绿色颜料从何而来，至今仍是一个谜。历经 4000 多年，壁画至今依然鲜艳，是因为壁画的原料来自石头中的铁矿物，主要成分是三氧化二铁，因此颜料不会褪色。令人费解的是，4000 多年前，人类还处在新石器时代，这些原料是如何提取的？目前，专家们正在寻找答案。

值得一提的是，石峁壁画在制作工艺及绘制技法上均与汉代及其以后的壁画相似，这可能暗示着，中国早期壁画的基本制作工艺及绘制技法，早在夏代早期或更早时期已经基本确立。石峁壁画是迄今为止中国境内出土数量最多的早期壁画，是研究中国壁画发展史、早期壁画的艺术特征和制作工艺的重要实物资料。更令人震惊的是，壁画上还有起稿线。而此前发现的最早的壁画使用起稿线的这种模式，是在唐代壁画里出现的，也就是说，这些使用起稿线工艺的壁画把在隋唐时期非常先进的绘画技术提前了几千年。壁画表面遗留涂抹痕迹，据推测有可能是毛笔一类的软工具留下的。

壁画出土地点

内瓮城壁画出土情况

· 北墩台

墩台是古代的一种军事防御建筑。士兵站到最高处，从上下左右、东西南北各个方向，都可以直观看到敌军的入侵情况。整个石峁遗址外城东门址整体结构，是由南、北墩台及内、外瓮城所构建而成的。北墩台位于外瓮城北侧，平面呈长方形，它宽厚结实，东、南、北三侧的石墙均由平整石块错缝平砌，石块之间夹杂草拌泥，小版块夯筑迹象明显，版块呈长方形，体积较南墩台大。南、北墩台，不仅具有登高瞭望的防卫功能，也是显示尊贵威严、等级地位的礼仪象征。

北墩台三维影像图

· 内瓮城

平面呈曲尺形，东西宽约 9 米，南北长约 25 米，由南隔墙和另一石砌建筑相接而成。内瓮城将西、南两面完全封堵，仅留向北折入主门道的道路，主门道入口处还设有门塾。内瓮城与外瓮城相得益彰，“藏兵于内”，起到防御外敌的作用。

内瓮城

内瓮城模型

· 观景台

观景台是景区在2016年建造而成的。由于石峁遗址外城东门址为整个遗址的最高点，所以站在观景台上，便可以俯瞰整个石峁遗址。向远处眺望，裸露的金字塔式建筑叫作皇城台，它是石峁遗址的核心，整体构建三面临沟，仅在东侧有一窄梁与外界相连。皇城台台顶面积约8万平方米，推测为宫殿遗迹，目前考古挖掘发现保存较完整的有9层。在皇城台中，发现了大量浮雕、玉器、骨器、石器等珍贵的史前文物。皇城台的功能相当于后世城址中的宫城，是整个城址的中心和贵族居住区，也是宫庙基址、祭祀等礼仪性建筑所在地。皇城台的建筑十分考究，布局

观景台

有序，坚固雄厚，装饰华丽的大型宫室在这里云集。而在观景台将这些雄伟壮观的建筑遗址尽收眼底，也是一件非常有意思的事情。

· 马面

马面是隔一定距离设置的突出矩形墩台，有利于防守者从侧面攻击来袭的敌人。因为外观狭长，形如马面而得名。《中国城墙》记载："马面之名称，首见于《墨子》中。"这表明至少在战国时，已有马面。我国现存最早的马面实物，在今甘肃省夏河县北的汉代城墙上。而石峁古城址发现的马面，堪称马面起源。它

马面

马面模型

将我国城墙建筑的历史提前了 2000 年，其独具匠心的建造设计，表达了古代城墙修建者超前的建筑理念。相关专家也称：石峁开创了中国古代都城建筑格局的先河。

· 玉器出土地点

在石峁遗址石墙中，发现了大量玉器。仅在外城东门址玉器出土地点发掘范围内，就发现了 8 件玉器，有玉铲、玉璞、玉雕人面像，其中还有一件长 53 厘米、宽 17 厘米的玉刀。出土的玉器有的插在倾斜的石墙里面，有的混在倒塌的石墙堆里。在石峁遗址流传的“玉器夹在石墙缝”的说法，因此得到了证实。专家判断，古人这样做可能与他们崇尚玉石辟邪的观念有关。据统计，近一个世纪，流失海外的石峁玉器将近 4000 件。可见石峁遗址历年来出土的玉器数量之可观。尤其以陕西历史博物馆的玉雕人面像价值最高，它是我国首个以人为形象的玉面雕刻。这些玉器所用原料涵盖了中国各个地方的玉石，这说明当时生活在石峁的古人活动范围已远远超出陕西北部。

另外，石峁遗址出土的大量玉器、壁画说明，当时已经有了明显的社会分层，是一个高度复杂化的社会。中华文明起源的多元性和发展过程，由此也有了全新的研究资料。

· 窑洞

在石峁城址发现了多处古人类居住地，其分为窑洞式和地面式两种，突出的特色是地面和墙均有白灰涂抹的痕迹。考古专家

皇城台窑洞

介绍，这样的建筑为明晰石峁遗址的功能区划分，提供了可靠的考古学材料。而在外城东门址发现的窑洞，则可能是士兵临时休息的场所，或是在城外耕地、狩猎时暂时休息的场所。因当时人们害怕野兽出没，或其他原因，出于自我保护的需要，将其建成了门窄、地高的建筑构造。

外城东门址窑洞

· 夏代院落

石峁遗址为龙山文化晚期至夏代早期的遗址，作为中国史前最大的石头城址，石峁遗址内人们的住房条件如何呢？考古专家给出了答案：石峁外城东门址附近清理出一处规模较大、保存较好、错落有致的院落，因其紧挨窑洞，故称之为夏代院落，其目前还在考古和研究的过程当中。其窑洞式住房、高处库房、礼仪

夏代院落

性厅房及石铺地坪和院落门址等结构基本清晰。如此完整而罕见的石砌院落，无疑对研究龙山文化晚期较高等级人物的居住条件等具有重要意义。

· 角台

角台亦称角楼，是城墙转角处突出于墙体的建筑，是镇守城墙的重要军事据点。可以起到观敌瞭望、增加可视区域的功能。而在距离南墩台不远处就有一座保存相对完好的角台。它呈土石结构，石头包裹土层，不仅规模大而且保持完整，也是我国目前发现的最早的土石结构城防设施之一。考古专家说，之前发现的

角台

外城东门址附近角台

现存最早的土石结构城防设施是汉代的，距今约 2000 年。但这次的发现说明，早在 4000 多年前，就有了城防体系。可见 4000 多年前，这里也是战乱频繁的地方。

皇城台景区

位于内城中部偏西。西面包砌护坡石墙，底大顶小呈金字塔状，石墙拐角处为圆形，底部面积 25 万余平方米，台顶面积 8 万余平方米。东、西两面最陡，紧邻悬崖，下为深沟，南、北两侧与平缓的坡地相连。皇城台为大型宫殿及高等级建筑基址的核

发掘中的皇城台遗址

心分布区，台顶有成组分布的建筑基址，西北侧可见多达 11 级的堑山砌石的护坡石墙层叠包裹，错落有致，坚固雄伟。

石峁文物医院

石峁文物医院是陕西省首家文物医院，用于出土文物安全储藏、破损文物修复、文物保护和文化价值研究、重要来客参观等，是 2018 年石峁管理处与省考古研究院协商，共同出资修建的重要保护工程。为集装箱式模块化建筑，包含生活保障模块、文物整理修复模块、工作信息数据模块、智能安防模块等四大模块。各种设施配套完备，可满足长期在石峁遗址工作、生活并开

石峁文物医院

展考古研究、学术交流等活动的需要。

· 广场

位于皇城台门址最外端。平面呈南北向长方形，向东外敞，由南、北基本平行的两道东西向石墙及南、北墩台东壁一线围成，地面经过人工平整，整体呈西北高、东南低，南北长61.9—63.3米，东西宽33.8—34.6米，面积逾2100平方米，是目前考古发现最早的门前广场，开创了历代门址前面设有广场的先河。推测该广场当时用于举行大型的祭祀活动或举行战时出兵仪式。广场南侧墙体大致呈东西向，西高东低，西抵南墩台外侧护墙。由主墙和内护墙构成，两墙均以砂岩石块错缝平砌，石块间

皇城台广场

皇城台广场及其附属设施鸟瞰图（广场、瓮城、南北墩台、门道等）

以草拌泥黏结，表面有打琢修平迹象，墙体立面齐整平直。主墙在外，长 33.5 米，宽 1.4—2.75 米，高 0.4—0.81 米；护墙在内，紧贴主墙，较主墙矮且薄，长 34 米，宽 1.3—1.56 米，高 0.2—0.8 米。北侧墙体是广场的北部界线，北邻陡崖，与广场南墙的墙体走向基本平行，砌石工艺与南墙相同。由主墙和内、外护墙构成，墙体走向西高东低。主墙长 34.2 米，宽 2.3—4.6 米，高 0.78—2.5 米，西抵北墩台外侧护墙。内护墙长 29.3 米，宽 1.45—1.8 米，高 0.43—1 米，西端未抵北墩台护墙。外护墙保存状况不佳，东端长 5.5 米，宽 0.7—1.2 米，高 0.05—0.58 米。

· 瓮城

瓮城是一座土石结合的单体建筑，位于广场通往铺石路面进而登上台顶的中央位置，平面呈“凹”字形，两角垂直方正，由墙体和门道构成。墙体将外瓮城围合成长约 16 米、宽 8 米的建筑。两侧各有两个曲尺形门道，向外通向广场，向内通往皇城台顶部。瓮城是扼守门道入口的重要建筑，避免城门暴露在外，阻碍敌人长驱直入，起到保护城门、防御敌人的作用。

· 南、北墩台

位于外瓮城南、北两侧，分别为南墩台和北墩台。南墩台平面呈方形，北墩台平面呈长方形。南墩台地势西高东低，西靠皇城台坡地，东、南、北三侧有石砌外框包夯土内芯的石墙，宽厚结实。西侧的窄石墙实为一座房址的墙体，依托南墩台夯土而建。东、南、北三侧的石墙均由平整石块错缝平砌，石块之间夹杂草拌泥。夯土内芯长 7.86 米、宽 7.2 米，小版块夯筑迹象明显，版块呈长方形。北墩台建造结构与南墩台类似，体积较南墩台大。南、北墩台同具登高瞭望的防卫功能，也是显示尊贵威严等级地位的礼仪象征。

· 大台基

位于皇城台顶部，台顶面积 8 万余平方米。台顶为大型宫殿及高等级建筑基址的核心分布区，发现大型包石夯土台基、池

皇城台顶部大台基南护墙（局部）

苑、四周护坡石墙、疑似道路与路堤、大型白灰面石墙房址等重要遗迹和菱形“石眼”、柱础石、纴木、壁画残片、石雕像等重要遗物。尤其是遗址核心区皇城台的大台基南护墙区域发现的石雕像，内容丰富，形象逼真，体现出成熟的艺术构想和精湛的雕刻技艺，反映了石峁先民对皇城台大台基的精神寄托，赋予其精神力量。

石峁博物馆

石峁博物馆位于石峁遗址以西，高家堡古镇以南，叠翠山脚下，占地面积为53479平方米，总建筑面积12890平方米，主要包括博物馆、遗址管理中心、考古研究中心三大功能区。展览展示区由“巍巍石峁”“王者之城”“都邑生活”“赫赫之名”四大单元组成。所展示文物包括大量出土自石峁遗址的牙璋、玉璧、玉斧、玉铲、玉人头像等玉制礼器、武器、装饰品，及骨簧、骨哨、石雕石刻、彩绘壁画等文物，是石峁出土器物、石峁文化的重要展示窗口。

石峁博物馆

皇城台

新发现，新名片

世界重大田野考古发现

2013年8月23日，由中国社会科学院和上海市人民政府联合主办，中国社会科学院考古研究所和上海市文物局承办的首届“世界考古·上海论坛”国际考古学界的高端学术交流会上，石峁遗址为公元前两千纪前后中国所见规模最大的城址，它的发现

世界重大田野考古发现

为探讨中华文明起源形成的多元性和发展过程提供了全新的研究资料，入选“世界重大田野考古发现”。

“田野考古奖”一等奖

“田野考古奖”是由国家文物局在1993年开始评选的，是中国考古界的最高奖项，每两年评选一次。2016年5月，石峁遗址考古与调查项目荣获中国考古学会2011—2015年度“田野考古奖”一等奖。

“田野考古奖”一等奖

中国考古新发现

2016年中国考古新发现

“中国考古新发现”是由中国社会科学院考古研究所自2002年创办的评选活动，每年选出6个项目，已经成为中国考古界的重要奖项之一。石峁遗址因其重大的发现和历史文化价值先后入选2012年“中国考古新发现”、2016 年“中国考古新发现”和 2019 年“中国考古新发现”。

全国十大考古新发现

“全国十大考古新发现”是中国国家文物局委托中国文物报社和中国考古学会每年度举行的评选活动所评选出的十大考古新发现。该活动始于 1990 年，在全国范围内评选本年度的重大考古发现，其评选标准要求符合国家文物局的报批手续，并保证发掘质量，发掘内容要具有历史、艺术、科学价值且为中国考古学科提供新的信息及新的认识，是国内重量级的考古奖项。石峁遗址考古发掘以来先后入选 2012 年度“全国十大考古新发现”、2019 年度“全国十大考古新发现”。

2012 年度“全国十大考古新发现”

2019 年度“全国十大考古新发现”

《亚洲文明（一）》特种邮票

《亚洲文明（一）》特种邮票是中国邮政 2020 年 5 月 15 日

发行的特种邮票，一套6枚。该套邮票画面主体突出，层次分明，整体面貌简洁大气。第一图以乌尔塔庙为画面主体，背景展示了不同角度的乌尔塔庙；第二图以洪水泥板为画面主体，背景表现了洪水泥板局部的楔形文字；第三图以正面的哈拉帕印章为画面主体，背景表现了印章背面的阴文图案；第四图整体展示了摩亨佐 · 达罗遗址的外观，画面主体与背景通过颜色的深浅变化形成自然过渡，突出了遗址的主要结构；第五图所表现的良渚玉琮，画面以玉琮为主体，背景展现了玉琮精美的局部纹饰和造型；第六图表现了石峁遗址的外城东门址整体形态，画面主体与背景通过颜色的深浅变化形成自然过渡，突出了遗址的主要结构。

《亚洲文明（一）》特种邮票

世界十年十大考古发现

2020年12月，石峁遗址入选美洲考古学会（AIA）评出的近十年（2011—2020）世界十大考古发现，表明石峁遗址具有极高的学术价值和社会意义，并在世界范围内引起学界共鸣。

国家考古遗址公园

国家考古遗址公园，是指以重要考古遗址及其背景环境为主体，具有科研、教育、游憩等功能，在考古遗址保护和展示方面具有全国性示范意义的特定公共空间。国家文物局负责国家考古遗址公园的评定管理工作，国家文物局批准立项后，考古遗址公园符合若干条件且已初具规模后再开展评定工作。评定合格者，由国家文物局授予“国家考古遗址公园”称号，并向社会公布。2022 年 12 月 29 日，石峁遗址成功入列第四批国家考古遗址公园。

石峁国家考古遗址公园

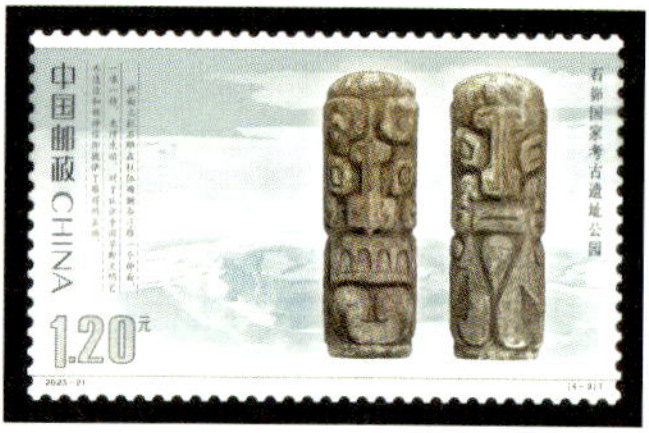

石峁国家考古遗址公园特种邮票

石峁遗址自然风光

石峁风光

用文字构筑历史

《发现石峁古城》

《发现石峁古城》

由陕西省考古研究院、榆林市文物考古勘探工作队、神木县文体广电局、神木县石峁遗址管理处共同编著，于2016年8月由文物出版社出版发行。全书分为三部分，分别为考古发现成果、研究成果、大事记，比较全面地展示了石峁遗址从1976年发现以来，学界对石峁遗址的深刻认识以及近年来考古发掘的重大收获。

《石峁玉器》

《石峁玉器》

《石峁玉器》一书为神木市石峁文化研究会编著，文物出版社出版发行的一本反映石峁玉器的图书。石峁玉器是龙山文化晚期至夏代早期这段特殊历史时期的重要遗物，是研究论证石峁遗址遗存性质以及石峁文化发展的重要物证。该书较为全面地展示了石峁玉器的风貌特征，为石峁玉器的深入研究提供了必要的参考资料，是了解石峁、了解玉文化的重要载体。

《石峁王国之石破天惊》

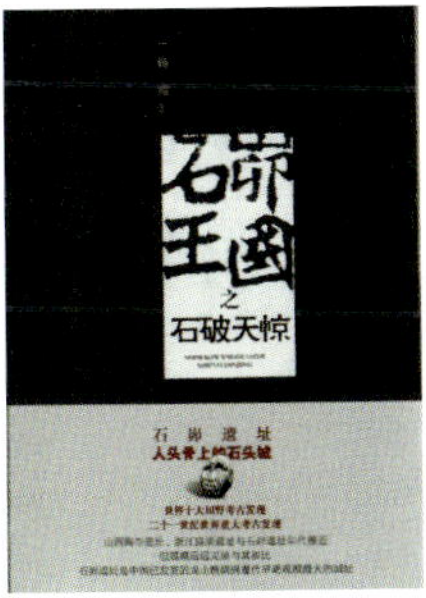

《石峁王国之石破天惊》

《石峁王国之石破天惊》的作者为杨瑞，2017 年 11 月由陕西人民出版社出版。作者用图文并茂的形式、通俗易懂的语言详细介绍了石峁、石峁先民的生活、文明成果以及关于石峁的种种猜想，是了解石峁的必读书目。

《石峁二十四节气》

《石峁二十四节气》作者杨瑞，该书以质朴的语言，生动直观地介绍了石峁遗址区域一年四季二十四个节气里的气候变化、作物耕种、植被生长、民风民俗等。同时，这本书基于石峁遗址考古发掘成果和相关文献，通过古今对比对4000多年前石峁时期的地理气候和生产生活进行了科学的推测，为石峁文明的丰富内涵增添了新的说明材料，进一步阐释了石峁文化在中华早期文明中的重要地位，也为石峁遗址的研究、宣传提供了全新视角。

《石峁二十四节气》

《石峁遗址志》

《石峁遗址志》是一部由陕西省地方志办公室与陕西省文物局共同组织，神木市石峁遗址管理处承编的全面反映石峁遗址保护管理、展示利用情况的图书。该志记述了石峁遗址的百年考古发现史及从2011年开始的十年系统考古工作，较为客观、全面地介绍了石峁遗址的考古发现、文物遗存、研究状况、保护管理、宣传展示等诸方面的情况，从方志的角度对石峁遗址文物考古工作进行了一次阶段性工作总结。本书既是对陕西省的文物考古工作助力，为巩固中华文明探源成果助力，为石峁遗址申报世界文化遗产助力，也是促进考古学与方志学融合发展，为弘扬中华优秀传统文化，展示中华文明风采、增强文化自信贡献方志人的力量；同时也是向社会公众提供关于石峁遗址的普及性读本。

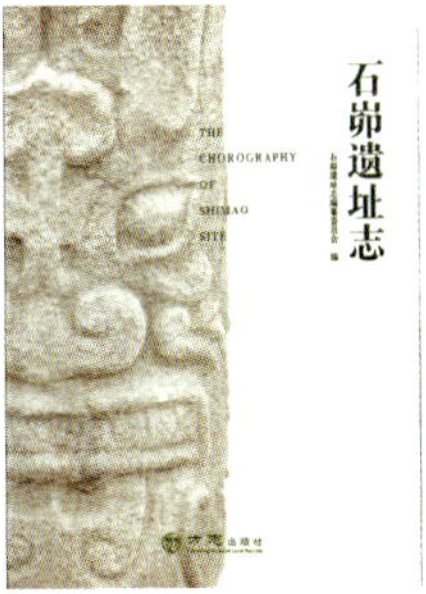

《石峁遗址志》

《玉出石峁》

1976 年戴应新先生在石峁遗址调查并征集到 127 件玉器和一批陶器，该玉器资料公布后引起文物考古学界对石峁遗址的关注及对石峁玉器的深入研究。《玉出石峁——一九七六年发现的石峁玉器研究》一书是戴应新先生多年来有关石峁遗址及玉器的论文、简报、图版和部分回忆文章的整理汇总，对于深入研究石峁遗址及玉器的历史文化价值具有重要意义。

《玉出石峁——一九七六年发现的石峁玉器研究》

石茀风光

话说石峁，文明新论

黄帝部族都邑

2013年中国先秦史学会副会长、河北师范大学历史文化学院教授、博导沈长云在《光明日报》上发表文章《石峁古城是黄帝部族居邑》(《光明日报》2013年3月25日第15版)、《再说黄帝与石峁古城——回应陈民镇先生》(《光明日报》2013年4月15日第15版)认为，石峁古城“不是别的，正是传说中黄帝部族所居住的居邑”。他引据《史记》《汉书》有关黄帝的陵墓在距石峁不远的陕北子长一带的记载，指出黄帝活动在石峁所在的黄土高原“史有明言”。《史记·五帝本纪》称“黄帝崩，葬桥山”，《索隐》引《汉书·地理志》说“桥山在上郡阳周县”。查《汉书·地理志》，其上郡阳周县下确实记有“桥山在南，有黄帝冢”的字样。阳周即今陕北子长市。《汉书·地理志》中，上郡肤施县下还记载其地“有黄帝祠四所”，肤施即今陕西榆林，在子长市北，毗邻石峁。既然石峁附近的榆林、子长一带有黄帝的冢墓，还有人们祭祀黄帝的祠堂，则黄帝生前和他的部族曾在这一带活动是无可否认的。沈长云教授强调，根据考古专家发现，石峁古城的年代为龙山文化晚期至夏代早期，正与黄帝活动的时间大体相当，由此更能确定石峁古城为黄帝部族居所。

黄帝都城昆仑说

独立学者王红旗提出石峁遗址即黄帝都城昆仑城。他认为古史传说将黄帝都城昆仑与黄河发源地联系在一起，认为黄河发源于昆仑东北方。文献则多记载黄帝部落起源于陕西渭水流域，“黄帝以姬水（甘肃清水牛头河流域）成，炎帝以姜水（陕西宝鸡清姜河）成”（《国语·晋语》）。两个部落争夺领地，阪泉之战后，黄帝打败炎帝，两个部落渐渐融合成华夏族。

实际上，上海辞书出版社出版的《经典图读山海经》《山海经鉴赏辞典》《山海经十日谈》和武汉大学出版社出版的《全本绘图山海经》（全三册）等专著已明确论证出：在先夏时期和夏商周时期，人们所知道的黄河发源地，实际上在今日的河套地区。

河套地区在4000多年前曾经有许多大湖泽，其中前套湖泽即《山海经》所说的稷泽（周族先祖后稷葬在这里），后套湖泽即《山海经》所说的黄河发源地泑泽，也是《穆天子传》河宗氏祭祀黄河之神的地方。

根据石峁古城遗址的庞大规模及其出土文物，对照《山海经》等古籍关于黄帝活动的记载，可以推知石峁古城遗址当为黄帝都城昆仑所在地的遗存。

夏都说

中国社会科学院研究员易华认为石峁遗址有可能是夏的首都，二里头遗址是夏的末都，石峁文化和二里头文化是夏代的宫廷文化，而齐家文化则是夏代的民间文化。他提出石峁遗址是东亚农业文化与欧亚青铜游牧文化的结晶，标志着东亚进入了青铜时代世界体系。他从时代与年代、地理与经济、社会与文化等方面，聚焦史学文献、考古实物与遗址、现代的断代研究等多个领域，得出“夏”不仅是一个王朝，还是一个民族与文化概念的观点，认为石峁遗址是夏代早期东亚最大的遗址，很有可能是夏都。此外，他还提出了石峁遗址已是青铜时代世界体系文化中心之一的观点。

上古西夏说

河北师范大学历史文化学院张怀通提出“西夏说”。此说的主要依据是《逸周书·史记》篇。在从新石器时代向文明社会过渡的历史进程中，曾经有一个名为西夏的部族在黄土高原一带立国。张怀通提出这一假说的原因有三：一是西夏古国与石峁古城时间有交集，西夏古国的时代下限与石峁古城的毁弃时间大体相符。二是西夏古国与石峁古城位置相符，在石峁古城周边的黄土高原上，十六国时期有匈奴人建立的大夏，北宋时期则有党项人建立的大夏，后者被自居正统的宋人称为西夏。同一地区先后建立的政权均以大夏为国号，是因为上古时代这里曾经有一个古国名为夏或西夏。三是西夏古国与石峁古城用玉文化传统类似。石峁古城的建筑有一个显著特点，即“藏玉于墙”，石峁古城在时代、位置、用玉文化传统上最接近早期的夏朝。唯一可能的解释，就是石峁古城是上古西夏的都邑，该古国灭亡于夏代初年。

不周山说

陕西省社会科学院胡义成、陕西师范大学曾文芳、陕西省委党校赵东根据《山海经》等古籍提出石峁即是不周山的说法。他们的理由有如下几点：一是根据王国维《冬夜读〈山海经〉感赋》所提出的共工“幽都”在“朔”的地理定位，与石峁遗址所在的河套地区相符，以及《山海经》《国语》中的相关记载；二是文字学上“共工”与“洪江”的字源对应；三是考古学上碳 -14 测年以及 4000 年前黄河流域洪水泛滥的事实等。

石峁风光

石城里的故事

石峁遗址的残墙障台在山塬上断续相连，千百年来引人遐想。在考古发掘之前，关于石峁，民间一直有许多神秘的传说。

女王坟

石峁古城扑朔迷离，除了旧志书中记载着幽陵都督府和英宁公主府的传说外，民间流传最广的就是关于“女王坟”的传说。

相传石峁古城的最高首领是一位女王。虽然人们看不到她的生活遗迹，但相信她死后一定埋葬在石峁山上。在石峁外城东门向东的数里之外，有一处地势高旷的山梁，当地人称“恓惶梁”。

山梁上有一座高高耸立的烽火台，人称“恓惶梁墩”。这里地处明长城的内侧，这个由夯土筑成的高大墩台，虽然距长城有几公里的距离，但应该属于长城防御体系的一部分，为瞭望观察敌情的军事设施。

历经了数百年的风雨，大坡依然坚固。墩台周围人迹罕至，荆棘丛生。不同于附近黄土山梁的是，这里地表到处堆积和散落着与石峁城墙上的石头相同的石块。仔细观察，在几百平方米的地上，似乎还有一圈围墙。早在中华人民共和国成立初期，附近的村民就在墩台旁的古墓里盗挖出片状的玉器和朱砂。因此，当地人认为这里就是传说中的“女王坟”。石峁山上众多的古墓葬支撑着这个传说。村民在修田造地过程中无意间挖出有精美玉器陪葬品的墓葬，一场暴雨也会冲刷出悠远的古墓。也许在石峁的某个地方，一定有一座“女王坟”。

三姐妹

传说在很久以前，石峁城的周边还有两座城，由姊妹三人分别带兵镇守，其中大姐守的是石峁城。有一天，调皮的小妹在她的城头燃起了烽火，正在洗头的大姐和正在练兵的二姐火速率部向小妹的城进发。赶过去时没有发现敌人，大姐就生气地质问小妹，小妹却笑着对大姐说，这是测试姐姐们的反应。大姐、二姐无奈返回。结果又过了一段时间，小妹真的发现了敌情，紧急发出求援信号，可惜这次大姐、二姐以为又是嬉戏，便没有出兵救援。结果，姐妹三人把守的三座城先后沦陷。

欢喜梁

出高家堡东门向东走一千米，在永利河北岸的山坡上坐落着一个叫“欢喜梁”的小村庄，当地人传说这个村庄与石峁古城有关。

几千年前的石峁古城皇城台的山下，有一条人工开挖的暗道，洞内放了许多蛇蝎毒虫。首领要惩处罪犯，就将其放进暗道，任其摸爬。大多数人进去后就让蛇蝎吃掉了，也有的幸运者奋力前行侥幸躲过一难，当爬出洞外时已是在河对面的山梁上，不由得内心万分欣喜，于是这个山梁便被称为“欢喜梁”。

据说，石峁山皇城台下的那个暗道叫“地牢壕”，20 世纪 70 年代时还有遗迹，在“农业学大寨”推土造地时才被填埋的。

幽陵都督府

明代的《延绥镇志》，清代的《榆林府志》和《神木县志》等官修的地方志，记载着在高家堡东五里的山上有一处遗址，是唐开元中设置的“幽陵都督府”。《延绥镇志》里还有这样的记载：唐贞观四年（630），铁勒回纥十一部请降内附，次年诏令于石峁置幽陵都督府，广建城寨，安置降胡。幽陵都督府的说法影响广阔深远。时至今日，高家堡中兴楼西侧的石额上题写着“幽陵瞻”，高家堡八景之一“幽陵积雪”即来源于此。

英宁府

清道光《神木县志》中，还讲了一个“幽陵都督府”改置为“英宁府”的后续故事。说的是乾元元年（758），回纥遣使向唐朝求婚，肃宗便将幼女宁国公主下嫁和亲，并册封磨延啜为英武威远毗伽可汗，宁国公主被尊称为“可敦”，也就是王后的意思，于高家堡镇东石峁为其敕建英宁府。不久由于可汗去世，宁国公主与她的儿子投奔唐朝。乾元五年（763），罢撤英宁府，改置公主邑司，号宅门墕堡，后为宁国公主葬所。时至今日，当地老百姓仍习称此处为女王城和女王墓。据说此遗址在清末尚存石坊，镌“英宁府”三字。

参考文献

［1］陕西省考古研究院，榆林市文物考古勘探工作队，神木市文体广电局，等 . 发现石峁古城［M］. 北京：文物出版社，2016.

［2］杨瑞 . 石峁王国之石破天惊［M］. 西安：陕西人民出版社，2017.

［3］杨瑞 . 石峁二十四节气［M］. 西安：陕西人民出版社，2022.

［4］石峁遗址志编纂委员会 . 石峁遗址志［M］. 北京：方志出版社，2021.

［5］高家堡镇地方志编纂委员会 . 高家堡镇志［M］. 西安：陕西人民出版社，2016.

[6] 陕西省神木市高家堡镇志编纂委员会.高家堡镇志[M].北京：方志出版社，2018.

[7] 郑汝璧，等纂修.陕西省榆林市地方志办公室整理.延绥镇志[M].上海：上海古籍出版社，2011.

[8] 谭吉璁纂修.陕西省榆林市地方志办公室整理.康熙延绥镇志[M].上海：上海古籍出版社，2013.

[9] 范佩玮.高家堡史话[M].西安：陕西人民出版社，2015.

[10] 路智勇，惠任，吕婉莹，等.陕西神木石峁遗址出土纺织品观察与研究[J].考古，2023(5).

[11] 陈小三.石峁皇城台石雕的几点认识[J].考古与文物，2022(2).

[12] 裴学松.石峁文化墓葬初探[J].考古与文物，2022(2).

[13] 辛雪峰，孙周勇，邵晶，等.探索石峁之音[J].人民音乐，2020(6).

[14] 陈靓，熊建雪，邵晶，等.陕西神木石峁城址祭祀坑出土头骨研究[J].考古与文物，2016(4).

[15] 陕西省考古研究院，榆林市文物考古勘探工作队，神木市文体广电局，等.陕西神木县石峁遗址韩家圪旦地点发掘简报[J].考古与文物，2016(4).

[16] 魏唯一.陕西榆林石峁遗址的发现历程[J].大众考古，2016(2).

[17] 胡义成，等. 陕北神木石峁遗址即“不周山”：对石峁遗址的若干考古文化学探想 [J]. 西安财经学院学报,2015(4).

[18] 沈长云. 石峁古城是黄帝部族居邑 [N]. 光明日报，2013-03-25(国学版).

[19] 王红旗. 神木石峁古城遗址当即黄帝都城昆仑 [J]. 百色学院学报，2014(5).

[20] 易华. 石峁与二里头 [J]. 南方文物，2022(5).

[21] 神木市龙山文化研究会. 石峁玉器 [M]. 北京：文物出版社，2018.

“神奇神木”编委会

序

文化是一座城市的灵魂，是推动可持续发展的内在动力。在以现代化高端能源化工为主要发展取向的神木，旖旎秀丽的自然风光和深厚悠久的文化积淀也成为促进经济转型、提升城市品位的重要资源。也正因有了遗鸥翔集的大漠明珠，有了石破天惊的史前文明，有了大街小巷的斑驳印记，神木不再单单是能源重镇，更是一座闪耀着文明火光，浸润着诗意山水的心灵归宿。

神奇神木，神秘神往。神木之“奇”在于其或俊逸旷达，或清新浪漫，或脱尘超俗……在亿万年地质变迁和数万年人类活动中，神木受到自然和历史的双重眷顾。从绵延的秃尾河到横亘的历代长城，从自由的遗鸥到雄奇的二郎山，从四千年前的石峁到五百年前的高家堡，昭君出塞、杨业抗辽、范仲淹巡边等历史故事传唱千古，为我们留下了太多遐想；唢呐、三弦、酒曲、说书等众多地域特色文化引人入胜。历朝历代的烽火硝烟、雷霆战鼓、

写意诗画、风俗民情，或托于遗存，或附于山丘，或以诗表、或以词生，凡此种种，都在数千年的皇皇之旅中留下了深深的印痕，至今徜徉其中，仍旧令人惊叹不已、感动莫名。

“神奇神木”由龙华集团精心策划推出，以高家堡、石峁遗址、杨家城、二郎山、红碱淖五处神木市代表景点为对象，用尽可能翔实的描述，通过图文并茂的形式展示神木市秀美的自然山水、深厚的历史文化、浓郁的地方风情，为广大游客游览提供有益遵循，为促进神木市文旅融合发展做出进一步的探索。其中，《石峁》以考古发掘成果及遗址的重要价值意义为线索，重点介绍石峁古城的构成、出土器物以及传说故事，以期让读者对遗址有更为清晰明确的认知;《高家堡》由古而今，对当地重要的景点进行了比较系统、详尽的叙述，包括历史渊源、文化内涵、年代特征等，并用适当的笔墨对传说故事加以介绍，力求给读者展现平凡世界之外的不平凡;《杨家城》则以古麟州的遗存为重点，结合当前旅游开发情况，着重介绍遗存现状、现有景点、历史人物、诗词歌赋等，由此反映麟州的性格品质、人间烟火;《红碱淖》以自然风光、珍奇禽类为要素，对湖泊生态、保护情况、周边景致、游览感怀等进行介绍，为畅游其中指明了方向;《二郎山》将错落有致地分布着集儒、释、道三教合一的各类建筑，庙内遗存丰富的壁画、雕塑、石刻、题词等一一介绍，展现出其独特的艺术和历史价值。

龙华集团作为一家扎根神木的企业，目前初步形成了以煤炭为主体，煤化工和新能源为两翼，现代物流、现代服务、生态农

业为支撑的“一体两翼三保障”的产业格局，希望在企业高质量发展的道路上，从挖掘历史文化的角度为神木市的社会事业发展贡献自己的力量。这套丛书以“神奇神木”为题，一方面旨在要表达对先民和大自然丰厚馈赠的最高礼赞，另一方面也希望借此进一步宣传和推广神木旅游品牌。

我们衷心希望这套丛书能够得到广大读者的喜爱，让更多的人畅游神木，感受神木的神奇之处。

2023.8.5

玉皇阁
337 国道
龙母庙

二郎山
祖师庙
二郎庙
宜野河

目录

二郎山

二郎山简介

二郎山位于神木城西窟野河畔，现为国家 AAAA 级旅游景区，陕西省级重点文物保护单位。因山体中部有两处凸起，形似骆驼双峰，文人墨客称之为“驼峰山”。1518 年明武宗朱厚照，出巡路过此地，看到此山山体像其案头笔架，又赐名为“笔架山”。二郎山两侧呈断崖绝壁之势，春夏时绿意盎然，秋冬季山色苍茫，山脚下窟野河水蜿蜒流淌使山势更显巍峨，素有“陕北小华山”的美誉。

二郎山呈南北走向，地藏洞、浩然亭、二郎庙、三教殿、碧霞宫等百余间庙殿亭阁，错落有致地分布在狭长的山脊之巅，最早的庙群建筑距今已有近 600 年的历史。二郎山上有保存完整的石刻照壁、藻井、石牌坊等珍贵的文物遗迹，壁画、雕塑、雕

二郎山——山脊上的庙宇

刻等内容丰富、题材各异、形象生动，均有较高的科学、艺术和历史价值。

都说“来到神木城必游二郎山”，这不仅因为它是神木天然的城市地标，更因为它数百年来护佑着神木人民，是人们心中的神山。二郎山宗教文化底蕴深厚，儒、释、道三教汇聚于此共居一山，这在全国来说也较为罕见。一山容百庙，一庙藏古今，历史、宗教、人文、艺术在二郎山上交相辉映。

二郎山凭借其险峻雄奇的风光和深邃的历史文化积淀而蜚声省内外。山顶庙宇群内有不少书画作品，还有当地工匠艺人们的杰作。作为神木人的一座文化宝库，它吸引着四方游人，同时也向四方游人传递着神木的地方文化、风俗民情。

二郎山景区原由神木文旅局管理，现交由神木文旅集团杨家将公司运营管理。景区始终以塑造“神木人的福山”品牌形象为核心，策划并开展不同形式的文化活动，突显二郎山“祈福纳祥”的文化定位。景区每年

窟野河大桥与二郎山

组织内容丰富、文化特色鲜明的系列活动，正月初七二郎山朝山盛会声势浩大，四月初八、六月二十二庙会期间更是人山人海、热闹非凡。登高望远，二郎山香火旺盛、游人络绎不绝；夜间回首，二郎山灯火阑珊，宛如仙境。

二郎山

刀背奇峰二郎山

二郎山源自上帝之手，是神木天然的地标。

千百年来，它注视着窟野河的不息水流，也见证着神木的悠长历史。它不言不语，巍峨不动，它是神木人无须言说的集体记忆，它是永恒。

神木的二郎山不似泰山那般著名，也无华山的险峻，没有黄山的秀美，更无喜马拉雅山的高耸。全国各地以“二郎”为山名的不在少数，北方尤甚。虽如此，因所处地域的不同，名虽相同，其差异巨大，正如人的重名。但对于神木人来说，它神圣而

二郎山

无可替代，是人们亲切而熟悉的记忆，它有着家的印迹。有些事物源自大脑，而有些源于心灵，当人们远行归来，远远望见二郎山，心念即至：到家了！

二郎山与神木城一水之隔，站在二郎山，神木老城区尽收眼底；站在老城区，不论哪个位置都可以看到二郎山。二郎山海拔高度为 1082 米，虽不算高，却拔地而起，极其险峻，蜿蜒跌宕，气势雄浑，颇得西岳华山之神韵。且有长城穿行其后，着实一派壮观景象。从西面望去，山体陡峭呈绝壁断崖，脚下流淌的窟野河让山势更显巍峨。山脊上错落有致地镶嵌着殿、庙、亭、阁、窟，儒、道、释也在这里汇聚一堂，美名“刀背上的庙宇”。

关于二郎山的“二郎”在神木民间有不同传说，一种说法就是大家熟知的天庭神将二郎神杨戬，担山赶日和劈山救母的传说广为流传，尤其是《西游记》和《封神演义》等文学作品的影响，使得二郎神威武骁勇、斩妖除怪的形象深入人心。相传，神木的二郎山就是二郎神从别处担来的神山，用以把守要道关隘。另一种说法是由于窟野河水患无常，人们认为水中有蛟龙作怪，于是请来赵二郎赵昱治理水患（相传赵二郎任嘉州太守时，曾率众入水斩蛟）。还有一说此二郎为水神李冰次子李二郎，因协助父亲治水有功，名扬天下，故请其前来治理水患。山因庙而得名，庙因神而祭之。二郎庙坐落于山头制高点，如今，其正殿内供奉着三位神灵，中间为二郎神杨戬，脚下还卧着哮天犬，西侧是关公。二郎庙山门前石照壁上的九龙治水图，似乎还残留着人们对于水患的恐惧记忆，天灾面前，寄希望于神灵是人们最无助、无奈的选择。

二郎山庙群始建年代不详，据史料记载，明初，庙观已具规模，僧道云游。到清代，二郎山 1000 多米的山脊上，庙、殿、亭、阁疏密相间，蜿蜒罗列。神木市文史专家杨文岩先生通过

石窟的开凿方式和佛教文化的发展演变，推断二郎山的古佛洞开凿年代为北魏。古佛洞位于二郎山山头，供奉着佛教主神释迦牟尼。古佛洞东侧是一间石檐敞口的窑洞，名为“浩然亭”，修建于抗日初期。浩然亭内无泥塑彩绘，也无神案香火，只有满洞诗文，诗文歌颂了抗日名将何柱国在洞顶门楣上题写的“天地正气”。其中不乏王雪樵、邓宝珊等名人墨宝。二郎山上最久远的古佛洞与近代的浩然亭比邻而居，佛家的普度众生与英雄的济世之举汇聚一处，体现了千百年来神木人的精神信仰轨迹，也寄托着神木民众对于生活的美好愿望。

二郎山最具特色的就是儒、释、道汇聚一堂。地藏洞、八仙洞、张公庙、古佛洞、观音殿、龙母庙、韦驮阁、祖师庙、三教殿、玉皇阁、碧霞宫、山神庙等形成一个庞大的庙群，尤其是三教殿，其修建年代晚于二郎庙，但坐落于二郎山制高点，占地面积也居群庙之首。三教是指儒教、释教、道教，故殿内供奉着孔子、释迦牟尼和太上老君。一些地方史料将三教融合视为地域包容，神木位于秦、晋、内蒙古三地交会处，处于农牧交错地带，这种特殊地理位置造就了文化的多元性，而多元的文化又孕育出

二郎山

极具包容性的精神气质。神木人的包容性毋庸置疑，三教合一并非二郎山独有。有人说这是因为宗教的包容性，宗教的包容仅限于对内，对外恰恰是排他的。那为什么会出现三教掌门汇聚一堂的景象？这似乎与政治相关。伴随着政治势力的消长，朝代的更迭，统治集团的宗教信仰也随之改变，“罢黜百家，独崇儒术”，灭佛、重道，在历史上都曾上演过。或许正是这种政治上的不确定性，才让儒、释、道汇合于一处以避免政治性毁灭。

当然，是佛，是道，还是神，真理只有一个，圣人以各种不同的名字来称呼它罢了。

在这 1000 余米的山脊上坐落着近百座庙堂，供奉的神灵不

可胜数。在我国乡土环境下的一些庙宇里，除了大家共同信奉的一些神灵外，各地还供奉着属于自己的神，这一切都是源于古人万物有灵思想的泛神崇拜。其实，泛神崇拜是世界各地早期文明的普遍现象，这种泛神崇拜包含自然崇拜和英雄崇拜。人们崇拜的这些神灵不但具有人的形象，还各有特长，并各司其职，如财神掌管着财运、送子观音掌管着子嗣、龙王掌管着风调雨顺等等。记得在白云山道长康至玉主编的《中国佳县白云山》的序言里有这样一句话:“白云山修庙立神，大多是根据百姓的信仰需求而设立的。”二郎山又何尝不是这样呢！细想，诸神皆由人创造，所以是人将自己的思想赋予了神。而人们求神拜佛成了极具功利色彩的实用主义，“有求必应”成了一切神灵的价值所在。就如现实中看到的，财神庙的香火明显要比别的庙堂旺盛许多。

凡庙皆有会，二郎山也不例外。每年正月初七的朝山会，四月初八、六月二十二的庙会，可谓是人山人海，热闹非凡，尤其是阴历六月二十二，正逢盛夏，盛大的庙会吸引了神木周边内蒙古和山西的诸多游客。庙会期间，当地政府会出动警力进行交通管制和秩序维护。庙会提前一日开始，名曰起会，各路商贩汇聚于此，他们贩卖的物品种类繁杂，从吃穿用到杂耍马戏、游乐设施，应有尽有。从前，庙会是人们心目中的一个盛大节日，是善男信女祈福许愿、还愿的日子，也是亲朋好友欢聚的时光。庙会，更是某一群体同时以同样的方式，共同参与的一个具有象征意义的事件。它是地方群体性活动的传统方式，承载共有的价值认同，属于集体记忆。随着网络时代的到来，人们的生活方式发生了深度变革，庙会没有往常那般热闹，传统与习俗也逐渐走向没落。这便是时代印痕，是不可逆的历史潮流。

二郎山与神木城仅一水之隔，却是两个截然不同的世界。城市里的空间是长方形的，具有几何性质，没有曲线。而刀背上的庙宇，虽然也经过一定的人工改造，但依然体现着人与自然的和谐，这正是二郎山的魅力所在。这是距离神木城最近的清幽之地，在此日常锻炼和爬山的人增多了。从热闹的群体庙会到安静的个体思考，这是一种清静的、更为深刻的生命体验，这似乎更接近宗教给予人的圆满感。

二郎山的尽头是一片树林，永恒的岩石与不断成长的生命成

西山承霞光　窟野映长桥

为主体，这是另一个层次的美丽。正如坎贝尔所言：“任何像这样美丽的地方都是力量之点，因为他们有助于你与自然达成和谐一致。”

群山之巅，一片寂静。灵性、宗教、美学、传说结合在一幅图景当中。

二郎山全景

何来灵秀毓驼峰

正门题字

正门“二郎山”三个字是罗哲文所题。罗哲文是中国古建筑学家（1924—2012），曾任中国文物研究所所长，师从梁思成，一直从事中国古代建筑的维修保护和调查研究工作。

二郎山正门题字

文化浮雕

走进二郎山，首先映入眼帘的是文化浮雕，是由天津美术学院的景育民教授设计的。浮雕描绘的二郎神是治水之神赵昱赵二郎，上半部分讲述的是二郎神智斩蛟龙的场景，下半部分讲述的是他带领人们治理洪水、重建家园的场景，中心部分以雕刻神话符号、珍禽异兽和天文星象的神秘圆盘为衬托，增强了传说引人入胜之感。神话与现实有机结合，讲述了二郎神出身平凡却意志坚定、历经磨难、最终治水封神的励志传说，具有很强的文化承载力和艺术感染力。

文化浮雕

牌楼

牌楼是庙宇建筑的重要组成部分，旧时二郎山没有山门，所以这座牌楼就起到了山门的作用。牌楼上面的楹联于 2021 年阴历四月初八庙会期间进行了重刻。

上联：窟野河畔听风听雨听民声弘众生心愿

下联：二郎山上修道修禅修礼学祈盛世太平

横批为：仰之弥高

“仰之弥高”出自《论语·子罕》，指愈仰望愈觉得其崇高，表达极其敬仰之意，借以表达二郎山在人们心中的崇高地位。

山门牌楼

305 级台阶

305 级台阶

“3”寓意着二郎山三教融合的宏大内涵。“0”寓意圆圆满满，也是希望大家放空身心、登上二郎山清零世俗烦扰，获得福气圆满。“5”代表自我，儒家讲五伦，佛家讲五蕴，道家讲五行，民俗讲五福，“5”的寓意良多，需要自己勇攀高峰去了解。希望大家加油，努力攀登，走在这洪福大道之上，一步一台阶步步高升，开启这圆满吉祥福气之旅。

月楼

月楼又叫月门牌楼，位于二郎山半山腰处，需登上陡峭的305 级台阶方可到达。这座牌楼造型复古典雅，颇具气势，是由当时的神木县文管办于 1987 年建造的。月楼前后的上额书有

二郎山月楼

“一山飞峙”和“山河锦秀”，这两幅俊秀清雅的字分别是神木知名书法家张正太先生和时任文管办主任的乔子荣先生所题。月楼前后两侧的对联“海到无边天是岸；山登绝顶我为峰”和“欲上青天揽明月；更倾东海洗乾坤”，均为民国时期神木著名书法家王雪樵先生所书。

仁佑广场

仁佑广场修建于2020年，因为二郎神被称为昭惠显圣仁佑王，所以用了仁佑这个名字。广场以“一池三山”的理念进行设计。在我国古代神话传说中，东海里有蓬莱、方丈、瀛洲三座仙山，山上长满了长生不老药，住着长寿

仁佑广场

快乐的神仙，封建帝王都梦想万寿无疆与永久统治，“一池三山”就成为历代皇家园林的传统格局，影响至今。仁佑广场中心以沙石为主，树木点缀，石头摆放以“横看成岭侧成峰，远近高低各不同”为原则，营造出错落有致的美感，寓意长治久安，和谐富裕，平和安乐。前面是诗文观景长廊，背面是仁佑楼，还有二、三层的观景平台，整体布局也体现了二郎山传统古典园林之美。

仁佑广场

地藏洞

地藏洞石窟是一座佛庙，开凿于明代初期，洞深 7—8 米，高 3 米多。主要祀奉地藏王菩萨，配祀十殿阎君，还有三曹判官、牛头马面等，他们主管人的寿命。据说他们会保佑日常积功德、行善事之人一生顺利、健康，使其寿高而子孙满堂。地藏洞为方形窟，状若巨兽张开的大口，表现出了这位地狱之神严肃、公正

地藏洞

地藏洞

的威仪。旧时这里曾作为民间超度亡魂的道场，窟内凿刻的藻井是明代遗存。

地藏王菩萨是佛教四大菩萨（文殊、普贤、观世音、地藏王）之一，其道场在安徽的九华山。《地藏十轮经》称其“安忍不动犹如大地，静虑深密犹如秘藏”，由此得名地藏菩萨。

地藏王菩萨也被尊称为大愿菩萨。佛经中说，地藏菩萨曾受释迦牟尼佛的嘱托，在释迦牟尼圆寂后、弥勒佛未生前的无佛之世留住世间，净度六道众生［六道：地狱道、饿鬼道、畜生道、阿修罗道（魔神）、人道、天道］，拯救诸先。他发誓“众生度尽方正菩提，地狱未空，誓不成佛”，也就是要度尽众生，拯救苦难，然后再成佛。“我不入地狱，谁入地狱”，其慈悲之心令我们无比赞叹。

藻井

地藏洞最宝贵的遗迹就是洞顶的明代藻井。藻井其实就是一种高级天花，呈向上隆起的井状，绘有彩画、浮雕，一般只在

藻井

皇宫、寺庙和佛坛等高等级的建筑中使用，象征天宇的崇高，具有神圣的意义。藻井还包含中国的哲学思维，井中有水，水火相克，借以防火。同时装饰以荷、菱、莲等藻类水生植物，都是希望借以降伏火魔的作祟，以护佑建筑物的安全。

地藏洞藻井设计的独特之处就在于它把佛教和道教内容巧妙地融为一体。藻井直径有一丈多，以八卦符号为中心，梵文一圈围绕其外，以龙凤为主图案，外围衬以佛座莲花，造型生动逼真、手法细腻，具有极高的文物价值。同时也形成独具特色的地方图案，充分体现了二郎山集儒、释、道三教于一体的地域包容性。

火判官

地藏洞配祀三曹判官，判官是古代传说中的阴间官名，职责是判处人的轮回生死，对坏人进行惩罚，对好人进行奖励。

神木的火判官是由神木火塔子衍生而来，是陕西省非物质文化遗产。早在 2000 多年前，每年的除夕至元宵节期间，当地民间就有垒火塔驱兽、辟邪的习俗，后来逐步衍生出用泥塑火判官炉子的年俗。火判官被塑成钟馗的形象，在堆砌时会在塑像耳、口、鼻、眼、肚脐和两乳留出 10 个孔，当“火判官”点燃时则会七窍冒烟喷火，烟雾弥漫。火判官具有降妖镇宅、祈福保安的寓意，百姓可祭拜祈祷，保佑平安健康。在神木南大街的关帝庙以及高家堡古镇，每年春节期间都会点燃火判官，场面蔚为壮观。

张公庙

张公庙历史悠久，始建于明朝时期，是明代大同镇总兵张坚为他的父亲张锐修建的家庙。张锐是神木人，行伍出身，官至宣府参将。明正统年间，英宗亲征瓦剌，张锐护卫从征，在土木堡战役中，明英宗朱祁镇不幸被俘，而张锐舍命救驾，壮烈牺牲。天顺元年（1457），明英宗脱险复位后，追赐张锐为光禄大夫，诰封遗孀章氏为一品夫人。此后，张锐的子孙五代都成为重要的守边将领，更有不少人捐躯沙场，是继杨家将之后的又一英雄家族。

张公庙

张公庙

八仙洞

八仙洞是一座道庙，建于1940年，毁于20世纪60年代，重新修复于1984年，内祀传说中的汉钟离、吕洞宾、张果老、蓝采和、铁拐李、韩湘子、曹国舅、何仙姑八位道教神仙。八仙

八仙洞

八仙洞

的传说早已家喻户晓，不论男女老少都能说上一段关于八仙的故事。传说中的仙佛神不计其数，但他们的故事远比不上八仙在民间流传广泛。因为八仙均为凡人得道，而且都有多彩多姿的凡间故事，与一般神仙神圣庄严的形象截然不同。八仙既有仙人神通，又有善良人性，他们济世助弱，喜欢惩恶扬善且不畏权势，不墨守成规，所以受到了男女老少的传颂和尊敬。

有句谚语叫“八仙过海，各显神通”，在生活和工作中被人们广泛引用。相传白云仙长邀请八仙在蓬莱阁聚会饮酒。酒至酣时，铁拐李对众仙说：“都说蓬莱、方丈、瀛洲三神山景色秀丽，我等何不去游玩观赏。”众仙齐声附和。吕洞宾提议说：“我等即为仙人，今番渡海不得乘舟，只凭个人法道。”众仙非常赞同，都亮出自己的法宝，各显神通遨游在碧波之中。后来，人们把这个典故用来比喻那些依靠自己的特殊能力而创造奇迹的事。

观音殿

观音殿始建于明万历二十三年（1595），原为诸圣殿，清康熙十一年（1672）改建为观音殿。观音便是指观世音菩萨，是佛教四大菩萨之一，在唐代贞观年间，为了避讳皇帝李世民名字中的“世”，被改称为观音菩萨，此称呼沿用至今。

观音堂内，观音菩萨盘膝端坐正中，散财童子和龙女立侍左右，庄严肃穆，让人心生敬畏。观音菩萨是佛教中慈悲和智慧的象征，具有平等无私的广大悲愿，一心为人间救苦救难，无论在

观音殿

大乘佛教还是民间信仰，都具有极其崇高的地位。

朝仙洞

朝仙洞始建于民国二十八年（1939），后经多次修葺，才有了现在的模样。朝仙洞内供奉着天地三界十方万灵，以及历代祖师之神位。这里常年香火不断，朝山敬神的香客们在此烧香，虔诚参拜，希望通过这种方式将自己的愿望传达给诸位神灵，以此获得保佑。洞口两侧的墙壁上有一副对联，上书“勤修善果都成佛；脱尽凡胎即是仙”。此对联通俗易懂，旨在教导世人行善积

朝仙洞

德、清静修行，如此才能功德无量，获得精神上的慰藉和解脱，甚至改变人生。

浩然亭

浩然亭是一个石窟，却以“亭”命名，实为搭配“浩然”二字。该亭在整个二郎山庙群中的修建时间不算久远，也无其他寺庙中的泥塑彩绘、神案香火，但却有着特别深刻的历史纪念意义。

这座浩然亭修建于 1937 年，当时中央红军到达陕北已近两年，西安事变后，国共两党抗日统一战线初步形成。东北军骑二军军长何柱国率部队驻防神木，神木军民抗日情绪空前高涨。以王光晖、李现荣等为代表的有志之士为了表达崇高的民族精神与抗日爱国情怀，集资在这里修建了浩然亭，寄意神木人民在日本侵略者面前正大阳刚的民族豪气。

1939 年中秋，何柱国将军邀集热血志士，在浩然亭前笔会盟志，他奋笔书写了“天地正气”四个字作为亭额，以表自己誓死抗击日寇的决心，天地正气也明确了浩然亭的主题。正亭楹联“绝壁千仞下临一水；双峰高耸遥对九龙”形象地描述了二郎山的

浩然亭

浩然亭

浩然亭

险峻与巍峨。“一水”指的就是窟野河，“九龙”指的是东面的群山“九龙山”，俗称东山，与二郎山相对而望。

浩然亭内列满了诗文，这些诗文不仅记录了神木人民抗日爱国的情怀，也汇集了半个世纪以来神木文化的精品之作。书法家王雪樵题写的“浩充天地形影外，然爱风云变化中”，阎廷杰先生的《浩然亭记》等，描绘和赞美了神木大地的秀美山川。浩然亭内除了名人的题留外，还有劝人遵循“孝悌忠信，礼义廉耻”的诗文。在浩然亭旁边的朝仙洞内，还有塞上名医张祉繁所写的《劝武》等诗，表达了对和平的渴望。这些都成为浩然亭丰厚的文化记忆。

古佛洞

古佛洞又叫三身佛洞，属佛教洞窟。在这里，主要祀奉的古佛便是佛教创始人释迦牟尼，被世人尊称如来佛祖。古佛洞始建于清代，民国年间和 1985 年先后进行过几次修复。洞内正面有三尊佛像，中间是主管中央娑婆世界的释迦牟尼佛，东边是东方琉璃世界的教主药师琉璃光佛，西边是西方极乐世界的教主阿弥陀佛，两边排列着十八罗汉。

佛教的神分为两大类：一类是古印度神话中的“神”，例如四大天王、韦驮、天女等；一类是佛教徒“规定”出来的“神”。后一类大致分三等，第一等是佛，也叫如来；第二等是菩萨，也叫大士，是超脱生死的神；第三等是阿罗汉，也叫作“罗汉”，是

古佛洞

所谓永生不灭的“神”，但暂未成佛。此处的三尊佛是按空间位置来划分的，横向排列，所以也称横三世佛。而竖排三世佛是按时间位置来说，过去佛——燃灯佛（古佛），现在佛——释迦牟尼佛，未来佛——弥勒佛。

“镇驼峰灵光浩荡，坐古洞佛法无边”，这副楹联是讲神山佛祖灵应，佛法佑护人间。

文思亭

文思亭建于 2001 年，由当时的神木县政府出资修建。亭中立有一块高大的大理石碑，上书“旷古神奇”四字。这块大理石碑是由国务院能源办原副主任李智盛亲笔题词并捐赠。“旷古神奇”这四个字寓意深远，既是对二郎山景观的高度赞美，也是对神木这块红色土地所发生的历史性剧变的由衷感叹。

文思亭

文思亭

二郎庙照壁

这是建造于明代的石刻作品，照壁外侧是阴刻的《虎啸图》，照壁内侧为浮雕《九龙治水图》，画面上的这九条巨龙各具神态、栩栩如生，其实建造者的目的，就是要以龙治水、以虎镇山。照壁历经几百年风雨至今完好无损，具有很高的文物价值。

石刻工艺在神木有着悠久的历史，这块“龙虎照壁”，虽非惊世之作，却也向我们展现了明代神木石刻工艺的水平。照壁在神木地方建筑中是四合院构建的“门面部位”，是大门道的组成部分，可以反映主人的门第与实力，至于庙宇的照壁，其作用在于体现神灵的威望。

这块石刻照壁的全貌保留了传统规格，上有脊兽檐头冠顶，下有石刻拖泥座，而且所用边角图案都是采用神木地方工艺中的

二郎庙照壁

二郎庙照壁

“辐射对称”手法。虎是山中王，以示二郎庙在此山头上的管护地位；龙行千江水，以显庙内主神在当地水系的权威。照壁下的地面又用鹅卵石砌成老龟的图案，老龟长寿，更让人理解这庙是为“国泰民安”“地久天长”而修建的。用今天的话说，就是为这座庙亮出治水的“招牌”，可见设计者的匠心独具。

二郎庙

二郎庙始建于明正统八年（1443），乾隆四十年（1775）改为三圣庙，道光十五年（1835）重修，为典型的四合院形制。二郎庙本来是为镇窟野河水患而建，内祀隋朝人赵昱赵二郎。当时，嘉州有条冷源河，河内有蛟龙出没，使河水泛滥成灾。赵昱召集嘉州百姓在两岸呐喊助威，他与另外六人则入水斩掉了蛟龙，因此这七人被后人称为“七圣”。赵昱成仙后，冷源河又发水灾，有人见他在云端现身，随后水就退了，因此赵昱就被奉为镇水之神。据说，二郎庙建成后神威非凡。有一年窟野河发大水，洪水涨到了西城墙下，神木城面临灭顶之灾。危急关头，县太爷到二郎庙祭祀祈雨，祈求二郎山拯救黎民。这时候二郎神突然显灵，袍袖一甩，满河洪水便斜立起来，顺山南流。在二郎山山腰留下一条“黑腰线”。因此，神木人对二郎神情有独钟、笃信不移。

关于二郎神的传说，大致有三种。一说是李二郎，他是秦蜀郡太守李冰的儿子，李冰与二郎领导民众建成了功德绵延千年的都江堰，因而被民众尊为神灵。一说是赵二郎赵昱，他是隋朝人，曾任四川嘉州太守，因为亲自入水斩蛟龙，治理了冷源河的水患，被奉为治水之神。还有一说是杨戬杨二郎，他是由于在明朝凭借神魔小说的力量，成为明清以来人们最熟悉的“二郎神”，我们熟悉的《西游记》当中就有他的身影，是驻守在灌江口的二

二郎庙

郎神君。可以说三种传说，有一个共通之处，那就是二郎神都有治水神功。

在清乾隆四十年改称“三圣庙”后，庙里正殿供奉着的三位神灵，中间是杨戬杨二郎，西边是关圣帝君关羽，东边是武财神赵公明。当时人们为何让这三位神圣坐在一起，有一定的社会因素。

旧时，二郎山前商贾云集，做生意的人最需要坚守信义，也

二郎庙

期盼生意兴隆、招财进宝，所以关公和赵公明这二位神仙就受到了推崇。

关羽一生忠义勇武、忠贞不贰，为儒、释、道三门所崇信。明清时期，关羽极显，有“武圣人”之尊，由此关羽被世人附会成具有司命禄、保科举、治病除灾、驱邪避恶、庇护商贾、招财进宝等“全能”法力。世人尤其是商贾都敬佩关公的忠诚和信义，希望关公作为他们发财致富的守护神，另外，人们希望商贾坚守诚信，因而把关公奉为公正人，来维护传统的道德秩序。

赵公明是一位经商奇才，经商理念以信用为本，因聪颖勤劳而聚财有方；因经营得当，管理严密而理财有道；因慈善爱民、仗义济困和疏财爱国而用财有义。古人在感悟赵公明的财富文化时，将赵公明逐步神化。到明代中期，赵公明“华夏第一正财神”的地位正式确立。

在乾隆时期二郎庙扩为三圣殿正是反映了当时地方商贸的繁荣。如今这里也是香火旺盛，有香客专程来二郎山到二郎庙正殿朝拜，以求万事顺遂。

龙母庙

龙母庙又名圣母殿、水母宫，始建于乾隆年间，后在嘉庆四年修复，内祀观音菩萨的右胁侍龙女。龙女这一神话形象，最初源于佛教。传说龙女是“二十诸天”中第十九天之婆竭罗龙王的小女儿。她从小聪明伶俐，八岁时偶听文殊菩萨在龙宫说《法华

龙母庙

龙母庙

经》，豁然觉悟，通达佛法。善良的龙女为了协助观音菩萨普度众生，遂又化身童女，随侍菩萨身侧。龙母庙的修建，表达了人们企盼风调雨顺的美好愿望。自从有了这座庙，山上便不再设龙王庙了。

龙母是总管各龙王及大小河神的女神。神木地处黄土高原，十年九旱，此庙主要是为了表达人们企盼风调雨顺、五谷丰登的美好愿望而建。庙门正面为龙王治水图，背面是五谷丰登图。庙内还配有龙母入宫、出行等工笔彩绘壁画。

观景台

在这里，神木市的全貌基本上可以尽收眼底。山脚的河便是窟野河，还有神木老城、体育场等众多建筑，神木城的整体建筑布局一览无余。

· 神木老城

神木隶属于陕西省榆林市，总面积 7635 平方公里，是陕西省面积最大的县（市），总人口 57.19 万人。神木古称麟州，素为边关要塞，是长城脚下著名的古战场。神木老城始建于明正统八年（1443），由东山杨家城旧城迁居而来。城池布局呈棋盘式，四大街、八小巷南通北畅，明清四合院保存相对完整，凯歌楼是老城的标志性建筑。

神木老城凯歌楼

· 窟野河

黄河一级支流，发源于内蒙古自治区鄂尔多斯市，东南流向，干流长 242 公里，流域面积 8706 平方公里。在鄂尔多斯流域称乌兰木伦河，进入神木流域被称为窟野河，于神木沙峁头村注入黄河。

· 麟州八景

窟野轰雷、笔架蒸霞、杏花濯雨、龙眼透日、香炉拱月、锦屏叠雪、纱帽舒云、虎头吼风。该八景分别表现“雷、雨、日、月、风、雪、云、霞”八种天气现象。

窟野河二郎山段

窟野河二郎山段

· 窟野轰雷

窟野河绿茵绕堤、波光粼粼，犹如玉带缠绕在神木城二郎山下。夙日，水势缓和、山水相映，一派祥和美景。每逢秋季多雨，窟野河遭遇洪水，水流湍急、水声如雷甚是壮观，故称之“窟野奔雷”。

· 笔架蒸霞

二郎山也叫笔架山，有时在夏秋之际，日落之时，天空布满云霓，山的上空会突然呈现此山形状，且宫殿、庙宇、树木与此山十分相似，蔚为奇观。当地人把这种现象叫作“现山”。此即文人吟咏的“笔架蒸霞”。

· 九龙山

二郎山对面东边的群山就是“九龙山”，又叫锦屏山，那九个山头像九条腾飞的巨龙，又像一

纱帽舒云

龙眼透日

虎头吼风

笔架蒸霞

锦屏叠雪

窟野轰雷

香炉暮霭

杏花滩

座座天然屏风，尤其在冬天的雪后，银装素裹，分外妖娆，因此成为麟州一景，名叫“锦屏叠雪”。

九龙山南向一岭，高峰矗立，酷似龙头，中穿二孔如目，叫龙眼山。每当旭日东升，龙身隐约，日头透孔而过，直射城头，甚为壮观，名曰“龙眼透日”，也是为麟州八景之一。

九龙山建有关帝庙、吕祖洞、张仙庙、万佛洞、财神庙、七佛洞、祖师庙、鲁班庙等集儒、释、道三教于一体的各类建筑 20 余处 100 余间。龙眼山上的麟宝塔修建于 2004 年，共 13 层，塔内展有当代名人书法篆刻。每年的阴历正月初八、四月初八、六月初八为传统文化庙会，其间商贾云集、游人香客络绎不绝。

诸神殿

诸神殿始建于明万历年间，后经历代多次修葺，才有今日之貌。神木人民在宗教信仰方面是没有门户之见的，不管是哪一个教派，也不管曾经是谁，只要有大本事，能修成正果，就能得到神木人民的敬仰。正是因为这种观念，神木民众在修建了各种寺庙之后，又生怕遗漏了哪位神仙，所以特地修建了这座诸神殿，意为“供奉诸神之殿”。如今，正殿祀奉着十方诸神。

诸神殿

魁星阁

魁星阁建于清道光六年，又名文魁阁，供奉着文昌帝君，是掌管士人功名禄位、考试、命运及助佑读书撰文之神。自古以来，文昌帝君一直被文人士子奉祀崇拜，适逢科考之际他们纷纷到文昌殿上香祈福，以求中得功名。

护国寺

护国寺，曾名“三教殿”。韦驮阁是护国寺的山门，内祀韦驮菩萨。韦驮又名韦驮天，本是婆罗门的天神，后来被佛教吸收为护法诸天之一，是佛的守护神。在中国的寺院中，韦驮菩萨通常被安置在天王大殿弥勒菩萨之后，面对着释迦牟尼佛像。韦驮菩萨在传说中有三只眼，穿古装战将服装，手执金刚杵，遇有不法之徒就用金刚杵击打。由此可见，他的职能和我们今天的公安

护国寺

干警相似。

仙家庙

仙家庙始建于明朝，庙内供奉着各类狐仙。在中国传统社会，狐狸享受着民众提供的高规格待遇，人们忌讳直呼其名，而称它们为“狐仙”，进而发展成造龛设庙、虔诚祭拜的习俗。陕北是个崇拜狐狸的地方，在这里，人们认为对狐狸的不敬是相当不吉利的，并认为狐狸能够得道成仙。它们不仅可以预知人间祸

仙家庙

福，且尤其善于治病。所以，旧时人若得了病，大多要到狐仙庙祭拜，向狐仙讨药吃。现在这座仙家庙，可以说是集东西南北中五方狐仙之大全。

三教殿

三教殿位于二郎山雄奇险秀的第一峰之巅，此殿在二郎山古建筑群中最具规模性、权威性，是本山最大的一处庙群。三教殿始建于明嘉靖年间，清道光年间改为护国寺，民国二十三年（1934）重修为三教殿。三教殿的主殿祀奉着儒、释、道三教鼻祖，即释迦牟尼、孔子和老子。三教殿宏伟壮观，三位鼻祖并肩而坐，同受人间香火，这种安排世所罕见。

三教殿最珍贵的文物，是东西山墙上的两幅民国时期大型壁画，这幅壁画用天然颜料绘制，至今仍色彩鲜明。西边一幅为二

三教殿

三教殿

郎山全图，画面上山腰的那条黑线，就是传说中二郎神治水留下的黑腰线。东边一幅是城东九龙山全图，从中可以了解到400多年前两山景观布局。图中还描绘了当时老百姓的部分生活场景，因而也是很好的乡土教材。东庑殿自北向南分别为金火炉神殿、黑虎灵官殿、药王殿。西配殿为日月神宫。西庑殿自北向南为财神殿、观音殿、三官殿、大圣殿。

倒坐观音殿

倒坐观音殿于明嘉靖年间由尹功德修建，现殿于1986年重

倒坐观音殿

修，又称白衣观音堂，因它坐南向北，而有了“倒坐”之名。殿内祀奉着观音菩萨，观音菩萨原名观世音，又名观自在，因唐代避李世民讳，而去掉了“世”字。

倒坐观音殿在二郎山上历史悠久。据说北宋和西夏对峙期间，西夏军进犯麟州，多由二郎山西边的兔毛川来。为防范西夏军经兔儿沟岔绕道北上突袭州城，宋军曾在这里设瞭望哨台。为了避免引起敌方的关注，便修成这座倒坐观音殿，让驻守的人扮成看护庙宇的佛门弟子作为掩护，随时观察兔儿沟后沟出现的敌情。一旦发现情况，就采取“白天打钟，晚上点灯”的办法，立即向对面东山的古佛洞发出警报。东山头上的寨堡接到警报之后，通过十几座烽火台的狼烟，把讯息快速传到麟州城里，麟州城便立刻进入战备状态，准备迎敌。

在大乘佛教中，观音仅次于佛，是居第二位的菩萨。其实，

倒坐观音殿

倒坐观音殿

按所积功德，观音完全能够修行成佛，但观音却不愿去西方极乐净土，而是永无懈怠地奔忙于红尘中，解救芸芸众生于灾难、困苦之中。观音还发誓，如果不能使众生脱离苦海，就一直倒坐南海，不去西天。因此，观音菩萨虽然没有成佛，但在人们心目中却早已成了佛。由于观音说法度化、救苦救难时可以根据需要有

33 个化身像，其中大部分是女性，所以观音的塑像也多为女性。倒坐观音殿契合了观音倒坐南海的典故，因而备受香客青睐，香火终年不断。

观音菩萨的 33 个化身像中，我们比较熟悉的有杨柳观音、鱼篮观音、水月观音、送子观音、白衣观音、施药观音等。观音菩萨度化众生，不论男女老幼、贫富贵贱，甚至是地狱、恶鬼、畜生三恶道的众生，只要能一心虔诚持念观音菩萨名号，菩萨便能观其声音，闻声救苦救难，有求必应。

这个倒坐，并不是反过来坐，是指观音不坐在坐北朝南的大殿中，而在后壁倒坐，表明观音菩萨不度尽众生，永不回头的大慈大悲。所以后人才有了“问菩萨为何倒坐，叹众生不肯回头”的感慨。

抚云柏

抚云柏，从石缝中长出来，像巨龙空中腾跃，许多游人都在这里留影，在神木人家里的老照片中经常能看到它的身影，可以说是当时的网红打卡地。从这里向北望，那高处像凌空飞来的一方玉印的山头叫玉皇峰，此景被称为“玉印飘绶”。

在北宋时期，守边名将张岊，曾在这山下的兔毛川，以少胜多打败了西夏人，取得了一次重大的胜利。在这次战斗中，有两位宋朝的勇士，奉命上山潜伏，到半夜点燃几个火堆，给树上挂起宋朝的旗号，让敌人认为援兵到来，乱其军心。

抚云柏

西夏人就是原来夏州的党项羌，所以当时有人把这河西的山称作羌山，把西夏人叫作西人，把西夏的军队称为西军。那两位勇士在执行军令时，夜风大作，火苗飞溅，当时这座山上满松柏树，一山树木全部被烧着。不一会儿，就有一股西军杀上山来。一位宋朝勇士，在同几个西夏人搏斗中同葬火海；另一位宋朝勇士，刚把宋朝旗号挂完，也被几个西夏人围住，经过一阵厮杀，和一个前来夺旗的西夏人拼杀在一起，滚下了悬崖。

天明以后，战斗结束，大山虽在，树木唯剩一株歪着脖子的古柏树，由于它侧身山畔，躲开了火头，才没有被烧着，树上挂着的一面“宋”字大旗依然在抖动着，好像在欢呼胜利。在这株歪脖树南边的一块大石头上，坠崖身亡的那个勇士留下一行字，“观音菩萨保佑我大宋人马平安”，是用烧焦树枝写出来的。因此，人们说这次胜利是观音菩萨显了灵的，后来就在这里修起一座观音殿。

观音殿的庙门朝北，庙中僧尼可以方便地监视西军动静。万一有事，白日打钟，晚上点灯，以便及时向东山头上的寨堡报警。不论是钟还是灯，据说当时都是吊在那株歪脖柏树上的。时至今日，我们仍然可以看到这座倒坐观音殿和那株歪脖柏树。

祖师庙

祖师庙是一座道观，始建年代不详，据有关资料记载，明万历年间重修过一次，1995 年因不慎被大火烧毁，同年在原位置重修为现在的模样。该庙气势宏伟、塑像高大，是二郎山上目前最宏大的一处建筑。祖师庙内祀奉着真武祖师，他又称玄武教大帝，民间尊称其为祖师爷，传说为道教中掌管北方之神，道称为无量祖师，佛教称为无量寿佛。其实，真武本为“玄武”，1012年，宋真宗赵恒为避圣祖赵玄朗讳，始将“玄武”改为“真武”，自此，真武之名便沿用了下来。同时，他也被称为真武帝君、荡魔天尊、真武大帝、玄天上帝等。过去，真武祖师在民间信仰极广，影响深远，在道教诸神中地位极高，备受尊崇。这种崇高的地位，从祖师庙的建筑规制上便可窥见一二。

真武功行圆满后，便受玉皇大帝差遣，下凡为民间除害。先

后收复龟、蛇二怪，赵公明、马华光等三十六魔为部将。庙中真武像前侍立的是桃花女，周公，龟、蛇二将。两边侍立的是部将十大元帅，他们分别为：温琼、马华光、刘俊、康席、赵公明、邓患、辛环、庞弘、孟山新、岳飞。

人们对真武大帝的信仰源于古代的星辰崇拜和动物崇拜。随着时间的推移，将真武人格化后进行供奉。近代，真武大帝成了民间信仰中无所不能、无所不可的天神。人们有的祈求其保佑家人平安、风调雨顺；有的祈求敕赐官爵职位、福禄钱财；有的祈求消灾免难、度危解厄；有的拜其保已时运亨通、事业有成；有的在此虔诚抽签，祈求真武预示凶吉。

祖师庙

西岳庙

西岳庙是为传说中的西岳大帝蒋雄所建，庙内供奉着西岳大帝塑像。在小说《封神演义》中，蒋雄是西岐的一员大将，他在进军朝歌的路上攻打渑池县时，被张奎夫人高兰英打死，死后被封为“西岳华山金天愿圣大帝”，也就是西岳大帝。西岳大帝为五岳大帝之一，也是民间非常信仰的神仙。传说他主管世界上的

西岳庙

珍宝五金、陶铸坑冶，兼羽毛飞禽。从原始的宗教崇拜上来说，敬奉西岳大帝，就是为了祈求财物丰裕、天下太平，让百姓能够过上富足幸福的生活。

玉皇阁

玉皇阁始建于明代中叶，康熙二十三年（1684）毁于地震导

玉皇阁

玉皇阁

玉皇阁

致的山崩之中，康熙二十六年（1687）才得以重新修复。玉皇阁建在二郎山最高峰玉皇峰上，此举是为显示玉皇大帝至高无上的统治地位。玉皇阁内祀奉着道教至尊之神玉皇大帝。他是道教神话传说中天地的主宰，是道教的基本信仰和最高信仰“道”的神化，也被认为是“道”的本体。

登临玉皇阁需要有点冒险精神，但当您真正站在宽不足一米、两面是绝壁千仞的峰顶之时，不仅能深刻领略到“山登绝顶我为峰”的意境，更能体会到苏东坡诗句“高处不胜寒”的本意。

步云桥

步云桥又叫断桥、担桥，原本是由木桩加铁索护栏搭建而成的一座桥，直到 20 世纪 60 年代初，才由当时的神木县委出资修成现在的这座水泥护桥。步云桥是连接玉皇峰与第二驼峰的唯一通道，以其险峻的地势而闻名。旧时有楹联写道“一本为桥，行人稳似天外坐；二水成舟，名驼浑如漠上游”。如今再过此桥，仍有悬空步云的感觉，险要之势依旧令人生畏。

步云桥

石牌坊

建于明代崇祯年间，是进入娘娘庙必须通过的唯一山门，门檐高不过一人，人们由此进庙时不得不俯身而过，以示虔诚之至。

石牌坊

娘娘庙

娘娘庙位于二郎山第二个“驼峰”顶端，始建于明正统年间，内祀碧霞元君。碧霞元君又称送子娘娘，全称为“东岳泰山天仙玉女碧霞元君”。传说她统摄东岳神兵，照察人间善恶，掌管生儿育女，保佑儿童健康，在北方地区享有盛誉。

娘娘庙的建筑结构较为复杂，通过石牌坊之后，要从一个竖井似的石洞爬上去，才能抵达碧霞宫的第一层——住持道人生活

娘娘庙

区。登上二层平台，通过四大天王守卫的山门，便到达了第一进院落，这也是碧霞宫正殿，即本庙主神碧霞元君办公的场所。碧霞元君位于庙内正中，两侧分别陪坐着她的大姐云霄娘娘和二姐琼霄娘娘。正殿后侧的第二重庙殿的匾额上书“碧霞行宫”，这是碧霞元君的寝宫。在元君塑像旁边的神案上，摆放着一些小泥

人。据说善男信女将泥人偷回家去，就可以生儿育女了。偷到男孩生男孩，偷到女孩生女孩。因此，娘娘庙的香火特别旺盛，每年阴历六月二十二的传统庙会就是给她祝寿的盛会。

二郎山与神木城

· 拴娃娃

首先夫妻给碧霞娘娘烧香叩头，敬完香火之后，就让守护庙宇的人给他们填写一张黄纸表格，俗称“填数”，然后把“数”烧到送子娘娘神位前，并且要在周围无人的时候，把摆放在神台上的小泥人按所求（选男娃或女娃）“偷一个”包裹回家。路上不能跟任何人说话，泥人一直要由妻子揣在怀里，到家后放置在家中供桌角上灶君牌位后，遮盖起来。每月到了山上求儿女的那一天，早晚在家中跪拜家堂佛祖一次，称为“祭香烟”。如果过些时候，妻子真的怀胎，那就认为是娘娘显了灵，庙会期间丈夫要到山上来给娘娘敬香火。如果孩子平安生下，过了100天，夫妻就请画匠再塑一个小泥人，连同一年前“拴”回来的那个小泥人一同送还庙上。家资许可者，还可就此“寄保”（请神仙来保佑孩子的成长），也要再次“填数”，上“布施”。孩子长到12岁，再带着孩子上娘娘庙来“开锁”还愿（给庙里“赎身”钱），才算“寄保”结束。

山神庙

山神庙是二郎山最后一座庙，内祀山神土地，作为殿后，统摄全山。在中国传统文化中，山神的传说源远流长，早在2000多年前的《山海经》中，便已有了对山神的记载。山林中风雨无常，飞禽走兽随意出没，时有伤害人类的事情发生，而当时的人

山神庙

们无从抵御，只能求助神的力量来保佑平安，于是人们将山岳神化并加以崇拜，山神信仰便产生了。山神的职责是维护山规、严明山风，不让山林中的野兽伤害百姓。因此大家可以看到，在山神的脚下锁着虎狼泥塑，便有山神统驭全山鸟兽之意。

山神庙内还供奉着土地，为什么山神和土地会供奉在一起？据说山神庙原先紧挨二郎庙，修在二郎山靠前的山头上，后来山头神仙不断增加，山头地方有限，山神爷只好把自己的庙地，让给各位神仙。山神的小庙沿着山脊向后一退再退，最后和土地庙接头，两位神仙就供奉在了一起。

二郎山

烟火繁盛庙会时

二郎山上庙殿多，教派多，各庙殿主持祭典的日期相连不断。这里主要介绍全山庙会。

每年阴历六月二十二日，是神木二郎山的全山庙会（旧称娘娘庙庙会）。二郎山那么多的庙，而且各庙都有自己的过会时间，可是为什么全山庙会时间要以娘娘庙会为准呢？据老辈人讲，一因历年来，在娘娘庙过会期间，那些求儿祈女许下大愿的人都来还愿，所以会期来人很多，由于赶会的人多，自然形成会期集市。二因集市招来商贾生意，官家为了收税，支持会期的民间文化活动（如请戏班唱戏），于是庙会规模逐年扩大，远近闻名。

二郎山庙会

三因到会人群的复杂化，他们各有所求、各按所需上山来各奔“前程”，到各庙敬神，于是原先的娘娘庙会便成了二郎山全山都动“香火”的大庙会。四因，阴历六月二十二日，时逢盛夏，远近香客不会因寒风凛冽而行动不便，当地又是农牧接界、蒙汉民族交往之地，长城口里百花齐放，口外草地牛羊肥壮，正是边塞最宜交易的时机。

二郎山庙会

这天时、地利、人和都具备的现实情况，使二郎山娘娘庙会自清乾隆年间，成为社会公认的二郎山全山庙会。每到会期，各庙会首买办香火，打扫庙宅，插旗，贴对联，垒火塔子（当地煤炭多，使用方便），给砖墙子中点放小油灯（让山下城里人晚上也能望得见山上灯

火），并备茶水，守护香案供桌，接待香客和游人。

这样一来，二郎山全山庙会，就成为一处商旅文化活动的交会点。今时的二郎山全山庙会，祭神的活动已经“退居二线”，主要以旅游观光、货物交易为主，成为当地具有代表性的一种地域文化活动。

二郎山庙群

亦真亦幻总难说

二郎山的故事俯拾即是，内容丰富多彩，涉及地方历史、社会文化、民俗艺术以及各庙修建期间当时当地的经济状况与商旅事业发展等多个方面，有些故事描述的是神佛气象，其实所反映的却是人的精神意志。历经岁月洗礼、经过世代相传之后，这些故事逐渐发展成了神木的非物质文化遗产。观其思想内核包含着当地人认识世界的朴素哲理，反映着人们盼望平安生活的愿望。

“黑疙瘩子”原来就是金马驹儿

传说窟野河畔的西山下有个黑石岩洞，洞里藏着宝。什么宝？谁也不知道。后来这洞被能人打开，跑出许许多多的金马驹儿来，可是没等洞里的金马驹儿全部跑出，洞口就又合了回去，里边的金马驹儿被死死压住不得出来。那些已跑出来的金马驹儿因为无地容身，就四散奔逃，其中大部分沿河北上，碰上有黑石岩的地方就钻了进去，藏入地下。另一部分一直向北奔去，见不到黑石岩，就顾头不顾尾地藏进沙渠土沟中，暴露在外。风吹日晒，地沤土埋，久经泥土沙石的挤压，它们后来就变成黑疙瘩子。

那些入地很深，已经变黑了的金马驹，有些经受不住长期挤压而七窍生烟，浑身发热。有时人们路过，还可以看到它们从地下冒出来的烟。据说有的实在受不了了，就趁着大河发水的推力，顺原路跑回了西山根下，可是却进不了它们的黑石岩洞，于是就埋怨起山神来，它们随着河浪声喊叫：“想当年孙大圣被压在五行山下，后来尚有出头之日，难道我等兄弟就永远不能解脱？”岂知，山神哪有那么大的道行来管这么大的事，只好劝它们说：“宝贝埋藏到什么时候也是宝贝，总有一天会来个取真经的人把你们挖掘出来。”

话音未落，一排大浪扑向山崖，把几个已经变黑的金马驹继续向南冲去，碰崖撞石把它们冲到下河里。转眼之间，下游河面上漂起许许多多大大小小的黑炭疙瘩。

从此之后，每遇到发大水，在这条河的下游，不论男女老少，都下河捞炭，其实就是去捞那些金马驹儿，那些捞得满载而归的人，经常说大河上头的地底下还压着好多好多的金马驹儿。

二郎山的“现山”传奇

既不是海市蜃楼，也并非蓬莱仙境。这里说的“现山”是像二郎山山形的云彩出现在天边的现象，云形万状本不足为奇，何况又是一瞬间的闪现，可就这也给讲故事的人提供了话头，都说神木二郎山下压着宝贝。

传说很早很早以前，二郎山周围是一片无边无际的树林，有一年北海暴涨，洪水连天，这片无边无际的森林也被淹了个遍。人和牲口都被洪水吞没了，身陷洪涛中的百姓们不住地挣扎、哀号，希望能求得一线生机。

正在这个时候，王母娘娘驾云路过，她看见这里人畜正遭灾受难，就赶紧从头上拔出簪子，从北到南，使劲地画出了许许多多长短不一的道道，地面上相应出现了许许多多的沟沟岔岔，大水便顺着这些沟沟岔岔，形成了众多大小河流，水入东海、山川重现，受灾的人和牲口才被搭救下来。

在画出窟野河时，王母娘娘因用力过猛，就把簪子上的赤、玄宝珠给震掉了。

赤色宝珠落在东边的泥水中，玄色宝珠落进了西边的泥水

二郎神

中，落进泥水中的赤、玄宝珠被泥土覆盖。经年累月，挤压赤、玄宝珠的泥土就变成窟野河东、西两座山，因为这两座山下边压着王母娘娘的赤、玄宝珠，所以这两座山都是宝山。因此，每逢雨后初晴或者黄道吉日，天边就会浮现出这两座宝山的山势云影。每当天空出现这种景象时，人们就惊喜相告，说："现山了。"现东山的情景谁也没有看到过，有人说东山的宝珠早已被人取走，所以现在只能看到西山。不管怎样，只要发现现山，人们就会提起王母救灾和二郎山藏宝的故事。同时还会说就是因为东山宝珠被盗，王母娘娘才派二郎神前来西山守护设防，所以西山宝珠至今安然无恙。同时由于二郎神长期镇山，这山也就被人们叫作二郎山了。

南蛮取宝

不知是哪一年，从南边来了兄弟二人，他们起初就住在这大河川里。有人叫他们“南人”，有人说他们是“蛮人”。后来人们索性就称呼他们俩为南蛮兄弟。

这对南蛮兄弟牧畜差强人意，可在栽种上很有本事。他们来到这里，种树种草，种瓜种菜，还种五谷杂粮。久而久之当地人也学他们栽树种草，南蛮兄弟也学会些放牧的本领，他们就这样慢慢地融入当地人生活，同时也看到了当地的奇景“现山”。

当他们知道川道的东、西两山是藏着王母娘娘宝贝的宝山时，兄弟俩就千方百计地到处去打问开山的钥匙，想开山取宝。

到哪里去找呢？兄弟俩跑遍了这条大河的上上下下，也没有打问到开山钥匙的下落，找遍了所有的山渠沟岔还是没有找到开宝山的钥匙。尽管如此，南蛮兄弟仍不罢休，他们发誓一定要找到打开宝山的钥匙。

一天南蛮兄弟来到了一个土坡上，向住在那儿的一户人家打问，正好碰上这户人家要宰牛，只见那头牛掉泪不止，他们俩看到后很不忍心就和主家商量，把那头牛买了下来。不料那头牛不仅能帮助兄弟俩耕种土地，还能和南蛮兄弟搭上话茬，为他们排忧解难。

神牛得知南蛮兄弟正在寻找开山钥匙时，就说:“树有根，水有源，要捉鱼儿得下船，要打老虎得上山，如今你兄弟俩要找开山钥匙，只有向山公公和土婆婆去打问了。”还说“每逢初一、十五这两天，山公公和土婆婆总是要来巡山的”。

南蛮兄弟就按照神牛的指点，每逢初一、十五就上山去找这个山公公和土婆婆，开始是分头找，后来是一块去找。可是每次上山总遇不上山公公和土婆婆。

有一年冬天，比往年冷得早。十月份大河两岸就已经结冰了，山头也被一场大雪覆盖，山坡背阴的地方道路积雪很深。行走很不方便，可是南蛮兄弟二人仍然坚持初一、十五上山。初一这一天，兄弟俩又上了东山，刚爬上山腰就看见前边有一个白发老婆婆背着一大捆柴往山上走，这时西北风呼呼地卷起积雪，脚下的山路，有的地方被雪填平不知深浅，有的地方又窄又滑寸步难行。这种情况下，空手的年轻人尚且难以抬腿举步，何况几十岁的老婆婆，而且她还背着一大捆柴，真有摔倒掉下山崖的可能。兄弟俩见此情景就赶忙追上去，一个扶着老婆婆，一个替老人背上那捆柴把老婆婆送上山去。

这天虽然再也没有碰到什么人，可老人家问清他们俩上山的原因以后，就告诉他俩:“只要你兄弟二人有恒心，等到山张眼、河开口时，山公土婆就会来见你们的。”

转眼到了十五，兄弟俩又要上山去。这回是上西山，那天天气晴朗，兄弟俩一大早就起身了。耀眼的阳光从东山的龙眼石窟

二郎神

中照射出来，照到他们身上，弟弟触景生情地说：“哥哥，我们今天上西山，可这东边龙野山石孔中射出阳光来，这不就是山张眼吗？”哥哥一听恍然大悟道：“是呀。”不过他转而一想又说：“可是这西边的河快要结冰合口了。这么说来，我们要见到山公公、土婆婆，大约需要等到明年开春。”

到了河边，正要下河的时候，又看见一位长须银发的老汉正要挽起裤腿准备过河，老人家瘦弱的脚踩踏在冰面上直打战。几次把脚伸进河中又马上缩回来，南蛮兄弟见状急忙跑过去把老人家背起，轮换着将他背过河，待老人知道兄弟俩要做什么之后，就送给兄弟二人两粒黄瓜籽儿，并且说："只要你们把这两粒黄瓜籽儿连种三年就能结出两根神奇的黄瓜，到那时候山公土婆就会把开山的钥匙送来。"南蛮兄弟高兴地接受了老人家送的黄瓜籽儿。老人再三叮嘱他俩说："一旦结出黄瓜，就从第一天起，过100天才能成熟，少一天也不行，不到成熟千万不能摘，如果摘了山公土婆就不会来了。"

南蛮兄弟就按老人家的吩咐，把两粒黄瓜籽儿接连种了三年，到了第三年果然结出两根黄瓜，只是一根比另一根晚结出来一天，之所以说奇怪，就奇怪在它们都不是绿色，第一天结的是根发红的黄瓜，第二天结的是根发黑的黄瓜。

更奇怪的是不到十天工夫，这两根黄瓜就长得又粗又长，比一般黄瓜要大好几倍，过了两个月两根黄瓜的样儿那就更稀罕了，一条黑得油光发亮，一条红得发紫，南蛮兄弟的心底更加高兴，辛勤地按时浇灌，经常修整这两株黄瓜的枝条，处处为这两根黄瓜操着心。

三个月过去了，这两根发红发黑的黄瓜都已经长到三尺来长，像臂膀一样粗，看上去快要成熟了。

一天半夜，突然门外出现低声人语，南蛮兄弟起初以为有人来偷黄瓜，马上起来外出查看，但是毫无动静。

一连几回以后他俩更加怀疑，就再没有出去，只在门内侧耳细听，一听才知道是红黑两根黄瓜在对话！

一个说：

"东山高，西山低，南来的黄瓜好稀奇，

一条红一条黑，红是哥来黑是弟。

求山神问土地，开山的钥匙在这里，

红对东，黑对西，红是我来，黑是你。”

一个说：

“红珠宝，金马驹儿，王母娘娘埋下的，

宝珠红，马驹黑，红糜子长在黑炭地。

朱砂洞里有红珍珠，黑石岩下藏着金马驹。”

对完一遍又一遍，瓜儿念叨不停，他俩一出门外，却又什么也听不见了，不过从此以后，兄弟俩就知道这两根黄瓜正是打开宝山的钥匙。于是兄弟俩昼夜守护着红黑两根黄瓜，心急地数着日子，单等黄瓜成熟。

刚刚到第一根黄瓜 100 天的时候，哥哥就和弟弟去摘那根发红的黄瓜。弟弟兴奋极了，一时失手，竟然连那根成长了才 99 天的黑瓜也摘了下来。此时他俩后悔也来不及了，知道山公公和土婆婆不会来见他们了，只好自己带着红、黑两根黄瓜去开山取宝。

结果哥哥用红黄瓜打开了东山的朱砂洞，红色的珍珠全被取出，还给山头上抖下一层红泥，后来人们又用它烧制砖瓦。直到今天东山上的土烧制的砖瓦质量还是分外好。弟弟虽然也用那根黑黄瓜打开了西山的黑石岩洞，不少闪闪发光的金马驹儿跑了出来。只可惜那开山的黑黄瓜只生长了 99 天，还没完全成熟，忽然一下子发软了，于是洞口马上合了回来，弟弟也被关了进去，山腰里留下了一道长长的痕迹，后来人们把这道痕迹（发青的石层）叫作“黑腰墙儿”。听说那些跑出来的金马驹，四散奔逃，钻入地下变成黑炭，二郎山的西沟退进去不少，所以今天西沟的炭窑很多。

哥哥得知弟弟遇难以后，放声大哭起来，他悲痛地跺脚捶胸，把一袋子红色的珍珠撒了一地。这些红色珍珠落地生根，长成当地特色的大红糜子。从此，神木这个地方，吃食就有了糜谷，烧火就有了黑炭，既放牧牲畜，又种植庄稼，农牧并举。

山神庙后退记

听说山神庙最早紧挨着二郎庙，也是修建在二郎山前山上的，为什么今天退到这座山的末尾了呢？这是有缘由的。

原来，自打二郎爷爷镇山以后，这座宝山的名声就一天比一天大，谁都知道这山下埋着王母娘娘撒下的珠宝，所以过往的神仙都想来到这里落脚，找个受香火的地方。这就把山神爷爷忙得天天团团转，应接不暇。

有一天，竹简响动，书车临门，来了个孔老夫子。他说这座山如此清静，正是个展卷诵读的好地方，请山神允许他的弟子来这里给他建庙。山神心想念书认字儿是好事，老夫子至今还有如此诲人不倦的雄心，小神我又何乐而不为呢？于是一口答应。

不料，过了几天，云头开处，青牛落地，又来了个太上老君。他看到这山脊上连续起伏的山峰，就赞美道：“不愧为王母藏宝之地，真是名不虚传。”于是太上老君也请山神让自己的信徒在这山头上立个道观。山神又一想，这太上老君，上通玉皇大帝，下通五金工匠，神通广大，势力不小，我这个小小山神比起他来，连芝麻大小也没有，何况今后难免有求告他的地方，越想越觉得惹不起，只好答应。

又是一天，天气晴朗，忽然天上五彩缤纷，祥云漫漫。原来是西天佛祖驾到，他招来山神。山神拜见佛祖，佛祖问山神："这山头上可有释家寺院？"山神马上回禀佛祖："这山上虽然来过王母、二郎、孔子、老君，但是他们都不是削发沙门、不看经念佛，哪来的释教寺院？"佛祖听后慈容不变，睁开慧眼，看着身边诸位佛僧告谕大家："教化人心向善，可以消灾免难，普度众生，此乃要事。"佛祖遂降下法旨要地方，僧众筹集布施，在这山头上建座大雄宝殿。这山神虽然知道空地已经不多，可也不敢抗旨，只有叩头答应。

谁知道这三答应、两答应反而惹出不少事来。一天，三教门徒蜂拥而至，都要占用中段山脊上那块高凸起的平台，来为自己的祖师修建庙殿，秀才要修文庙，老道要修道观，和尚要修宝殿，他们各执己见，整天争吵、互不相让，闹得山前山后没一个安静的地方。山神爷无可奈何，只好请二郎神给他来处理，有道是"不怕官，就怕管"，二郎神到底是本山主神，他一来，三教的信徒立刻停止吵闹，安静下来。

二郎神说："儒、释、道各有各的文章经典和教义，都是为教化人心、除邪免灾的。这山头就那么一点，盖一座庙堂也不够宽敞，怎能允许你们各教派自立门户？依我之见，应把三教不和之事改为三教一堂，大家共建一座三教殿，让你们的三家始祖坐在一起共受香火吧！”经二郎神的调停，这座三教殿就修起来了。

这样一来，山神庙前是二郎庙，后是三教殿。可是，时隔不久，各路神仙又陆续而至，都提出要地盘的要求，但凡来的都比山神大些，如不顺从，他们就说山神攀附权贵，轻视大众，闹得山神进退两难，哭笑不得。事实上是山头神不断地增加，山头地方还就那么大，来一位神仙就修一座庙，那是无论如何也办不到的。最后，山神爷只好把自己的庙让出来，让各位神仙按二郎神的既定办法效仿儒、释、道三位祖师共坐一堂，又修了一个“诸神殿”，诸神者，各位神仙是也，可是这并没有完事儿。类似的情况还是一再出现，山神的小庙也就顺着山脊向后一退再退，三退五退，最后一直退到娘娘庙的后山畔，和土地庙接头，两位小神也就将就着住在一起了。

然而山神也还是没有因此而安定，不数日，又有上千位仙家和神将来找山神，山神只好告诉他们：“我现在这种小庙，虽然名曰山神庙，实际上我是和土地神共居，如果再向后退就退出山尾巴，那我就不能称之为山神了。所以我求诸位仙家、神将，或者归教入流，或者另找下处吧，要在本山的，就只好附坐于三教殿门外的各处庙堂。”于是想自立门户的也就各奔前程而去，从此以后，这座山上最末尾的那座山神庙再也没有挪动。

二郎山

娘娘显圣

每年阴历的六月二十二日，西山娘娘庙就起会。娘娘庙什么时候修的，咱没听说过，只听说这座庙是由刘、胡、折三弟兄修的。刘、胡、折三姓称弟兄，可不是“桃园结义”，这得慢慢道来。

传说从前有一个老汉，就住在这当川的树林中。他无儿无女，后来就找了个老伴儿。老伴儿说：“咱该有个孩子。”老汉笑着说：“你我都年过花甲，上哪儿去找孩子呢？”老伴长叹一口气，就再没提这个事。但是，老两口很爱行好积善，过往的穷困人常得到他们帮助。下雨天路滑难行，他们就给路旁放几根棍子，让走路的人用；下雪天，小鸟找不到吃的，他们就把门外扫出一块地方，撒几把米让小鸟飞来吃；哪里桥坏就修桥，哪里路坏就补路，所以感动了天上的送子娘娘。

有一天，老汉家的门前来了个穿着破烂的白头发老婆婆，肩上还挂着个褡裢子（前后有兜的口袋），里边不知道装了些什么东西。当白头发老婆婆一踏进老两口的门，便跌倒在地。老两口一看就知道老婆婆是饿病了，便急忙把她扶上炕，喂水、喂饭，过了好一阵，白发老婆婆才缓过气来，慢慢地睁开了眼睛。他们问什么，老婆婆也说不清。只说她糊涂得什么也记不得了，并且马上要走。说着就从那个褡裢子里往外取东西，看样子是要立即动身了。

天爷爷！你当她那个褡裢子里装着什么？竟然是三个小男

孩。孩子们全是红赤条条，一丝不挂，可都不哭叫。看上去也就是出生三五个月的样子。不等人问个明白，她就把三个孩子全放到炕上了。她说：“我养活不了他们，你们没孩子，就抚养吧。”老汉问老人：“孩子们哪来的？怎回事？”老婆婆想了想才又说：“全是人家送来的。这大一点儿的姓刘，他的祖宗是后地的，你们就叫他奴奴吧。这小一点儿的姓胡，他的祖先在关东，你们就叫他卑卑吧。这个顶小的姓折，他的祖辈是西人，你们就叫他羌羌吧。”说完，老婆婆就走出门外，消失不见了。从此以后，奴奴、卑卑、羌羌就成了老汉的孙子。老汉就是老汉，他自己也不知道他的祖先从哪来，因为他也没见过爹娘，也不知道自己姓甚。所以，老汉就让他这些孙儿还是各姓各的。这就是刘、胡、折异姓三弟兄的来由。

春来冬去，转眼 20 年过去了。老汉的三个孙儿，都长得高高大大。不几年又都娶了婆姨。只是老汉老婆儿都八十开外，行动艰难了。可是，他们的三对孙子和孙媳妇，却对爷爷和奶奶并不怎么关心。三个孙媳也真怪，没有一个生养（即能够生孩子）的。三对夫妻都很着急，他们到处求神问卦，盼望着能有个一男半女。

一天，他们上西山的二郎庙去问卦，老道说二郎神不管人间生育的事，叫他们去观音殿问南海大士去。他们到了观音殿，敬罢香火以后，那个老尼姑告诉他们，观音菩萨说：“从你们家向南走出五六里，有一条‘赐子河’。等到中秋节，夜深人静时，你们叫各自的婆姨去把河中的水喝一口，以后就容易怀胎了。再到明年正月十五的灯火判官‘三元会’上，把那儿的‘儿女灯’端回家中一盏放到佛前（旧时，当地居民家家有供奉佛爷的供桌），以后就一定会生养。至于要男要女，你们要等到来年夏天，六月二十二日那天，送子娘娘来这后山峰时，你们当面去求情吧。这个吉日，可千万不要错过呀！”老尼姑还告诉他们，要想求得儿女，必须多做好事，尤其要孝敬老人。于是，刘老大奴奴、胡老二卑卑和折老三羌羌就回到家中将老尼指点的事全办了，对老爷爷和老奶奶也关心起来。日月如流水，不觉又是一年过去，六月二十二日转眼就来到了。

那天，刘、胡，折三弟兄带着他们的婆姨早早地就上后山里来等着送子娘娘的驾到。可是一直等到快晌午了，连个娘娘的影子也看不见。眼看乌云满天，闷气沉沉，天要下雨了。忽然，山腰传来放羊老人的唱曲儿声：

求儿祈女上山岗，莫忘自己谁抚养，

人要儿女图什么？赐子河水洗肝肠！

元宵灯红照胸膛，手抚心口想一想，

在家若能孝父母，何必求神远烧香。

三对夫妻走过去一看，只见老人一边唱一边正在捏泥娃娃。那泥娃娃捏得也真够绝，一个个天真烂漫，虎气生生。老人家捏得麻利，三对夫妻看得出神。最后老人家说：“来，爱不过每家抱一个回去吧。”他们就挑了三个带着。他们问到送子娘娘的事，老人又笑着说：“听说你们找，她已经到你们家中去了。她头顶笸箩，手里握着一双筷，女人穿着一双男人鞋。”三对夫妻听了，马上就往家中跑。赶到家门口，雨已经下得不小，地皮成了泥坑。

家中的二位老人正在吃午饭，听到打门声，老汉体弱，挪动很不方便，就叫老婆婆去给孙儿孙媳们开大门。老婆婆是小脚，而且穿双新鞋，怕踏进院子里的泥水坑。老汉就叫她把自己的大鞋套着穿在她的脚上去。雨还一个劲下着，老婆婆就顺手把小笸箩顶在头上走出院子来。人老迟钝，慌忙之中，连手上吃饭的筷子也没有放下。当她拉开大门扇以后，三对夫妻马上被她的形象给镇住了。因为站在他们面前的老人正是“头顶笸箩，手里握着一双筷，女人穿着一双男人鞋”。于是他们面面相觑，都惭愧地低下头，耳朵里又响起了放羊老人唱的山曲儿声。

从此以后，这三对夫妻对他们的爷爷和奶奶十分关心，争着侍奉，抢着孝敬。没出五年，家家都有了儿女。在两位老人先后下世以后，刘老大、胡老二和折老三,一起计议了一番，就在这后山峰上修起来一座娘娘庙。年年六月二十二日给娘娘举办庙会。后来，刘、胡、折三姓，一直是这娘娘庙会的主办会首。

三位“二郎”退水

传说北草地的黄风怪和黑水妖久动干戈，闹得这窟野河上常常发大水。后来玉皇大帝派二郎神才把它们降服。但是，二妖时有不和，所以窟野河过几年就要发一次大水。

有一年又发大水。人们担心安全，纷纷跑上城头，监视水势。县太爷听说城上男女老少挤着看山水，也在一帮衙役陪同下上城来看热闹。不料，水势越来越大，尽管西城门被堵压，可是城根底排水洞仍然进水倒灌城街，西城街巷平地水深三尺。西城墙外洪峰起伏，波涛汹涌，大水有马上扑没城头之势。人们呼天叫地，乱作一团，形势十分危急。县太爷怕得头昏腿颤，站立不住，身子一歪连乌纱帽也给脱落城外，掉进河里。于是他觉着大事不好，就赶快跪下祷告老天爷饶命，祈求河神施恩退水。并急忙许下大愿说："卑职如能平安回衙，一定布施白银 300 两，为河神爷补修庙宇。"可也真算灵应，不一会儿，那洪水紧贴西山石崖而起，急流高处直上山腰那层青石线，这就叫"水上黑腰墙儿"。西城墙这边的水也就再没上涨，尤其是有个讨吃要饭的"叫花子"，竟然能够在西门外被水淹没的河神庙院内的一棵大树上，两天两夜尚且平安无事生存下来，你说怪不怪？

所以事后街巷议论纷纭。有的说，还是县太老爷福气大，河神爷也听他的话。有的说，看来，白银黄钱能耐大，连河神爷听说有 300 两银子的进项（即贿赂）就很快把水退了。有的说，咱这县太爷无恶不作，有什么洪福，还是皇上的那顶七品官帽有威力，才把水给打下去。还有人说，这个县太爷官命不长了，河神已经把他的乌纱帽摘了，各式各样的说法都有。且看县衙里，连日来摆酒设宴，官绅小吏们争抢着为县太爷庆贺"退水之功"。他们成天忙乱着要修表上章，向皇帝请命，说这位县太爷为官清廉，感天动地，退水保民有功，应该加官晋爵马上擢升。

其实，这次发水退水的内情，唯有那个河神庙里的叫花子最

二郎山雪景

清楚。他说他在头一天晚上就全知道了。

那天，他讨吃回来看见天阴沉沉的，就睡在庙堂里，半夜过后，庙院的大门被人推开。起先，他总以为是来了“同行”（即也是叫花子），也来住这没人要伙钱的大殿。结果，庙院里进来三个高大的黑影子，再听庙里供桌响动，原来是泥胎的河神塑像也站起来了，龟、虾二将也活动起来了，接着打开庙门走出院内去迎接那三个高大的黑影。这情景把个叫花子惊得六魄离散、三魂不稳，然而河神爷与那三个黑影的话，他可记得清清楚楚。

先是河神问：“二郎真君何时能来？”

回答说：“关圣帝君、二郎真君、黑虎灵官，奉王帝之命到北草地擒妖捉怪去了。他们分别派我们李、孟、赵三个小神前来退水。我们都听从你调遣。”

河神又问：“三位大神尊号怎称？”

回答说：“我们都打着二郎神的旗号，你就都以二郎来呼唤我们吧。”于是河神就把李二郎、孟二郎和赵二郎这三位二郎迎进庙堂里来。

坐定以后，三位二郎反问河神：“这次大水，你看是穿城过，还是靠山过呢？”河神忙说：“满城百姓，有恶有善。赃官司、无赖，阴府早有录案，我们哪能不分青红皂白一洗净光。况且，这次发水是由于上游妖怪作祟，所以我山我水绝不能再遭受过大的灾害了。还是请三位二郎助力，让洪水在城北十里处的石崖上碰一下，使水立着过去，以保城里百姓的安全。至于那个赃官，三位大神要消消气也可以，打掉狗官头上的乌纱，替黎民百姓出出气也好。反正，赃官有罪，百姓无过，大水万万不可进城。”

这些话，叫花子越听越怕。尽管他抱头装睡，可也吓出一身汗来。他紧挤墙角，缩作一团。不料，一时紧张，竟把墙角立着的一面祈雨龙旗给撞倒，正好压在他的身上，他就再什么也不知道了。

第二天一睁眼，到处是水，一刹那庙里洪水齐腰高，哪能走出去，他只好爬上大树，听天由命。然而，当洪水越来越大时，他却不怕了。因为他看见那洪水是一群一群奔跑着的骆驼。这些骆驼又好像被什么人赶着，一群紧跟着一群向西山石崖那边奔去，又向南奔了。这成千上万匹骆驼，有大有小，大的像山起伏，小的也不过就是个浪头大小。它们奔跑得有快有慢，有的风驰电掣霎时不见，有的慢如老牛挪动不便，有的似乎筋疲力尽站着不动。

第三天，大水退去了。只见整个西山被黄泥糊糊给浆染成驼色的。加之这西山脊背本来就几峰对峙，所以看到这种情况，人们就说，那是河神爷丢下的一匹大骆驼。至于河神到底赶过去多少匹骆驼，就连那个叫花子也说不来。他说只有去问那三位二郎才能清楚。还有人说这正是这山原名“驼峰山”的来历。

反正不论怎么说，城里边的人都感谢三位二郎。因为知道了真正退水保民的是这三位二郎。所以，事后大家不仅重新补修了河神庙，而且在西山前头上修盖起一座供奉李、孟、赵三位二郎的大殿，叫“三圣殿”。过了几十年，人们又认为三位二郎原本受主神差遣而来，不是常职，万一他们有走动，就再没人来帮河神爷的忙了。于是再次重建，庙内改供关圣帝君，二郎（杨戬）真君和黑虎灵官。自此以后，人们才放心了。这三圣殿也就被叫成二郎庙了，连这驼峰山到今天也叫成二郎山了。

张锐受封

在神木二郎山的半山东侧山腰，有一座叫“张仙洞”的小庙。这个“张仙”原本就是神木人，怎么就成神了？这得慢慢说起。

大明永乐帝北上以后，天下一时安定，这小小神木县的人口也有所增长。由于山城吃水困难，城内民户逐渐移居下川，住在窟野河畔。有个人叫张宏，他的父亲叫张胜，是任职于镇羌所（今府谷新民）的千户。他们家也从城里迁出来，可是没有迁到下川。因为听风水先生说，龙眼山正对的北边半坡上有一股泉水清澈甘美，饮用日久，老年人可以延年益寿，青少年可变得聪慧，妇女们可生贵子。所以他家就把院落修造在这个清泉附近的山坡上。说也奇怪，不到三年张宏家就添丁进口，老婆给他生下一个胖儿子。奇怪的是，这孩子一落地并没有哭叫，随即就张开一双敏锐的大眼睛，所以张宏就给他起名叫锐儿。

小张锐生性好动，七岁时扔出小石头就能打中麻雀。他不喜欢静坐读书，受书房先生的管教，而是整天跑寺院庙堂，看人家练功，或到山下树林深处去追捕山鸡、野兔。十五六岁时，他就能拉开大弓。18 岁那年，他竟然一只手就把山下禅海寺内宣德年间新铸的 50 斤重的铜香炉举过头顶。

张锐的青少年时代，长城外的瓦剌经常南犯。在宣宗当朝的十年里，神木地方的老百姓没有过多少安定的日子。后来英宗即位，正统八年（1443）神木川城修起，张锐家也移入城中，暂时安定下来。因从小遭受异族侵犯之苦，使张锐立志从军以保家乡。年满二十，他就以行伍之家子弟的身份成了一名守边的士卒。后承世职，出任宣府，晋升参将。再后来，朝廷向天下征召一批护卫京城的勇士，经过层层选拔，张锐终于成为一名保卫帝都的皇家禁军武官。

在京生活的几年里，张锐熟悉了大明朝的朝政。英宗年幼，宦官王振把持朝政，不仅在朝的大臣们背后议论纷纷，就连张锐这些下层兵勇也愤愤不平，不过都是敢怒而不敢言罢了。内政如此腐败，外患当然难免。正统十年（1445），瓦剌主帅也先向明朝大举进攻。王振为了炫耀兵权，挟持英宗皇帝，带兵 50 余万北行亲征。当时在挑选保卫皇帝车驾的武士时，张锐因为武艺高强被选中，担任了护驾禁军的一个头目，领参将军衔，成了一位跟随皇帝车驾担负警卫的武将。

土木堡战败，贼宦王振见势不妙，想丢下皇帝自逃，被英宗的护卫将军樊忠所杀。紧接着瓦剌军横冲直撞，向着大明皇帝的车驾猛扑过来。混战中，张锐忽然发现瓦剌军一员战将已经把英宗皇帝提上马鞍。张锐立即甩开对手，不顾生死冲去救驾，不等敌将反应过来，张锐手起刀落，劈敌于马下，顺势一把夺过英宗向外疾驰。这时瓦剌军中又追来两员大将，张锐就把战马让给英宗，让英宗独骑前逃，自己负责阻挡敌人。霎时二将赶到，张锐反应速度，马上侧身伏卧，猛挥几刀，就砍断了来将两匹马的马腿。二敌将落马大怒，齐向他扑来。他与二敌将打斗数回合，难解难分。猛然间，二敌将撤手不战。张锐回头一看，原来是英宗又被一敌将擒拿。张锐反应敏捷，趁机开弓搭箭，二敌将相应声倒地。随即张锐向擒拿英宗的敌将冲来。这员敌将更不是张锐的对手，未战几个回合，便被张锐立斩马下。张锐二次夺回英宗，同时又有了战马，正要护驾再逃，不料瓦剌的大队人马又向他们冲来。此时明军的护驾大将虽有几员及时赶到，然而敌我力量悬殊，明朝大将接连阵亡。经过一阵混战，英宗又被瓦剌军活捉去了，并且，押上高车向北运走。正在这危急关头，张锐再次猛冲，追截车驾。真是一人舍命，万人难敌，当他追杀到车前，已成血人，接着战马负伤，他落地再战。忽然，他大吼一声，犹如长空霹雳，随即大跨一步，飞身跃上那押运英宗皇帝的高车，一阵乱砍猛杀，又把英宗夺回。正在这时，瓦剌人马已经把他们团团围住，瓦剌十几员大将一齐向他和英宗杀来。尽管张锐力战不降，怎奈寡不敌众，最终牺牲于一阵乱刀之下。

呜呼！张锐虽然是明军中一员普通战将，却能三次夺驾，力战群敌。虽在万马军中，却如入无人之境，连斩也先大将，狠杀瓦剌兵勇，直到最后也没有一点儿惧敌后退之意，以身殉职。在那生死关头，他的英勇行为令英宗难以忘记。所以后来于谦打败瓦剌军，英宗还朝，经“夺门之变”复位以后，马上就降旨查询张锐的情况。当他知道张锐是陕西神木人，家中尚有妻子老小时，便很快地召见了张锐的父亲张宏。殿上，英宗追封张锐为光禄大夫，祖父张胜、父亲张宏皆因张锐而显贵，同赠光禄大夫爵。当年张锐阵亡时，张锐妻章氏年仅二十三，长子张坚才三岁，次子尚在腹中。于是英宗晋封孀居的章氏为一品节孝夫人，并降旨陕西地方官吏给张锐修建祠堂，抚恤其家。那些生怕巴结不上皇恩的人，便趁机来抱佛腿，不遗余力地发动劳力在城西山腰开山凿石，不仅修起供奉张锐的石洞祠堂，同时给张家凿出一处为祭祀张锐专用的山房。后来张锐之子张坚当了大同镇总兵，官拜都督同知，佩镇西将军印，权大势大，人们也就把这处山腰建筑称作张公庙和张总兵避暑山房。可见张锐祠堂和张家避暑山房，早在英宗复位的天顺年间就出现了，它记录了明代神木地方人物张锐的英勇事迹。

二郎山与神木城

岁月不语唯石能言

二郎山上的石刻主要集中于山腰石窟洞穴之中，诸多石佛坐像十分精美。只可惜因岁月更迭，改朝换代的战乱中人为的破坏以及长期风化腐蚀，部分石刻，特别是元明以前的古迹今已少见，现在除碑铭、楹联、题词、庙匾之外，所存石刻工艺作品仅有二郎山庙门外的龙虎照壁和地藏洞的藻井保存较为完整。

九天圣母娘娘庙碑

在二郎山的各石窟庙殿中都有形式不同的石刻碑铭记事。其中保留完整的以清代康乾盛世时为多，不过多是重修、再建时所立，始建时所立石碑很少。龙母庙内各碑民间称“九天圣母娘娘庙碑”，碑铭原文如下：

新建西山圣母行宫楼阁碑记

记以述事非无图也，典其事不得有其记。详其记愈显其事。不得不有其记。详其记愈显其之事实。辞出溢美，恒略世之隆华，观成思源必抚。今以慨允本邑西山中峰，圣母元君行宫在焉。其山之嶙峋，峰峦叠翠，祭乐之响，楹桴钟鼓。前任志之详矣，毋庸赘叙。奈历久倾地，亡兄胡三省，恻然首倡经营募葺，庙貌亦为改观。落成之日的余资典（给）王宗地，权租做养供，请宗相（助）主持。殿后有隙地，楹庙殿宇，而俯视天涯。乎，坦自山腰而仰观堑为云霄。将议建阁之举，寻赴玉楼之召，有因未果，荏苒岁月，余偕刘子大舜、折子宗国，遍募高人小酬，前志建阁之楹，以为养静斋居。仍得典地原值，创楼之楹豫省游，铸铜像祷而安祀。宫楼重加修饰，工始于雍正十年（1732）三月初旬，落成于乾隆二年（1737）七月，既竣是后也。庙宇巍峨可云天。隅之叹栖迟延浩，堪酬劳亡兄之思，亦慈杰楼阁翠岚，以听经声诵咏；坐半山，开户牖，恍若天语落人间。显事不可无记，有记斯以知因。余，填辞浅陋而三思，不禁流连感叹，（还请）风之览着谅，亦有感于斯文。

邑庠生胡三省撰、折必宏敬书

龙飞乾隆二年，岁次丁巳，壮（八）月吉日立。

碑文大意是：记写碑文不是没有原因的，既然做了事，就不能没有记载，只有详细记录才能显现出事实真相，让世人知道。碑文之词若把问题讲得十分清楚，后人自会永远记住，也会知道当时处在怎样昌盛的年代。后来人看到这些成就，想到当初筹建的艰难，从而支持日后的保护。

今以适当的条件，将修造在县城西山中峰的圣母元君娘娘庙进行扩建。这座庙所在的山重峦叠翠，让人看到它的山貌地势，还可以听到早晚祭祀时传来的晨钟暮鼓之声，前人的记叙已经十分详细，这里就无须再多说了。怎奈天长日久这座庙已经破败倒塌。我去世的兄长胡三省生前看到这座庙年久失修，因此他首先倡议募捐修葺才使得庙宇焕然一新，从此改观。胡三省把修缮后剩余资金，换成土地租给王宗耕种，将租金作为给庙上的供养费用，并请宗相（助）住持维护庙宇。

就在修缮这娘娘庙的过程中，人们发现庙后尚有空隙之地可增修庙宇。这庙一定可以全观山下，如置身云崖，若从山腰仰望，会像在云霄之中。如今只要在下边圈一拱洞，抬高地势，呈楼阁状，上边就可再建一座殿堂。那么这里就更像传说中的玉皇楼阁一样，招徕游人的旺盛香火。可惜，这件事因我兄胡三省的去世，最后有因未果。

时光一点点流逝，我作为胡三省之弟，就和好友刘大舜、折宗国决定共同来接办这件事，继承我兄生前之志，又进行筹资，向那些愿意布施善款的商人进行募捐，开始修建。下圈窑洞，上建庙堂，窑洞遂成地室，东、西开窗，坐观山外风光，以作前来静养的文化书室。事毕，工程所剩资金，仍购地典当，加以养廉。在上边的殿堂中，又给前殿碧霞宫的九天圣母娘娘铸了铜像，同时对其宫楼也进行了修饰，这项工程告竣，虽耗费了很长时间，但看到庙堂巍峨似连到天上，总算圆了我亡兄的遗愿。愿日后这里不仅有人来观光，还能听到诵咏文章之声，特别是殿下洞室中的谈话，仿佛天语落到人间。对于这样做好事的工程，当然不可无记，只有记录下来才让后人知晓事情的前因后果。只是由于我文字能力有限，思考再三，流连慨叹，并请阅读的人见谅。

（释者附言：折必宏留在二郎山上的这个碑铭的书体全篇行草，笔法如行云流水，凡见者皆啧啧称赞。当时他还给县城钟楼洞顶上留下“凯歌楼”三字行书牌匾，惜于同治年间陕甘回民起义时，烧毁无存。）

二郎庙前的龙虎照壁

神木的石刻工艺有着悠久的历史，举世闻名的4000多年前的石峁古城石雕足以证明。二郎山虽非高山大岭，可在神木来

二郎山

说，正如刘禹锡所言，“山不在高有仙则名”。当地传言古兔毛川（今县城城川）在北魏之际的银城石窟古佛洞内曾有过石雕佛像，到盛唐时代，仿中原建筑工艺又相继出现在今高家堡万佛洞里的佛像群雕之中，还有宋史记载的麟州红楼的碑铭石刻等等。这些石刻工艺如不因战乱毁坏，完整地留存到今天便是珍贵的文物。由此可见，古麟州时代的当地地方石刻工艺已达高峰。二郎山二郎庙前的这块石刻浮雕“龙虎照壁”，虽非惊世之作，却也为我们展现了明代神木石刻工艺的水平。

照壁在神木地方建筑中是四合院构建的“门面部位”，是大门道的组成部分，可以反映主人的门第与实力。

神木四合院照壁一般都在大门内，所以也作隐壁。大门外的也叫照壁。二郎庙前的龙虎照壁，与众不同的是九条龙不是排列整齐的露面，它们混游于云海天波之中，所露龙头龙爪各不相同，外露龙身部位鳞甲刻画精细，龙也显示各自的感情，整体上九条龙和谐地显现在一幅画中，特别是这块石刻照壁的全貌，保留了传统规格，上有脊兽檐，下有石刻拖泥座，而且左右边角图案都是采取神木地方工艺中的辐射对称手法。在这样的边角图案衬托下，九条龙仿佛在不停地互动，在二郎山庙亭出现如此石雕艺术，也反映了当地人对水的渴求。

再从庙宇观光的角度来说，二郎庙前，地面有限，如修山门，去往后山的人就得走难行的窄道。用照壁来代替山门，刚好留出过往行人的通路，同时也为了弘扬善意。虎是山中王，以示在此山头中的管护地位。龙行千江水，以显庙内主神在当地水系的权威。照壁下的地面又有鹅卵石砌成老龟的图案，老龟长寿，更让人理解这庙是为“国泰民安”“地久天长”而修建的。用今天的话说，就是为这座庙亮出治水的“招牌”，可见设计者的匠心独具。

以浩然亭为中心的石壁文化墙

浩然亭原本是二郎山前山古佛洞右侧接待香火游客茶饮之地。神木城南杏花滩有历史遗留下来的石刻摩崖，吸引了文人墨客经常去那里游玩。有位来自大同的进士叫覃应元，他给神木的城垣砖砌加图，很有政绩。他重视地方文化，就把杏花滩的部分可移动的小石块、刻字，搬到二郎山的前山头石窟中，并取名“浩然厅”，后因加了门窗，又被叫成“浩然亭”。

从此，浩然亭便成了地方文人雅士结集茶话之地。门面用石柱横梁加上了木质门窗，室内还装备了个大石圆桌，墙上镶嵌石刻书文和地方上名家诗画，有的用原作拓片重刻补位，有的用时人书法填空，全都聚集于这个并不大的浩然亭中，使以浩然亭为中心的石壁文化墙，成为书法名人显现笔迹之处。

亭内最耀眼的当属洞顶眉额上的“天地正气”四个大字，这是抗战时期东北军张学良部的骑兵第二军军长何柱国将军所题。当时张学良受控，何将军刚从晋西北退过河西休整。他在那种时局下题书“天地正气”为浩然亭门头横眉，可知其忧国忧民的心境。其亭联“浩充天地形影外；然爱风云变化中”，可以作为对

“浩然”二字的不二之解，别有一番韵味。

“清凉佛地”为邓宝珊将军所题，从字面理解，这四个大字极可能是题书于庙殿寺院的，可看出邓宝珊将军劳累后放松心情的惬意。

神木地方八景、神木要事留记，以及书写者的情怀寄托，出现在从浩然亭到张仙洞（张家祠堂），再到张家避暑山庄的户外石崖上。此外，牌坊石柱上也题写了许多诗句和楹联等，其中不乏文辞优美之句，亦不乏笔力劲挺、潇洒奔放的墨宝。明清以来覃应元、折必宏，现代的王雪樵、闫廷杰，中华人民共和国成立后的张正太、孙嘉祥、乔子荣，都在二郎山上留下了笔墨。诸如：

欲上青天揽明月，更倾东海洗乾坤。

王雪樵题书

海到天边天是岸，山登绝顶我为峰。

林则徐诗，王雪樵题

上述文辞里蕴含的豪气、胸怀之广，下笔“高度”，实属难能可贵。如不是石刻，很难想象这些文辞笔墨怎么能够保存完好。

还有张祉繁先生的诗，很有民间味，情感十分饱满，其中有几首见于朝仙人洞口，文云：“浩然亭与中校同人茶话感慨，聊当劝武。”神木县文人武绍文先生，将此文录于他的《大漠胜景二郎山》中，其文“河山失土定要收”等的手书，笔力雄健，很引人注目。所以说，今天能见原始手迹者唯石刻见真。

重迎观世音菩萨佛像碑记

观音堂与二郎山各庙始建年代难以详考，明重修诸神殿梁记有大明嘉靖二十四年……今已有四百余年，二郎庙群建筑一百余间，屋内塑有神像壁画，依山势逶迤建筑精湛，名著塞北周边各省，游人不断，为神木县的名胜景观。一九六六年被“红卫兵”将庙宇中的塑像雕刻等毁坏无余。一九七七年刘吉祥应文化馆邀请，经宗教信士推举任会长组建庙会，张襁怀、孟面焕、李启昌等十五人参加。庙会建立后除例行善办庙会外并集资修复被毁庙宇，一九八三年刘吉祥任组长成立了“文保组”，小组协同文管所数年如一日以维修二郎山为己任，终于将二郎山修复一新，恢复了二郎山有神则灵的圣貌，为弘扬民族文化保护文物古迹，幸逢改革开放发展和谐盛世，神木经济腾飞，人民奋发图强，众望所托，我组从河北定州迎回佛像，于二○○四年落成开光，让我们修学观世音的大慈大悲愿行，保卫和平，反对侵略，将无畏布施众生，贫者给财，病者施药，无护作护，无依作依……将拔除众生痛苦的事业放在肩上，弘法利人，谨记之无量福。

修缮红龙庙碑记

神木有二郎山，气势雄胜绵长，山高岭峻，树木芬芳。二郎庙雄踞山首，虎视全城，庙门东侧，一亭巽然，亭上有庙，庙名红龙，内供神灵五尊：红龙将军、白云老仙、红云老仙、黄龙圣母、火焰天神。

庙中主神红龙将军，系张氏先人身故后，修真积德而为神，后黄龙圣母、火焰天神被召而为神，牌位亦奉于正殿两侧。

庙于一九九六年农历七月中旬建成。主体为钢筋凝土结构、屋顶四面坡硬山顶结构，内外饰以木雕彩铃。庙成而神灵感应，信众繁多，香火旺盛，族人兴旺发达，家家安康喜乐。

然限于当时经济条件，泥塑、木雕、木柱彩铃用料粗劣，工艺简陋，且时过境迁，经历十六年后，泥塑黯然，木雕变形，木柱失色、彩绘剥落。故于二〇一一年农历六月十七日请出五尊神灵，重塑五尊铜像，更新木雕，更换木柱，重施彩绘，内外上下焕然一新。并于农历八月二十二日吉时开光迎神，人神喜悦，信众高兴。修缮总耗资三十五万元，皆由族人、亲朋信众捐赠。

族人众多，四散生活，工作于各地，终年难得一聚。庙成每年过会，族人云集神木，共拜先祖神位，共商发展大计，携手共心，共同发展事业，皆乃红龙庙护佑子孙的一大功德。为昭示后人，红龙庙乃我族祖孙寻根问源心灵寄托之所在，神灵庇佑家人幸福安康之所源，特立此碑铭记。

重修三圣庙碑记

三圣者神木所称二郎庙，胡以三圣名？以中祀二郎，左赵元坛，右关帝也，既曰三圣，胡又曰二郎庙？以二郎庙神能治水患也。驼峰之下曰窟野河，迫城西而南流，芹河水入庙峰适当其衡也。二郎之镇水患也如何？考二郎神《封神记》称杨戬或以为李冰子二郎，皆无微不信记，更多据摭诸书其言二郎神赵姓昱名，六月二十六日生，从道士李珏隐青城山，隋炀帝以嘉州太守，州冷源河有蛟为害，常淹农田，神怒，具舟船集民夫夹岸鼓噪，自持刃入水斩蛟，随者七人即世所谓七圣也，隋乱隐去，后江水涨，人见神立云雾中，水退，感其德立庙灌江口，唐宋皆有封故祀之，以镇水患也。或曰神之功在蜀不在秦。考神木邑窟野河侧，在明正统八年庙之设于驼，众碑漫漶不可识，惟万历重修宇尚存，则创始之年必兴建邑相去不远，而窟野河者至鄂尔多斯二百里外入境，奔流灌输，夏秋大雨时，行势甚浩瀚，邑城距山数百余丈，山脚尽石，不可摧击，回薄常至城门，然三百年无水患非神之力欤？礼祭义曰：能御大灾则祀之，能捍大患则祀之，《春秋左氏传》曰：神聪明正直而壹者，也依人而行，神能御灾于嘉州即能捍患于神木矣。或又曰其坐次得无秩序欤，余曰。关帝元坛天神也，二郎水神也，其意盖谓镇水宜以水神为主耳，然神之心一也，则其功亦一也，岁月寝久，山高庙敧，邑人士张有年王佐等游观有感，醵金重修，巍然焕然。道光壬辰夏落成，余适同邑锋从祀其巅，见坐次亦讶之，观其碑询其水患之无有，而叹三圣之明德远也，因邑人士请记为表章之如此。

道光十五年岁次乙未三月十五日谷旦立

勒修职郎神木县教谕扶风刘世瑞谨撰

重修驼峰山诸神殿碑记

驼峰为麟城穷胜之境，窟野萦其左，芹泾绕其右，峭壁凌空，奇岩叠翠，山川郁积之柔，来龙千里蜿蜒，磅礴荟萃于顶，斯宜其为静方，栖神灵而邑人祈福之奥区也。昔人从其巅因势就便建修寺宇，以壮一邑之观瞻。而诸神殿一所，历年已久，风雨飘推日就颓落。居士杨子建功、王子奕中、范子祥瑞见而伤之，慨然以重修，自任日斯庙之废，不惟减一邑之色，亦兆所以栖神灵而庇众庶也。于是各捐囊资同力募缘，废者新之，缺者补之，疏者密之，隘者扩之，工始于嘉庆己卯之四月，越道光癸未之六月，约费六百金而廊宇金身，金碧辉煌焕然惟新矣。工既竣而问记于余，余曰：诸君之为此举也，将以为名乎？名者，实之实也。抑诸君子乐善好施之诚，动于中而不自知而为，是孜孜勉勉而不容已乎。夫驼峰为一邑之胜，山之寺宇又为一峰之胜。诸子以一念之诚而为乐善好施之举，行见山川郁积之气蜿蜒磅礴，荟萃于斯而以为钟灵毓秀之奇者，地之灵也，人之杰也，是则诸君子以有造于斯庙者，且大有造于吾邑也，岂不伟给图述巅末而为之祀。

邑贡生候铨训导郭洪书撰并书

祖师庙碑记

二郎山，位于古麟州西南，上有庙群数处，百余间殿堂纵横山脊南北。山势险峻陡峭，起伏绵延，栈道勾栏蜿蜒曲折。两侧悬柏挂松，绿荫葱茏。山底窟野涛鸣，奔流不息。其景令人叹为观止。始建明朝，素多香客。时有晋、陕、蒙等处游人信士观赏供奉，实为塞北古城之一大景观。欣逢盛世，又遇县政贤明，更值陕西农运盛会召开在即，八方嘉宾齐聚，高屋建瓴尽显二郎风采。县府决策，出资灯饰工程。为宝山增辉添彩。而今华灯初上，皓月当空。鳞次栉比的古灯装饰，宛若一条五彩巨龙，雄踞于此，令人神往。可谓民心德政，历历在目。画龙点睛之处，喻示煤都百业兴旺，麟人开拓进取之宏图大业有望矣。

动工伊始，工程量大，期短艰巨，困难颇多。幸有建设、文管部门相助，更兼工匠奋力，终成工竣。其间阳光电力，历尽险阻，屡取业继，尤为突出。是年古七月二十，历时五十天，耗资百余万，得以遂愿。为弘扬文化，保护古迹，继往开来，撰文以志。

癸未年七月二十日

重修神木二郎山庙宇碑记

二郎山、麟州胜景，古属羌山，后称驼峰，两侧绝崖悬空，东隔窟野河紧傍川城。山头玉宇琼阁，为省级文保单位。古建从北向南，以娘娘庙、祖师大殿、三教殿、二郎庙，前山腰石窟洞庭，分别为五段集中。顺山脊排列大殿小庙 72 处，其中 13 处是不同类型的石窟洞庭。庙中多有高手壁画，塑像 320 尊，碑文石刻 40 余块。名将邓宝珊、何柱国，以及地方书法名家折必宏、王雪樵、张正太等都有手迹留存。解放后豫翁朱天禄曾静居三教殿，在山坡修路植树受人赞颂。继有王杰仁、孟和尚住山。“文革”期间，全山庙宇惨遭破坏，殿堂塑像几乎尽毁，住山无人，古迹成了废墟。“文革”后1980年刘吉祥师傅登山，团结了一批地方人士，凭着共同威望，集资筹款，为全山庙宇的复新开始主持了庙会事务，从修倒坐观音堂到祖师大殿反复三次扩建的完成，累计集资到木材200多立方、成材树500多株、水泥百余吨，以及钢材、砖、瓦，总价人民币50余万元。更有政府扶持，设立文管会，拨款派人，增修山门、牌坊，开路造林，增建附属设施等等，使本山成为我县地方标志的象征。文管会负责人先后有：乔子荣、牛志国、孙嘉祥、魏建虎，接今张裕福等。修建中，得到鼎力相助的人士有路怀亮、王桂花，以及包头市汪瑜先生和造铜字标山名的李茂田先生等。值此古城显春色，老山见新容之际，立石为志以明后人。

今神木经济腾飞，铁龙进出长城内外穿云破雾于山后，20里云川孔雀开屏尽展万紫千红于山前。二郎山同步春秋，自1982年杨鳞抖尘开始重修复建，历时20年，终成晋陕蒙之间雄立塞上光耀四野，周近省市广泛知名的一处旅游景点，建山修庙者的多年艰辛，理所当然铭录长存。

二〇〇二年壬午年七月吉立

重修圣母元君庙碑记

邑西驼峰山才里许，山巅庙宇林立，窟野流其东溪，水绕其西，两川环拱，俨如双龙合抱一珠，地形奇兀岗，峦异起，诚吾邑险要之区，亦神灵凭依之所也。昔人在本山断桥北，依山叠石，建圣母元君行宫焉。庙貌依地形而经始，栋宇按岗峦而起伏，无事则披襟览胜，别有一天，有事则凭高视下，势如破竹。然而时迈代远，物久必敝虽屡加补葺，而今倾圮不堪，于是会末等忧其废弛，恻然伤怀，遂捐资聚金，工程量材，数月而焕然重新矣。是役也，经始于暮春既望，告竣于季夏长至，落成之日，纠首等相与称觞。佥曰：斯庙巍峨险堑，前人煞费经营，是不可无记，余乃爰戻其巅末，纪其时日而记之，使后之登斯庙者知所感焉。

邑人闫让先撰文 王雪雅书丹

圣母殿碑记

圣母殿之香灯原十二家之先人破悭囊捐已财共施十余年，乾隆四十二年至嘉庆四年廿余年庙曾兴旺，亦放债生息，买地收租，神圣之感迫，百姓之虔心又兼体元工劳心劳力，更荫刘泽远善继显述而圣母之香灯得以亿万斯年矣。是石记焦心坪五垧，石堡墕訾姓苦菜峁十八垧等利息收租刻石公布。

碑记

施舍田园糜善生员郝子昂，自己祖遗田园连隋，每年租粮钱财，于雍正年间亦同银价卅两，情愿施于本山。娘娘庙永作香灯之助。并附土地四至界线，中知人等因年久碑剥落无法记清。

乾隆二十七年岁次壬午十一月初十日立

（1）康熙九年（1670）重修圣母殿碑文脱落不清。

（2）雍正四年（1726）岁次丙午蒲月立（重修圣母殿记）

（3）乾隆二十七年（1762）岁次壬午十一月初十日立（修葺碑记）

（4）乾隆三十一年蒲月谷旦立（重立圣母碑记）

（5）主持僧人立娘娘庙修葺碑记（已模糊不可辨）

二郎山娘娘庙碑记

娘娘庙是二郎山后峰主庙。后殿称碧霞宫，民国信士多来求儿祈女，敬保子孙平安，前殿供三位娘娘，意示天界女神总主殿堂，故旧有神话广传民家。庙建明代，清初复兴，现存乾隆年间当地书法名家折必宏手迹石碑一通，成全山文化古迹之最。今有会首刘吉祥等，再度筹资，华表龙柱三对，男女童俑各一,四尺铜仙鹤一对，大铜钟一口，及其他祭器数件。择定于二〇〇四年秋置换金身，定位座台之后，遂刻石书铭，以答谢施主资助。

公元二〇〇四年岁次甲申秋季恭逢古历九月十二日谷旦立

重建三元殿记

驼峰之奇，岂惟峰峦形势之美，可以观望游赏已哉，每于夏秋乍晴际云霞呈其象□□□□□断续宫室草木……

于明嘉靖戊戌年间乃道人管尚，□□，□□兵乱后，金容剥落殆甚，协镇罗公见而不忍，□□□□康熙丁未八月兴工，越明年戊申胶漆瓦壁悉侈旧观神工天巧廓然披露盖据临之地胜故也……

杨永寿篆 督工会首刘登魁等

庙群中的大型石雕件

由于地面所限，神木二郎山上庙群的大型附属设施不多，具有代表性的就是石狮子、石牌坊和龙首碑。这三种类型的石雕在当时当地其他庙院中皆大多具备。

· 石狮子

一般都摆放在大殿庙门口或庙院大门外。陕北绥德的石匠打造石狮子的技术较为有名。过去神木各地庙宇的石狮子大多是从外边分件运来，当地能够打造石狮子的工匠，到明清两代才开始出现。从神木南乡天台山庙群中残存下来的明代石雕狮子，和神木东山龙凤洞残存下来的石雕狮子看，工艺程度似属同一体系，再从神木南关立马关帝庙外原有的一对铁铸狮子来看，当时的石匠雕刻石狮子的技术并不高，到民国时期以后才开始逐渐提高的。但由于大型石料资源在神木储量有限，神木石雕狮子产业尚未形成品牌。不过神木石匠的石狮子也有买卖到内蒙古大青山与后河套地区的。就神木当地来说，政府机关、高层建筑甚至民间住宅如今也在配立石雕狮子。二郎山各庙门前多见有石狮子，为庙群增添了光彩。

· 石牌坊

庙宇的石牌坊一般是建立在山门前（石狮子背后），特显宏伟。

二郎山上最早只看到后山娘娘庙门口有明天启年间残存下来的一个石牌坊。但是从破坏程度判断，它是遭破坏后的残件重新组合起来的。

在旧时代，神木城乡最有名的石牌坊有两处，一在县城南关街道南口，叫“石牌楼”，建于明万历年间，中间过道高大，两侧略低，上有顶盖，下有基座，雕刻非常精细。另一座在今万镇镇的殿子墕村，建于清代。它们都是旧时代专为旌表妇女守节而立。由此可见，历朝历代多少妇女因之而孤苦终身，多少妇女因之而失去青春。当时二郎山上唯一的一座石牌坊建造在全县最有代表性的娘娘庙前，毫无疑问，有社会倡导的用心。

今天不仅神木二郎山有石牌坊，全市其他著名景区景点也有它的踪迹。北边杨家城杨将军庙山下有，南乡天台山、刘志丹纪念塔下边也有，其他各处庙宇景区路口也多有石牌坊。不过它再也不是旧时代那种专门为旌表“贞节妇”所造，而是宏伟建筑的附属物。在榆林市范围内，诸如，榆阳区黑龙潭路口的石牌坊和绥德县的大石坊，都成了景区重要的看点，同时也是石匠们发挥精雕细刻技能，展现聪明才智的杰作。所以今天二郎山下新建的石牌坊，俨然是全山整个神庙建筑群的门面。

· 龙首碑

石碑的碑头是龙头图像即龙首碑。庙宇上的石雕龙头碑都是方形双面碑头。有的与碑体连接，有的是独立的一块与石碑组合。在神木，龙首碑多见于墓地。庙宇中虽有但不多，二郎山上更少，如祖师大殿东侧的龙首碑，那也只是近年才出现的。神木的龙首碑究竟起源于何时？由于没有文字记载，因而无从考证。然而，近年来当地开发杨家城的过程中，人们在当地老农的指点下，找到了一块石碑残块。

这块碑长按其残存部分的比例计算体积较大，应由碑首、碑座、碑身三大石件组成，在当地有如此巨大的石碑，毫无疑问墓主当属一方之雄，唯五代时期麟州刺史杨弘信可为。而这块大碑的碑首是不是龙首，亦无据可考。不过在当地古今所见的碑首石雕图像，除龙首（可以各式龙首变换）之外，再无别的样式。

石刻龙首碑在当地民间坟茔十分普遍，龙头样式大体也有两种，一种是单龙一条，龙头在中间；一种是二龙戏珠，龙头左右对应。在庙宇中，由于石碑大多双面刻字，所以龙头也双面都雕。龙首碑的碑头精雕细刻之处主要在龙首部分。龙首的造型决定着工件的优劣，至于其他部位均可微露一爪一角，又可以用云纹水波遮盖，不算很细的活儿。本来二郎山上，原先多是半圆头石碑，也有些大小不等的龙首石碑，只可惜在“破四旧”期间，县城内居民房脊兽头都被打掉，石刻龙首碑也难以幸免。因此，全神木包括二郎山庙群在内的古建筑中，类似的石刻基本被破坏。

石刻是人类工匠最早的手艺。人类从石器时代走到现在，从神木的史前文化石峁遗址到高家堡和神木城川的古代石窟遗址，再到以二郎山为代表的神木地方古代庙宇建筑群，无不证明石刻工艺在当地民间的普及，和在历代的宗教建筑中被广泛应用。只是在神木当地能够打碑的石料仅来自石堡塄村一处，所产石头名叫“米米石”。所以许多大型石雕用料至今仍然得从外地运回。

二郎山

参考文献

［1］胡春涛．陕西神木二郎山壁画内容及风格考察［J］．艺术探索，2015（3）：6-11.

［2］王世雄，王峰存．陕北地名故事［M］．西安：陕西人民出版社，2002.

［3］闫秀娟主编．话说神木［M］．西安：太白文艺出版社，2015.

［4］杨文岩．神木二郎山名胜大观［M］．西安：陕西旅游出版社．2015.

［5］雷江声．神木民生图典［M］．西安：陕西旅游出版社.2008.

［6］杨光亮主编．神木宗教文化概述［M］．神木县民族宗教

局 . 2015.

[7] 刘亚功编 . 神木文物菁华 [M] . 西安：陕西人民出版社 . 2020.

[8] 赵雄编注 . 神木历代诗词精选集 [M] . 北京：中国文史出版社 . 2018.

[9] 陕西省神木县县志党史红军史编纂委员会 . 神木县志（道光二十一年）[M] . 神木，1982.

[10] 神木市文学艺术家联合会 . 神木故事 [M] . 2018.

[11] 神木市文学艺术家联合会 . 麟州传说 [M] . 2018.

[12] 延绥东路地里图本 . 明代（1368—1644 年）. 军事地图善本 .

[13] 陆林森 . 道教人物故事 [M] . 上海：复旦大学出版社，2001.

[14] 崔月德 . 陕北民国史 [M] . 西安：陕西人民出版社，2009.

[15] 刘欣 . 边墙古堡走神木 [M] . 北京：光明日报出版社，2015.

[16] 邢向东 . 神木方言研究 [M] . 北京：中华书局，2002.

[17] 陕西四镇图说 . 明刊本 . 延绥镇 .

[18] 唐 · 崔令钦 . 教坊记 [M] . 北京：中华书局，2012.

[19] 吉宏忠 . 道教大辞典 [M] . 上海：上海辞书出版社，2020.

[20] 李远国，等 . 中国神仙谱系史 [M] . 成都：四川大学

出版社，2022.

[21] 王娟. 陕西省神木县二郎山风景区规划设计研究 [D]. 咸阳：西北农林科技大学，2013.

“神奇神木”编委会

主　编

高　杰

副主编

刘小毅　王碧清　贺治军

执行主编

杨　瑞

执行编委

张　朋　杨　萍　大　雄　周　旭

参编人员（按姓氏笔画排序）

王　力　王　东　王　荣　王兴朝　王利平
云　龙　卢德林　付俊明　乔清亮　刘　江
刘庆峰　刘军生　刘晓兵　许红午　李　春
李克威　李小强　杨晓霞　杨德茂　杨汉威
张　妍　张　瑶　张宗飞　张胜田　张爱林
张小战　范光胜　尚清平　呼志平　赵米真
贺江林　贺治军　贺韬利　高　睿　郭振刚
曹国选　曹银侠　惠新军　薛　壮　穆阿辉

序

文化是一座城市的灵魂，是推动可持续发展的内在动力。在以现代化高端能源化工为主要发展取向的神木，旖旎秀丽的自然风光和深厚悠久的文化积淀也成为促进经济转型、提升城市品位的重要资源。也正因有了遗鸥翔集的大漠明珠，有了石破天惊的史前文明，有了大街小巷的斑驳印记，神木不再单单是能源重镇，更是一座闪耀着文明火光，浸润着诗意山水的心灵归宿。

神奇神木，神秘神往。神木之“奇”在于其或俊逸旷达，或清新浪漫，或脱尘超俗……在亿万年地质变迁和数万年人类活动中，神木受到自然和历史的双重眷顾。从绵延的秃尾河到横亘的历代长城，从自由的遗鸥到雄奇的二郎山，从四千年前的石峁到五百年前的高家堡，昭君出塞、杨业抗辽、范仲淹巡边等历史故事传唱千古，为我们留下了太多遐想；唢呐、三弦、酒曲、说书等众多地域特色文化引人入胜。历朝历代的烽火硝烟、雷霆战鼓、

写意诗画、风俗民情，或托于遗存，或附于山丘，或以诗表、或以词生，凡此种种，都在数千年的皇皇之旅中留下了深深的印痕，至今徜徉其中，仍旧令人惊叹不已、感动莫名。

“神奇神木”由龙华集团精心策划推出，以高家堡、石峁遗址、杨家城、二郎山、红碱淖五处神木市代表景点为对象，用尽可能翔实的描述，通过图文并茂的形式展示神木市秀美的自然山水、深厚的历史文化、浓郁的地方风情，为广大游客游览提供有益遵循，为促进神木市文旅融合发展做出进一步的探索。其中，《石峁》以考古发掘成果及遗址的重要价值意义为线索，重点介绍石峁古城的构成、出土器物以及传说故事，以期让读者对遗址有更为清晰明确的认知;《高家堡》由古而今，对当地重要的景点进行了比较系统、详尽的叙述，包括历史渊源、文化内涵、年代特征等，并用适当的笔墨对传说故事加以介绍，力求给读者展现平凡世界之外的不平凡;《杨家城》则以古麟州的遗存为重点，结合当前旅游开发情况，着重介绍遗存现状、现有景点、历史人物、诗词歌赋等，由此反映麟州的性格品质、人间烟火;《红碱淖》以自然风光、珍奇禽类为要素，对湖泊生态、保护情况、周边景致、游览感怀等进行介绍，为畅游其中指明了方向;《二郎山》将错落有致地分布着集儒、释、道三教合一的各类建筑，庙内遗存丰富的壁画、雕塑、石刻、题词等一一介绍，展现出其独特的艺术和历史价值。

龙华集团作为一家扎根神木的企业，目前初步形成了以煤炭为主体，煤化工和新能源为两翼，现代物流、现代服务、生态农

业为支撑的“一体两翼三保障”的产业格局，希望在企业高质量发展的道路上，从挖掘历史文化的角度为神木市的社会事业发展贡献自己的力量。这套丛书以“神奇神木”为题，一方面旨在要表达对先民和大自然丰厚馈赠的最高礼赞，另一方面也希望借此进一步宣传和推广神木旅游品牌。

我们衷心希望这套丛书能够得到广大读者的喜爱，让更多的人畅游神木，感受神木的神奇之处。

2023.8.5

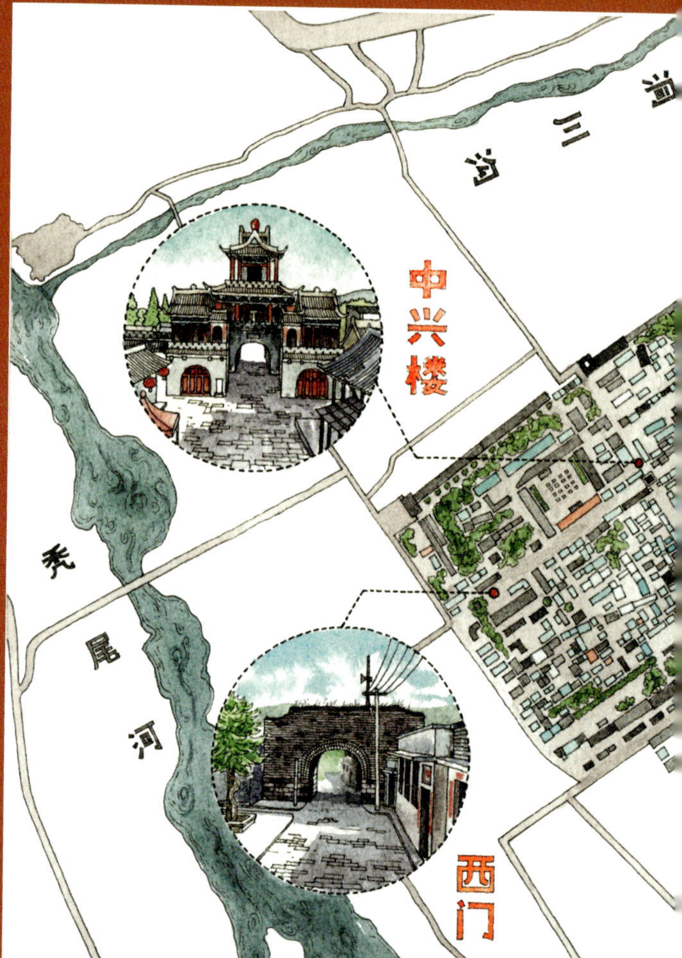
涧川沟
中兴楼
秃尾河
西门

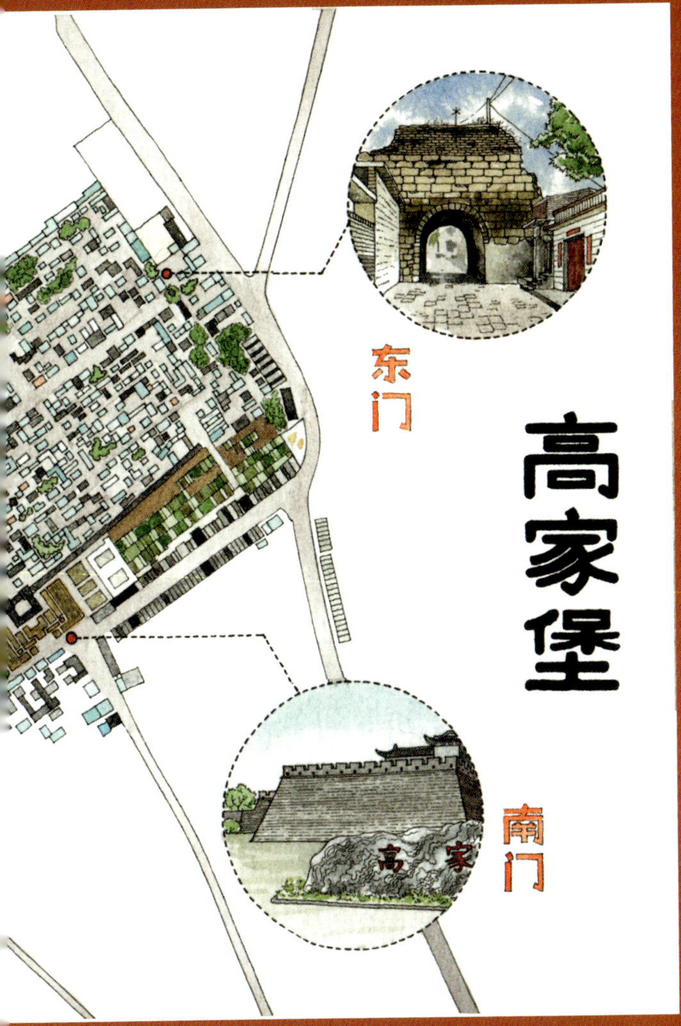
高家堡
东门
南门
高 家

目录

高家堡

高家堡

陕北有名堡

高家堡镇位于神木市中南部秃尾河畔，距神木市区 65 公里。全镇总面积 794 平方公里，是陕西省国土面积最大的镇。下辖 36 个行政村 1 个社区，人口 4.8 万人。

高家堡北通河套，南接河东，自古以来即是长城脚下的兵防要塞和商贸重镇，素有“旱码头”之称，因重文崇武，人才辈

出，誉载史册。镇域隋唐属丰州地，宋称飞鸦川，元谓弥川。古城始建于明正统四年（1439），距今已有584年的历史，是陕北明长城中保存最为完好的一座城堡，享有“明代延绥镇三十六营堡之冠”的美誉。与镇川堡、瓦窑堡和安边堡并称陕北四大名堡。2014年被评为第六批“中国历史文化名镇”，现为国家AAAA级旅游景区。

高家堡镇向东3.5公里处的石峁遗址距今约4300年，是中国已发现的龙山文化中晚期到夏早期规模最大的城址，面积逾4平方千米。先后获得“中国六大考古新发现”“中国十大考古新发现”“世界十大田野考古发现之一”等荣誉，与浙江良渚、山西陶寺和河南二里头遗址共同构成五千年中华文明的重要实证，同时石峁文化被增补入中小学历史教科书。2019年，石峁遗址被国家文物局列入《中国世界文化遗产预备名单》。2020年，石峁遗址荣列美洲考古学会（AIA） 2011—2020世界十年十大考古发现。2022年，石峁遗址被国家文物局评定为国家考古遗址公园。目前，石峁遗址已被列入国家和陕西省“十四五”战略发展规划。

高家堡全景

高家堡鸟瞰图

高家堡山清水秀，风光旖旎，人称“两山对峙形如钵，二水绕城聚宝盆”。古城轮廓清晰，三街十六巷各具特色。东大街保留着20世纪八九十年代的商铺，承载着乡镇集市的火热，火判官、城隍爷出巡、九曲灯游会、秧歌、剪纸、面花等传统文化留住了浓浓的乡愁；南大街明清建筑鳞次栉比，讲述着商贸重镇的繁华，曾有民谚形容“十六座盐铺半座城，笸箩抬着元宝挤烂门”；西大街以六七十年代建筑风格为主，铭刻着知青岁月的记忆，“平凡的世界，不平凡的高家堡”从这里唱响。高家堡钟灵毓秀，涌现出了刘文蔚、史仙舟、张秀山等一大批革命先驱，为神府人民武装的建立和发展做出了重要贡献。

改革开放以来，随着神府煤田大规模开采，城镇化、工业化加速推进，全市政治经济中心北移，特别是 1987 年新榆府公路建成通车后，南来北往的人流物流绕开了必经的高家堡，古镇渐渐褪去了往日的繁华。但是历史并未忘记这片土地，2012 年石峁遗址石破天惊，2014 年《平凡的世界》来此取景拍摄，高家堡古镇重回大众视野，再次绽放光芒。近几年，随着神木市委、市政府全面加大投入，古城改造和基础设施建设步伐加快，高家堡文化旅游产业蒸蒸日上。

近年来，高家堡镇围绕建设“文旅特色鲜明、国内国际知名”的文旅名镇目标，做优特色农业、做强文化旅游、做活商贸服务三大产业，打造中华文明探源、全市文旅产业发展、秃尾河流域生态文明、两大园区项目承载“四个高地”，努力将高家堡建设成全市转型发展的新引擎、文化旅游的新名片、对外展示的新窗口、宜居宜业的新家园。

高家堡

光阴里的印记

高家堡历史悠久，人文厚重。早在新石器时代，镇域内秃尾河流域已有先民定居。仰韶文化时期，形成桑树塔、桑树渠等聚落。龙山文化中晚期的石峁石城已具备国家形态，成为史前中国

北方的政治中心。

夏代以后的3000余年间，镇域始终处于北方草原民族与汉民族碰撞与交融的前沿。

北周至隋唐，在秃尾河中游西岸置开光县（今榆林市榆阳区大河塔镇安崖境内），镇域的大部分归其管辖。

宋、西夏、金对峙时期，镇域为兵争激烈之地，北宋时地名为飞鸦川。明代中期，延绥镇开始筑堡固边，正统四年（1439），陕西巡抚陈镒择秃尾河与永利河交汇处的永兴川开阔地的高家庄构筑堡城，以庄名堡，移民实边。清乾隆二十七年（1762）高家堡经知县方万年续建，城周三里零三十八步，砖石包砌，东、南、西三门各建瓮城、箭楼，分别镌刻耸观、永兴、安澜石额。北城无门，外百余米处横建小城垣，东西贯通，长千余米，高近3米，兼有防洪御寇之功用。城中央建中兴楼骑街分野，十字街与棋盘巷互相勾连，石板墁街，字号林立，垂柳掩映。堡内明清两代先后有都指挥署、参将署、都司署、阜益仓署、驿正站署等官邸。

高家堡

只有共产党才能救中国！

秃尾河

青山碧水天地间

高家堡古镇位于毛乌素沙漠南缘，地质构造属鄂尔多斯地台，构造简单，地质活动相对稳定。第四纪以来，在风力、流水、重力等作用下，逐步形成了以新月形沙丘和波状沙丘链为主的风沙堆积地貌与河沟漫滩、黄土覆盖的丘陵沟壑地貌。镇域内地形差异较大，整体地形东北高，西南低，微呈倾斜，相对高差200余米。东南主要是黄土丘陵沟壑区，山峦重叠，沟壑纵横，水土流失严重；西北主要为风沙草滩区，沙梁沙丘波状起伏。以秃尾河、永利河为界，全镇地貌可分为沙地、川滩、黄土沟壑三种自然景观。

沙地

高家堡镇域内的沙地主要分布于秃尾河西岸，可分为流动沙丘、半固定沙丘、固定沙丘以及丘间洼地。土壤类型主要是风沙土，土壤贫瘠，有机质含量少，土质疏松，保温、保水性能差。植物以灌木为主，治沙品种有沙柳、沙蒿、臭柏、沙打旺等。经过多年绿化，该区域植被覆盖率在80%以上，成为陕北绿色版图的重要组成部分。

沙地

川滩

川滩，主要分布于秃尾河河谷和较大支沟中，地形相对平缓。土壤类型主要有水稻土、淤土、草甸土，宜于精耕细作，传统农作物有小麦、水稻、玉米。高家堡的众多村庄和人口都集中于此，典型的如古今滩、喇嘛沟、喇嘛河、李家洞、乔岔滩等村。

川滩

黄土沟壑

除沙地和川滩之外，高家堡最为典型的地貌当属黄土沟壑，主要分布于秃尾河以东大部分地区。东高西低，山丘起伏连绵，呈浑圆形长梁状，山大坡缓，受风雨侵蚀影响，切割出或“峁”或“梁”等沟梁相间的自然地貌。土壤类型主要是黄土性土壤，土层深厚疏松，透水透气性好，适耕期长，宜种植糜谷、豆类等小杂粮。早期修建的大量梯田和淤地坝为山区居民提供了大量耕地，成为高家堡区域主要的农业生产区。

黄土沟壑

水系

在中国古代，大多数村落是围绕水源建立起来的，高家堡镇正是古人依水而居，凭靠自然天险聚集的典范。镇域内河流属黄河水系，主要有秃尾河及其支流采兔沟、青阳树沟、团团沟、芦沟、喇嘛沟、红柳沟、永利河、王界沟、扎林川、青阳沟、小川沟、桃柳沟、耀邦沟等。其中秃尾河和其支流永利河交汇冲积的区域，正是高家堡古城所在地。

· 秃尾河

为黄河右岸一级支流，居窟野河与佳芦河之间，汉代称圜水，后称吐浑河，明代称秃尾河。其发源于沙漠区域，支流稀少，因此得名“秃尾”。源于神木市瑶镇西北的公泊海子，起初称为公泊沟，与圪丑沟汇流后称为秃尾河，西南部为神木、榆阳、佳县的界河，在佳县武家峁附近注入黄河。全长 140 公里，流域面积 3294 平方公里。高家堡段长约 48.8 公里。多年平均流量为 12.8 立方米 / 秒，年平均径流总量 4.14 亿立方米。受当地气候和降水集中影响，每年 7—10 月，水流量增多，冲蚀加剧，11 月至次年 2 月，水流量明显降低。

秃尾河流经而过，形成了众多沿河湿地、沼泽，保留了大量动植物资源。2008 年 8 月 6 日，秃尾河湿地列入《陕西省重要湿地名录》。

秃尾河

秃尾河

· 永利河

永利河为秃尾河左岸重要支流，又名洞川沟、李家洞沟，当地俗称“小河”，汉代名为神衔水（小榆水）。全长22公里，主要水源为上游岩层缝隙水、地下水、降雨排泄等。流域面积208平方公里，在高家堡古城北注入秃尾河，年平均水流量为41.31万立方米。

永利河

高家堡古城

堡里乾坤

高家堡古城秦属上郡，汉属圁阳，唐属丰州，宋、金、元属弥川县治所。明正统四年（1439），古城构筑城堡，时属葭州领辖。清乾隆二十七年（1762）拨归神木。古堡属明朝“九边重镇”延绥镇的三十六个军事营堡之一，享有“第一堡”的美称。

古城东西城墙长约500米，南北城墙宽约300米，民间俗称城周三里三。现存建筑格局完整，是陕北地区保存最为完整的古城。古城内历史文物景点众多，如城隍庙、地藏庵、西门寺、财神庙、三官楼、中兴楼、四合院、各式牌坊建筑等。

古城自然资源及人文景观丰富。东屏叠翠山、兴武山、土旺山，西关龙泉山，北锁大漠，南据长川，外有秃尾河、永利河二水绕城，素有“两山对峙形如钵，二水绕城聚宝盆”之美称。

四时风物灵秀，景色如画，道光县志对八景盛况予以概述：东有兴武晨钟、幽陵积雪；南有叠翠飞霞、石洞风清；西有秃尾关渡、龙泉卧月；北有平沙落雁、长城吊古。东山之上千佛洞和万佛洞石窟最具历史文物价值，两洞均为断岩凿成，满壁佛像排列有序，施朱着彩，千佛千面，鬼斧神工，明万历年间题刻即称为“千年古窟”，是陕北地区石窟瑰宝。

古城非物质文化遗产源远流长。高家堡地处草原游牧文化与农耕文化交会地，民俗艺术体现出多元性和丰富性，至今保留着许多非物质文化遗产，包括历史传承下来的生活方式、民俗传统、宗教信仰和民间艺术，如秧歌、说书、唢呐、灯官爷、古建筑上的各式雕刻、剪纸、炕围画、面人、刺绣、编织、酒文化、酒曲、劳动号子、山歌、扬琴、民间故事、民俗节事（集市、庙会）等。

古城自古即有重文崇武之风，广建私塾公学，代代人才辈出。光绪三十二年（1906）创立高等小学堂。民国四年（1915）创立神木县第二高等小学校及女子学校。留美学子、博物馆学家韩寿萱，国家八大名医之一杭逢源，革命先驱史仙舟、刘文蔚、李登瀛、康恭庵等皆为该校所培养。同盟会会员裴宜丞、方静堂、刘培英等致身民主革命，振兴学务，培养了大批地方人杰。1927 年，中共高家堡支部在高家堡小学成立。高家堡支部先后配合南乡革命武装开展了一系列革命活动，为神府苏区及神府人民武装的建立和发展做出了特殊贡献。高家堡于 1947 年 8 月 7 日解放。高家堡解放后，先后为神木县委、神府县委、高家堡区、高家堡乡、人民公社、镇政府所在地，是周边地区政治经贸文教中心。

古城自古即为商贸集散重地。村庄北通河套，南接河东，物资畅阜，商事如流。从明清到 20 世纪 90 年代，一直是陕蒙晋之间的通商大埠。彼时内贾边商，买卖兴旺，闻名遐迩，盛极一时，其中以盐碱业最为兴盛。商户最多时达 300 余家，仅挂面作坊就有 120 多家，货积如山，物畅如流。

20 世纪 90 年代末，随着榆神公路改线以及大量农民外出务工、经商，繁华的古城逐渐沉寂下来。在 500 余年的建城历史中，城内外建筑群落特色鲜明，积淀了厚重的历史。虽然后来由于种种原因受到破坏，但古镇依然保留了基本格局和历史风貌。特别是新中国成立后建设的公社大礼堂等一些特色建筑，既体现了时代风貌，也成为一代人心中的记忆，具有独特的历史价值。

城墙

城墙是高家堡城防设施的重要组成部分，夯土为垣，砖石包砌，形制规整，每隔数 10 米间有马面，四角墩台尤为突出，城墙上垛口齿列，巍峨壮观。

城墙东西长约 500 米，南北宽约 300 米。墙体高约 10 米，残高 6.5—9.1 米；基宽 7—10 米，残宽 4—6.8 米；顶残宽 1—4 米，女儿墙原高约 1 米。夯层厚 8—18 厘米，夯土内包含砖块、石片、料隔石、炭粒等。部分墙段内分层夹垫石片。墙外下部包石保存

城墙

16—19 层，一丁一顺砌法。上部包砖，残存高 0.5—3 米。墙内不包砖。墙体顶部海漫为灰渣防水层，厚 0.2—0.3 米。四座角楼仅存砖包夯土台，均破坏严重。

城墙内侧留人马通道，战时可往来驰援，以利力守城垣。另外，北城外百余米处东西向筑有长墙，俗称“小城儿”，长近千米，残高 2 米许，主要为军事防御设施，兼做防洪护堤，以避水患。

高家堡解放后，老百姓取砖垒墙，挖泥补灶，对城墙造成了较大的破坏。后来，陆续的生产生活需要，亦对城墙造成了不

城墙

可逆的损害。总体而言，西南城墙破坏较为严重，东北面保存略好。南侧现有城墙为近年修复。

城门

高家堡城墙上有东、南、西3座城门，原外有瓮城、上有箭楼。城门头上镶嵌石额，分别镌刻“耸观”“永兴”和“安澜”大字，凸显了当时边塞地区希望和平安定的愿望。

· 南门

为高家堡古城的正门，是婚丧嫁娶礼仪必经之城门。20 世纪 70 年代将南门及部分城墙全部拆除。2012 年 7 月，政府按修旧如旧的原则重修南门，城门上复建箭楼，重题“永兴”二字，镶刻其间。

南门

· 东门

门洞完整，顶部残高约 1.5 米，内外侧用石头砌成，洞内条石风化严重，洞口石匾字迹不辨。西壁顶部有砖出檐 4 层，中间 2 层花牙砌法。门洞由三部分组成：东边券洞宽 3.35 米，深 5.3

东门

米，高 4 米；西边券洞宽 3.6 米，深 5.7 米，高 4 米；中间横券洞宽 4.21 米，深 2.6 米，高 5.1 米。砌筑所用条石长 73—123 厘米，宽 31 厘米，厚 25—30 厘米，错缝包砌。内城门洞南侧原为斜坡形马道。门洞在“文化大革命”期间遭到严重破坏，瓮城被拆。现存的东门石壁斑驳，虽不复往日巍峨，但是我们仍能看到岁月的痕迹，徜徉历史的兴盛。

· 西门

门洞宽 4.3 米，深 8 米，高 4.3 米，包砖厚 0.9 米。门洞以

西门

上残砖出檐 1 层，门洞内下部包石 8 层，高 1.75 米，条石长 79 厘米，宽 28 厘米，厚 23 厘米。翁城遭到严重破坏，城门也残破不堪，外城门洞上有生产队建的房屋。门额“安澜”也不在原位。虽经 500 多年岁月，西门仍旧高大巍峨，在寂静的夜幕下诉说时代的芳华。

南门广场

南门广场于 2016 年建成，面积 5900 平方米。广场由石材

南门广场

铺装，部分绿化，并铺设地面景观铜雕9块，设有城墙投影、停车场和游客接待中心，现在为高家堡镇重要的文化活动广场。

景观浮雕

南门广场地面铺设有铸铜景观浮雕9块，内容为高家堡的自然景观、风土人情和民俗文化。中间为面积6米见方的大型主题浮雕《高家堡》，左右按照景观实际方位各布置浮雕4块。浮雕图案将写实与装饰相结合，文化与取意并重，吸收民间艺术手法，表现地域特色。外框均采用万字纹饰，寓意万事如意，事事顺心，雕塑手法整体统一。

·《高家堡》浮雕

图案前景由明代威武的骑马将军与整齐的列队士兵组成，中景由南门瓮城与中兴楼组成，背景为厚重苍茫的黄土高原和绵延起伏的长城，表现出高家堡是边塞重镇、兵家要地的重要位置。

《高家堡》浮雕

《幽幽石峁》浮雕

·《幽幽石峁》浮雕

图案主体为规模宏大的石峁外城东门，以及在山脊延伸的城墙遗址。上书“石峁古城，文明源远；沧桑巨变，雄姿难掩；精美玉器，光耀千年”。凸显高家堡厚重久远的历史。

·《商贸重镇》浮雕

运用对角线构图，俯视观察，以街道对角透视两侧商铺，表现商贸重镇百业兴盛、人群熙熙攘攘的繁荣景象。上书“塞上名堡，繁华市井；人烟辐辏，店铺参差；商道传承，信誉可嘉”。

《商贸重镇》浮雕

·《飞霞叠翠》

浮雕

《飞霞叠翠》浮雕

以叠翠山山头轮廓为主，山上层峦叠翠，郁郁葱葱；天际霞光飞舞，恍若仙境。中间部分用剪纸手法表现迎亲民俗。情景交融，场面生动。上书“叠翠高山，美如画屏；遥望紫塞，近俯绿原；云兴霞蔚，景色壮观”。

·《南堤春柳》

浮雕

《南堤春柳》浮雕

表现秃尾河两岸春色，南堤春柳惹人醉，水草肥美羊儿壮，几只莺燕逐余晖。图案情态生动，层次分明，空间感强。上面刻有铭文“依依杨柳，如梦风烟；蝶舞鹊鸣，

《兴武晨钟》浮雕

沃野良田；花木扶疏，可堪江南”。

·《兴武晨钟》浮雕

图案重点表现峭壁千寻、势极险峻的兴武山庙群。浮雕采用叠压穿插装饰等方法表现层次、空间、体积与意境。刻有铭文“兴武山巅，庙宇横云；佛光有辉，道风无尘；钟声清越，澄净世心”。

·《西寺凌云》浮雕

主要表现西山高耸入云，山巅亭台楼阁，山畔窑洞炊烟，山下流水汤汤，农事忙碌，一幅自然生活画卷。刻有铭文“西山巍峨，峭壁千寻；龙泉映澈，秃尾奔

《西寺凌云》浮雕

涌；明月悬空，层云荡胸”。

《千洞万佛》浮雕

·《千洞万佛》浮雕

雕塑手法写实与装饰相结合，穿插叠压式塑造，线与面结合，借助于洞窟外形雕刻祥云瑞兽，意向性地表现佛窟神秘、恢宏、庄重典雅、丽景缤纷的特点。刻有铭文“清凉世界，光照无量；法相庄严，殊胜吉祥；洞为福地，心即道场”。

《平沙落雁》浮雕

·《平沙落雁》浮雕

画面以大雁为主题，雁群或入水潜游，或比翼长空，或信步戏沙。河面宽敞，农人耕作，柳树成荫。刻有铭文“堡西雁梁，花果丰盛；背山面水，草木蓊葱；百鸟翔集，适情融融”。

永兴门

南门广场正前方的城门，就是永兴门。城门上的“永兴”二字是由建筑学家梁思成的学生罗哲文所题，“永兴”寓意着高家堡永远昌盛、兴隆。作为高家堡古城的正大门，永兴门见证了高家堡的历史变迁，它如一个看客，在干戈寥落中向人们诉说北方天空下的前尘往事。

永兴门

永兴城楼

永兴门上方城楼是我们观赏高家堡古城的最佳位置。高家堡古有“两山对峙形如钵，二水绕城聚宝盆”的说法。两山指的是东、西两山，二水分别指的是西边秃尾河和北边永利河，而高家堡就位于两河交界的平坦地段。高家堡古镇形制严谨，有三街十六巷。一方面，其严格采用了礼制的四方城池和明清传统的十

永兴城楼

字街巷构成方式；另一方面却摒弃了古代城池最为中式的正南正北的轴线格局，南北向轴线与正北方成 36 度夹角，恰与西山、秃尾河滩形成了通用轴线，而南北向轴线与东、西两山制高点的轴线基本平行。这样既可借助山势实施军事防御，又因地取益，形成了山南水北、负阴抱阳的传统宜居环境，体现了建造者天人合一的高度智慧。登上永兴城楼远望，我们便可以看到东边山上唐代的千佛洞、万佛洞、红崖石刻，崖壁耸峙掩映，神秘引人。

南门瓮城

瓮城，又称月城、曲池，是古代城市的主要防御设施之一，属于中国古代城市城墙的一部分。瓮城就是在城门内、外修建的半圆形或方形的护门小城，其两侧会与城墙连在一起修建，并设有箭楼、门闸、雉堞等防御设施，可加强城堡或关隘的防守。瓮城门和主城门通常不在一条线上，当敌人攻入瓮城时，如将主城门和瓮城门关闭，守军即可对敌形成“瓮中捉鳖”之势。南门瓮城是在永兴门外扩筑城墙围起来的方形空间，瓮城城门向东敞开，较为低矮，利于防守。而瓮城门上还有一个巧妙的设计，那便是门钉。门钉的作用，一是加固，二是装饰，三是代表等级。在古代九是最大的阳数，九路门钉代表最高等级。高家堡城门门钉为每扇门 6 排，每排 9 个，共 54 个，由此可见高家堡古城建筑等级之高。每年正月十六的晚上，妇女都会来摸门钉，因为门钉的“钉”和男丁的“丁”同音，故此有

南门瓮城

了摸门钉的习俗。传说摸一摸门钉，有病者去病，无子者得子，求财者得财，祈福者得福。

马道

马道，顾名思义，就是给马走的路。永兴门马道建于城台内侧，为缓坡道，采用陡砖砌法，呈现左右对称。在古代，马道是通往城楼的一条缓坡路，主要是便于马匹、车辆上下。现在为了游客行走方便，就在重修过程中，将其改为台阶。从这里上去，就是永兴门城楼，可以观赏到高家堡古城的大部分景色，其中就包括了有名的“高家堡八景”。

马道

巷道

城内街道以中兴楼为轴心，向四方辐射，东西街纵贯中心楼，连接东、西两座城门，南街视线开阔，是高家堡最为繁华的街道，因为城北无城门，因此中心楼向北是一条短小的巷子，古城中街巷布局整齐，经纬有序，共计有 16 条巷道。据《神木县志》记载，清道光年间，巷道沿街有楼铺 15 座，后来店铺增多，

巷道

字号林立，城内人声鼎沸、往来商旅络绎不绝。改革开放后城内人口大量外迁，热闹一时的城内巷道，再没有往日的繁华，寂静如烟，巷道较好地保存着旧时的风貌，漫步街头，让人如在画中游，如在梦里。

中兴楼

中兴楼是高家堡古镇的地标性建筑物，始建于明朝万历四十八年（1620），距今已有400余年的历史。位于古城中心略偏西北，骑街分野，处在东西南北轴线上。

中兴楼

高家堡南大街

下层为四方拱形窑式砖石砌台座，台基南北长 13.5 米，东西宽 13.34 米，内夯土筑，外砌青砖，下为条石。中为十字形券洞，楼座南面东、西各有窑洞 1 孔，阁居其上。上、中二层均建有砖砌花栏围墙，西南角石阶可供登楼。

台面上两层楼阁式砖木结构，面阔。最上层玉皇阁 1 间，内供玉皇大帝神像。中层日月洞 3 间，内供日月二神。南北长 5.83 米，东西宽 5.8 米，南面两翼突出，平台上建有东西向硬山式带前廊楼阁各 1 间，分供关帝、观音塑像。日月洞檐下吊清代乾隆五十三年（1788）款大铁钟 1 口，保存完好。楼洞四面镶嵌石额，东、南、西、北分别题写“中兴楼”“镇中央”“幽陵瞻”“半接天”。楼顶层北外墙砖雕“玉皇阁”3 字，气势雄壮；东、西外墙分别为“二龙戏珠”和“丹凤朝阳”琉璃浮雕，刻画生动。二层外墙木棂圆窗，做工精巧灵动。

整个建筑，设计周密，布局精到，工艺高超，形态雄伟，气势恢宏，不失为塞上古典建筑的一大胜景。“中兴楼”之名，则表达了在战乱频繁的年代，群众渴望复兴、期盼和平的美好心愿。在以前，每逢大事人们便会登中兴楼击鼓宣布。据当地老辈人讲，中兴楼在抗日战争时期被用作防空洞，相传日本的三十六架飞机轰炸榆林时，其中有一颗炸弹掉到了观音殿，但没有爆炸。本地人认为是观音显灵，捻灭了引线，故有“观音老母救八难”之说。

中兴楼，居高临下，也是领略高家堡古镇风貌的最佳之处。

城隍庙

城隍庙始建于明代，为官方祭祀的重要庙宇，有“城隍坐镇，土地退位”的说法，庙内兼祭无祀鬼神，位于东街北侧。临街立有高大木牌坊，上有匾额书写“灵应侯”。大门口双狮把守，旗杆高耸，院内古木森森。前院有会房、禅房和水井，中殿正面白底绿字门额“你来了”，背面黄底红字“放过谁来”，左右各塑泥马 1 匹和泥马夫 1 人。左右行人门洞之上为钟鼓楼。重门以内，

城隍庙

为高大正殿 3 间，正殿前有券棚，楹联“天知地知尔知我知何谓无知；迟报早报善报恶报终须有报”，左右木架上全副仪仗。大殿门上楹联“为善不昌祖宗有余殃殃尽则昌，作恶不灭先人有遗德德尽乃灭”，殿内供奉城隍爷，两旁侍立判官、牛头马面。两侧配殿供奉十殿阎君、土地和孤魂神，大殿内神像威严，壁画精妙。道光《神木县志》载该庙“神极灵应，相传前代每有边警，先期钟鼓自鸣”。民间传说该处城隍爷曾接驾康熙皇帝，泥马出汗，康熙感其灵异，敕封“灵应侯”，配享西安城隍庙，故有“城小神灵大”之说。

财神庙

位于中兴楼北侧短巷内的东侧，正殿 5 间供奉文财神和善财童子，两侧墙壁的上方存有旧时壁画。配殿、戏台等主体建筑基本完整。

新中国成立前，财神庙香火鼎盛，是高家堡商民求财拜神之地，娱神乐己场所。新中国成立后，为集体办公占用，人民公社时期高家堡生产大队改名为红旗大队，继续占用场地，白天是生产队铸造农具的场地，晚上演戏放电影，灯火通明，鼓乐齐鸣，

财神庙

财神庙

人声鼎沸，热闹非凡，是当时全城的文化活动中心。改革开放后，正殿整修，重塑财神，庙宇功能恢复。同时，也是老年活动场所，老人们跳舞打牌，自得其乐。

西门寺

位于西街北侧，旧称大兴寺，是一处典型的一进四合院建筑。正面主殿为大雄宝殿，券窑式建筑，抱厦斗拱精美。伽蓝殿、天王殿、韦驮阁、弥勒龛、钟鼓楼、禅堂等建筑一应俱全，大雄宝殿顶部建有小型藏式佛教白塔 1 座，与颐和园白塔类似。

西门寺

西门寺

新中国成立前，该寺信徒众多，颇负盛名，且在高家堡、草湾沟，直至陕蒙边界均有土地，并有固定的种地、收租的长工和火工。新中国成立后，寺院衰落。20 世纪 80 年代，供销社在此兴办糕点厂。20 世纪 90 年代，部分房屋因年久失修、厢房失火等原因，毁损倒塌。2016 年当地政府组织对该处建筑进行了修复，现已基本恢复旧貌。

祖师庙

位于城内西北角，始建于明代，原有主殿供奉真武祖师，配祀十大元帅，庙内壁画生动，神像威严。街口石牌坊上书“上帝行官”。

民国初年，利用殿宇改建教室、礼堂，招生授课，时为英才辈出的县立第二高等小学，是高家堡现代教育之发源地，也是 1927 年中国共产党在高家堡成立的第一个党支部所在地和活动中心，此后一直为小学校址。2017 年改造为当地文化服务中心。

地藏庵

位于东二道巷南段东侧，坐东向西，建筑精巧雅致，雕梁画栋，砖石雕刻尤具特色，正殿供奉地藏菩萨，铸像绘塑，法器供具齐全。院内钟鼓楼分立左右，影壁居中。新中国成立后，被生产队集体占用，原貌全无。后来由民间热心人士捐资重建，还原旧貌。

地藏庵

地藏庵

三官楼

北城墙无城门，中间有一方墩，墩南石额“映北辰”，北墙额“大野屏藩”。墩上建有二层重檐歇山顶三官殿1座，楼宇高耸，威震远方，楼内供奉祭祀道教天、地、水三官。

解放高家堡时，楼宇损坏，仅存台窑。

三官楼

白衣殿

位于城北巷三官楼南侧，旧有正殿石窑3孔，供奉救苦救难观世音菩萨，因着白衣，坐白莲，又称白衣菩萨。新中国成立后，庙址先改为乡公所，后改为救死扶伤的医院。2017年改建为高家堡镇展览馆。院内生长树龄120年的臭椿1株，树高10米，冠幅5米，树径0.8米，为2014年电视剧《平凡的世界》外景地。

民居院落

清朝开始营堡的防护作用削弱，商业用途日渐凸显，城中望族富户纷纷修建起四合院，雕砖塑瓦，镂木琢石，檐廊婉柔，门宇气度，既彰显着户主财力，又展现着不俗审美。

四合院多为独院，方正闭合，和谐对称，正房高大，东、南、西房围合成院，房屋开间一般为单数、大门多设在院落侧旁，大户人家则另有影壁设置，内容多为人物故事和“福禄寿”等字样。这些民居结合了本地的环境、气候、民俗及生活习惯，前厅后院，风韵雅致，美观实用。

现存的四合院有东街卢家大院，西街韩家大院，北巷的李家大院；楼院有南街刘家楼院，十字巷的李家、呼家楼院，同心巷的刘家、张家楼院，南二道巷王家和杭家楼院等。

置身其中给人一种洞破光阴、穿越时空的错觉，漫步青石街

民居院落

民居院落

民居院落

头，环顾尽是雕梁画栋，弥漫着久远的气息，滋生出车马缓行，岁月悠长的舒适感。

· 韩家大院

韩家大院位于西街南二道巷 10 号，格局基本完好，分为前小院、前院和后院三进院落，共有房屋 40 余间。宅院正大门开在院子中部的东侧，垂花门头雕饰“狖狸闹葡萄”等细致华丽的图案。两扇门板厚重坚实，铁打的龙头锁簪积满百年锈痂。据说以前在门头上还挂着一块清道光年间蓝底金字“贡元”大木匾。

迎门的照壁在三间厅房的山墙上，原有砖雕“松鹤延年”“天官赐福”的图案，现在影壁已经坍塌，雕刻的花砖据说也遭人盗卖。厅房将大院分为前、后院，从两侧的二门可通向前、后院。前院设有前院和前小院，在东侧开设前院大门。有正房 3 间、南房 5 间，还有库厩和门房等设施。后院院落敞阔方正，正房坐北朝南，五开间前柱廊，房屋向阳纳光充足，冬暖夏凉。左右各有小院和耳房，院两侧为东、西厢房各 5 间。

韩家大院走出了一批批人才，其中最有名的是第五代的大商人韩士恭，第七代的我国博物馆学科创始人韩寿萱。

· 刘家大院

刘家大院位于南街同心巷，始建于民国初年，是一座具有地域特色的传统民居院落，它的主人是民国年间高家堡的绅士刘瑞庭。

刘家大院大门口对着巷道的是一幅砖雕影壁，两个象形鹿组成的红色“福”字别样雅致，时光消退了它鲜艳的色彩，更显得庄重典雅，风采犹在。进入高高的大门，便是两个较小的门楼，可以进入东、西院子。

向东是一个单进四合院，是主人家居住的地方。二门的门额两面分别是砖雕“居处恭”和“安且吉”行楷大字，主人将其尊崇的儒家思想理念融入建筑装饰，也体现其文化品位。这个院落

民居院落

宽敞展阔，正房坐北朝南，面阔七开间带前柱廊，木构架硬山屋顶。正房中间 3 间作为厅堂，左右各 2 间均为寝居。院子东、西对称布局的厢房是 2 间箍窑，开间与进深都较小，显然是大家庭中晚辈的居所。南面是 5 间一排倒座箍窑。院落中房屋布局尊卑有序，结构严谨。

西院是连通临街商铺的楼院，是商号的经营场所。门市为五开间的铺面，与街道上的其他铺面一样，采用的是拼装方便的木质实棉门板，让人感到普通和平实。正面那一座砖砌的二层硬山顶楼房，在朴素与低调中略显张扬，从这气派的院落，可以猜想当初宅院主人的财力与身份。

由于 20 世纪以来高家堡人口大量外迁，刘家大院随着文化站的群众文化活动减少逐渐沉寂下来。只有漫步的游客偶尔走进这个百年老宅，感叹它的精致与华美，但他们也许不知道这里还保留着高家堡人那么多值得回味的历史文化记忆。

· 张家大院

张家大院又名胜利院，与刘家大院相邻。大门雕花，内有“福”字“鹿”形砖雕影壁，北房为东大街的铺面。

· 杭家大院

杭家大院为一进四合院，占地面积为 442 平方米，老建筑 325 平方米。院内东侧为二层硬山式砖木结构楼房，上下各 5 间，建于清乾隆三十一年（1766）是城内有明确年代记载的基本保存完好的早期名居。

历史建筑

高家堡保留有计划经济时期小城镇的各类公共建筑，如供销社、粮站、人民银行营业所、农机公司、生产大队的大队部，特别是西大街总体保留了20世纪70年代的建筑风貌，各类建筑的墙壁上还留存着“文化大革命”期间刷写的毛主席语录和革命标语。其中人民公社大礼堂是混凝土薄壳建筑物；供销社门市门面

高家堡古城——电视剧《平凡的世界》原西县革委会取景地

完好，门头水泥字“发展经济 保障供给”；西街路中有“工业学大庆”路牌，左侧书“伟大的领袖毛主席万岁”，右侧书“伟大的中国共产党万岁”；人民银行营业所大门头题写水泥红字“中国人民银行”；农机公司南街门市门头写水泥字“农业的根本出路在于机械化”；粮站位于高家堡古城东城门东侧，属20世纪八九十年代建筑，仓储功能完整，现在仍然是当地商贩的重要仓储基地。另外还有国营饭店、新华书店等富有时代特色的各类建筑物，反映着传统街区的时代变迁，穿行其中，儿时的记忆悠然浮现于眼前。

人民公社大礼堂

高家堡西街西门寺的对面，有一处大跨度的水泥混凝土薄壳建筑物，占地近500平方米，仿西式建筑的门头上有“高家堡公社礼堂”几个大字。这个建筑物具有20世纪七八十年代建筑的典型风貌，也承载着那个时代人们的美好记忆。

1979年，由公社大礼堂改造的电影院投入使用，高家堡结束了露天放映电影的历史。每天放映一至两场，遇有好看的影片或赶集时会加映一至两场。由于座位有限，常常是一票难求，看场电影是那个时代人们重要的精神文化活动。高家堡电影放映站也因为效益好，多次被评为地县电影放映先进单位。

20世纪90年代，随着电视机逐渐普及，电影院关门停业。在城镇化和工业化的大潮中，高家堡居民也逐渐向城矿区迁移。

人民公社大礼堂

繁华的高家堡沉寂下来，那些不同时代的历史建筑也得以保留。

供销社

“供销社”对于现在的年轻人来说，是一个比较陌生的词，但在以前，一针、一线、一块糖……几乎任何商品都要去供销社买。在物资匮乏的年代，供销社商品齐全，承载了一代人对美好生活的向往。高家堡古城里的供销社，完整保留了原来的面貌，

供销社

室外门头上左右两侧有大型的水泥字“发展经济　保障供给”，在门和窗户上还有木板做的防盗设施，供销社后院是砖窑围起来的院子，南侧有一个戏楼。在《平凡的世界》里，有一段围绕供销社展开的剧情——郝红梅毕业当天，在供销社偷手帕被抓。她本有着光明的未来，但一念之差让她跌入深渊，不但失去了理想姻缘，更断送了美好前程。现在的古城供销社，虽不复旧时的热闹，但是功能依旧，神木文旅集团依托供销社后院推出了“古镇夜八点”项目，集美食、音乐、娱乐为一体，吸引了众多游客，成为炎炎夏日人们纳凉、休闲的好去处。

东风照相馆

高家堡景区保留了古城原有风貌，街道、店铺也大多是拍摄电视剧《平凡的世界》留下的布景。尽管剧已播完，但它是一部“永不落幕”的经典。在剧中，润叶和少安分开后，伤心欲绝，开始听从家人安排和李向前约会，东风照相馆便是其中的一个约会场景。在过去，拍照是一件新潮的事情，人们为了拍照还要特意梳妆打扮。而在数码相机、智能手机普及后，拍照不再是新鲜

东风照相馆

事，那些见证社会变迁、家庭兴衰的老牌照相馆也逐渐消失。您是否有一瞬间也会对过去的光景产生好奇？

国营饭店

“国营饭店”这种早已退出历史舞台的经营模式，曾经占据中国饭店行业的大半江山。在过去，去国营饭店吃一次饭，是值得吹上一两个月的大事情。而在《平凡的世界》中，国营饭店也是见证主人公成长以及爱恨纠葛的重要场景。在这里，少安向润

国营饭店

叶表明了态度，想跟她划清界限，并将自己和润叶的感情向田福堂说清楚，答应以后再也不纠缠润叶。这对有情人最后还是迫于现实压力，不得不分开。如果您是剧迷，走进国营饭店一定会心有所感，如果您没看过剧，那么看到这还原度十足的复古建筑，也会有一种穿越时空的奇妙感觉。

高家堡

党
能救中国！

江山留胜迹

高家堡建城之初，周边高山上庙宇建筑渐成规模，正如龙泉寺清代石碑所载“环堡皆山，众山之巅，各有神宇庙寺，以壮一邑之观”。同时，这些宗教建筑的防御性和宗教观念合二为一，陡峭山崖上的寺庙和石窟在战争发生时兼具防御功能。高家堡各种宗教混杂，但与延绥镇其他堡寨一样，各庙宇位置相对固定，各司其职，杂而不乱，体现了精神防卫。特别是沉睡 4000 年的石峁古城，以石破天惊之势出世，震撼世人，为繁星璀璨的 5000 年中华文明增添了新的实证。

石峁遗址

石峁遗址位于高家堡东侧，永利河南岸的台塬梁峁之上，属新石器时代晚期至夏代早期遗存，是目前我国发现的规模最大的史前石筑城址。初建于距今 4300 年前后，沿用至距今 3800 年前后，由皇城台、内城、外城三部分石砌城垣构成，面积逾 4 平方公里，城内密集分布着大量宫殿建筑、房址、墓葬、手工业作坊，先后出土了大量的玉器、陶器、骨器、石雕石刻、彩绘壁画等珍贵文物。

皇城台是石峁城址的核心区域，其形状是由底部向台顶四面包砌层阶状护坡石墙台地，底大顶小，护墙保存较好处多达 10 余层阶。台顶推测为大型宫殿建筑区域，发现了大型石筑基址、

石峁遗址

石峁遗址——皇城台

石雕、石刻等重要遗迹及遗物。内、外城城墙依山势而建，形状大致呈东北—西南方向。城墙大部分处于山脊之上，墙体上发现了城门、瓮城、角台、马面、墩台等防御性建筑遗迹，内城区内密集分布着居住区、墓葬区及手工业作坊区，外城内同类遗迹较为稀少。

外城东门址位于外城东北部，是遗址区域内最高处，由外瓮城、砌石夯土墩台、内瓮城、门塾、马面、角台等部分组成，总面积 4000 余平方米。外城东门址及马面、角台等附属设施，揭示出一座体量巨大、结构复杂、筑造技术先进的城门遗址，出土了玉器、壁画、石雕人像、陶器、石质生产工具等龙山晚期至夏朝的重要遗物。

石砌墙体内极为特殊的大量藏玉现象，凸显了东亚地区古人崇尚“玉石”辟邪御敌观念，石峁城址或许与中国古代文献中记载的“玉门”“瑶台”等相关；瓮城、马面、角台等城防设施的出现不仅表明在中国早期国家形成的阶段，中国北方地区政治格局的复杂化及武力战争的频繁，也成为东亚地区土石结构城防设施的最早实物资料；大量集中埋葬于城门地面之下头骨的出现，清晰地表明了城建过程中奠基活动或祭祀仪式的存在及这一区域社会复杂化倾向加强。

石峁城址以皇城台为中心，内、外城半包围环绕的环套结构，开启了中国古代都城建筑格局的先河，被誉为 21 世纪中国最为重要的史前考古发现之一。石峁遗址自发掘以来，先后两次入选全国十大考古新发现、三次入选中国六大考古新发现。外城东门景观入选“国家名片”首组《亚洲文明》特种邮票。石峁遗址入选美洲考古学会《考古》期刊世界十年（2011—2020）十大考古发现，石峁遗址现为国家 AAAA 级旅游景区、第四批国家考古遗址公园。

兴武山庙宇

兴武山庙宇位于高家堡古城东南 1.5 公里处，平面呈长方形，南北长约 300 米，东西宽约 200 米，总面积约 6000 平方

兴武山山麓石牌坊

米。庙宇始建于明成化年间，弘治年间再次重修，“文革”期间遭到毁坏，仅留有残址。20 世纪 80 年代后经过重修，庙群基本恢复原貌。庙群包城围筑，分上、下两院。山麓石质牌坊为最下方山门，雕刻繁复，台阶陡立，直通中山门，门头题有“峻极天”，原牌坊为明代榆阳李秀所书，石刻长 4 尺，宽 15 尺。进入山门向南穿行，石崖有榆阳王兴榜书石刻“塞北蓬瀛”，单字高近 1 米，书法气势磅礴、雄浑有力。左拐进门，别有洞天，豁然开朗，此为庙群下院。

庙群下院古窟禅堂，佛道并存，以佛殿为中心，辅之以三官殿、娘娘庙和禅堂。

悬崖之上，石头凿砌暗洞相连，此处崖壁刻有民国九年（1920）高家堡文化名人杭锡龄、刘培英的律诗五首，诵咏山川景物，抒发抱负情怀。拾级而上，曲径通幽，通达庙群上院。

山顶之上为祖师庙，正殿 5 间，供奉真武大帝，东、西配殿供奉眼光娘娘、老君、玉帝和药王诸神，东、西廊房供奉全真道南五祖和北七真。南面正中建戏台，钟鼓楼建在两侧，院落开阔，殿宇森严。外包城石壁嵌刻大字“山河永固”，旧为清末神木处士王万清题书，后续维修时重书。这里是真武大帝行宫所在，也是高家堡最大的道教活动场所。

· 重修兴武山戏楼碑

《重修兴武山戏楼碑》

兴武山庙内遗存清代石碑4通，其中《重修兴武山戏楼碑》碑为螭首，首身一体，碑上记载“且自古威灵之显应，端赖神圣之功德，而庙貌之广隘，惟凭人力之造作。高堡城东南里许，有兴武山建立。祖师殿创自明时，由来久矣，屡经补修，殿宇虽属严肃而庙院狭小，往来敬香者不免有区区莫展之叹。于是有住持隆株诚心发愿，舍己财一百千文，须邀会来等协力募化，得金七百余千文。兴工于光绪八年桐月，告竣于光绪九年桂月”。落款“大清光绪十五年岁次巳月十一吉旦”。

石窟

高家堡域内除各处庙宇古迹外，石窟也是一大特色，这些石窟一般临崖开凿，或大或小，时间或前或后，功用不一。其中以东郊土王山近山顶处的千佛洞、万佛洞最为经典。这两处石窟一般认为为明代开凿，经数次扩建。现存石窟 20 多处且深浅不一，或独居耸壁或洞穴相通，是陕北罕见的一组摩崖石窟，有较高的考古价值和艺术观赏价值。高家堡的千佛洞、万佛洞是在天然石质上开凿，仿照现实房屋的结构布局设计的。石质的石柱、

石窟

石窟内藻井

斗拱、门窗精致入微，经鉴定有唐、宋、元的遗风意蕴。虽遭破坏，不复往日盛况，但我们依然可以从残存的遗迹推测，鼎盛时期洞窟内佛像众多，雕刻精湛，藻井华美，色彩艳丽，对于研究陕北地区石窟的开凿、发展、雕刻艺术和宗教文化的传播，宗教活动的兴衰具有重要价值。

· 千佛洞

位于土王山北、老爷庙圪垯南侧的断崖上，东距万佛洞 80 米，南临马王庙沟，西临东山坡，北靠山崖。石窟 3 间，坐北向

千佛洞石刻

南，洞窟平面呈长方形，南北长约 15 米，东西宽约 110 米，总面积约 150 平方米。石窟门楣为两层，门窗仿木结构雕刻。面宽 10 米，高 6.59 米，进深 11.2 米。石窟与神台一体刻成，正面残存 3 座雕像台基和背光，背光为深浮雕，雕有花卉鸟兽等图案并施彩。窟内还遗有一尊石刻佛像，通高 1.2 米，已模糊不清，窟顶藻井风化严重。

· 万佛洞

位于千佛洞南前山的断崖上，石窟坐北向南，为单窟，平面

万佛洞

万佛洞内景

呈长方形，南北长约 15 米，东西宽约 13 米，总面积约 195 平方米。洞窟楼式仿木，重檐歇山顶式结构雕刻。面宽 9.65 米，高 7.3 米，进深 13 米。洞口高 2.68 米，宽 2.55 米，深 1.76 米。正面原存有大型泥塑 3 尊，20 世纪 60 年代初还基本完好，现已无存。窟中凿有天然通天石柱 2 根，四面八棱，柱身刻满佛像，造像排列整齐，有神工鬼斧之妙。四周神台及石柱与洞窟一体刻成，洞内东、西两壁满雕坐佛，横行竖列，层次分明。洞内万尊佛像，法相庄严，层层叠叠，气象万千，故名万佛洞。窟顶施彩藻井直径约 8 米，原有花卉鸟兽，活灵活现，现因窟顶遭破坏，雨水侵蚀，风化严重，纹饰已经模糊。

万佛洞口前有石刻前廊，廊深 0.93 米，廊柱高 2.63 米。洞外门面仿木石刻八角天花板，斗拱窗棂，重檐滴水，并造有花栏墙、精美小石狮 4 个，洞内外全部用五缀。洞门上刻有“万佛洞”三字，门柱刻有联语“一片石崖錾就洞房千样巧；几般金璧妆成圣像万人钦”。右侧摩崖石刻“天境”，有小字“明嘉靖二年立”。下存大字石刻“须弥胜景”“别开天地”“小江南”及对联、诗词多处，书事各有千秋。洞顶建石佛塔一座，高 3 米有余。石窟西侧有连体山崖石碑 1 通，但因年代久远，风雨侵蚀，字迹全无。

20 世纪 90 年代，群众清理万佛洞东边乱石时挖出窑殿 1 孔，内存菩萨像 1 尊，神情闲适，体态自然，衣纹流畅，艺术水准极高，应为宋代造像。出土后不久被盗去头像和右臂，残像的身体尚在洞内。

古崖葬群

在千佛洞、万佛洞两侧的石壁上，还有诸多崖葬石窟。远远望去，里面的白骨若隐若现，残破的碑文风化斑驳，给人以恐怖阴森的感觉。与陕北地区的丧葬格格不入，那里埋藏着什么样的故事，我们不得而知。

古崖葬群

龙泉寺

位于秃尾河西岸，与高家堡隔河相望，涉水距离约 2 公里。西山壁立千仞，山势险峻，明成化七年（1471），在山坡始建龙泉寺。历代均有续修，山巅之上殿宇巍峨。门前挂清乾隆五十八年（1793）款铁钟 1 口，捐钱人为宋氏诸人。顺坡而上，是一处体制雄伟、雕刻精美的石制牌坊，庙内有历代石碑数通，《新修龙泉寺记》《创修魁星阁碑序》《重修龙泉寺碑序》，以及 1991 年 9 月和 1995 年 6 月维修寺庙时所立的石碑，均有助于研究高家

龙泉山

龙泉寺

堡的历代社会经济状况。庙中有吕祖殿、观音殿等建筑，吕祖殿为砖石砌“枕头窑”，中供吕祖、北斗、南斗，两侧供贵禄福喜四位运神。窑上有殿，正壁绘元始天尊、佛祖、太上老君，侧壁绘普贤菩萨、文殊菩萨。近年来，该寺已修葺一新，成为高家堡一处重要的观光旅游景点。

·《新修龙泉寺记》碑

龙泉寺内价值最高的石碑是明成化七年陕西都司把总高家堡都指挥同知隋能、佥事夏鼎等所立的《新修龙泉寺记》古碑，该碑位于龙泉寺半山坡的碑厅内，碑身为原物，剥落严重，多残缺。碑正面朝西南，碑身宽 0.96 米，厚 0.16 米，高 2.37 米；有座有首，为今人拼装，碑座为弥仰覆莲式，宽 0.17 米，高 0.55 米，厚 0.6 米，风化严重；碑首圆首雕，四螭垂首。碑座与碑首是青石雕成，颜色泛白；碑身是砂岩雕成，颜色泛红。碑身碑文阴刻，下部字迹亦有漫漶之

《新修龙泉寺碑》记

处，主要内容尚可辨识。碑正面顶部横排左行楷书“新修龙泉寺记”，下方碑文竖排左行楷书，是高家堡现存历史最早、信息量最大的石碑，对于研究高家堡的城建史和明延绥长城的形成具有重要意义。

· 临山石窟

龙泉寺东侧临河悬崖有石窟数间，开凿年代不详。石窟地势险要，内有土炕、蓄水井等生活遗迹，洞窟暗道相连，内部空间宽敞，至少能容纳几十人生活，推测为军事防御设施。据当地居

临山石窟

临山石窟

民讲，历史上因高家堡地处边塞，战乱不断，土匪横行，当地临崖开凿石窟，主要是用来躲避土匪。

虎峪龙王庙

位于老虎沟内溪流北岸，供奉二黑龙王。庙为石窟，出檐，门面为石刻仿木门窗，对面小丘上原有戏台。该庙宇规模虽小，但建造年代久远，应不晚于明万历年间。戏台现存精美石雕栏板1块，上有双龙和荷花图案，形象生动，左右分别刻有明“万历二年六月十三日立修柴大奇杨大伦”和“舍财人左朝宗梅玉花郭世贤石匠冯□□”字样。有清乾隆二十一年（1756）功德碑1通，乾隆五十七年（1792）款铸钟1口，有功德主宋、李姓等15人的姓名。1978年，红崖墕村打坝挖沙，在庙侧发现石碑、木碑各1通。根据村民描述，木碑高约1.5米，宽约0.7米，文字既非汉字，又非蒙文，形似蝌蚪，疑是西夏文字。后该木碑被村民用作平板车的车棚板。

叠翠山

叠翠山位于高家堡镇东南1.5公里左右，山势险峻，山色苍翠，南侧山崖侧壁开凿有石窟数间，大小不一、高低不同，洞窟

叠翠山

叠翠山石窟壁画

叠翠山石窟藻井

内暗道勾连，石栈暗洞贯通，大石窟里面有很多石刻图案，以莲花居多；小石窟顶部有精美的图案，似两条飞龙在争抢绣球。山顶建有老君窟、碧霞洞、观音殿及山门、神道等，错落有致，集美丽自然风光与宗教名胜于一体。著名的高家堡八景“巉岩烟淡”说的便是此地。清朝道光《神木县志》对叠翠山做了简要记载：“在县西兴武山西南。石磴玲珑，山色苍翠，山半有高石崖中一石洞，开户牖数处，近观尾水，远望边垣，亦佳境也。”该山石刻题留极多，传有古碑数通，对高家堡的历史追述甚详。现存“石麟果降”等题刻，书事精微。山头形态奇特，为一块近似圆形的巨大岩石，孤立突兀，一边连山，三面凌空，险峻、峥嵘，后被当地炸山取石破坏，形成一个巨大的豁口，形似老虎张开的巨口，所以叠翠山后来也被称为老虎嘴。近年来，随着乡村文化旅游的发展，当地对该处进行了修缮，恢复了部分石窟石洞，铺设了登山步道，并对周围环境进行了整治，成为登高望远、休闲游乐的好去处。

二里半洞庙

二里半洞庙在叠翠山西侧山脚，以中兴楼、三官楼、南城门箭楼为中轴线，有骑路券洞台 1 座，上建回廊大殿，南塑立马关公，北塑倒坐观音。旧有民国陕西书坛三杰之一双山堡李棠题留“飞霞”“叠翠”二石额分嵌南、北洞门，笔意酣畅。历史上该庙曾数毁数建，现看到的为近年来复建。该庙扼南北要冲，左依叠

二里半洞庙

翠山，右揽龙泉山，前映秃尾河波光，后枕天渠涧溪流，绿柳荫蔽，町畦如画，有高家堡南大门之誉。

石峁博物馆

石峁博物馆位于石峁遗址以西，高家堡古镇以南叠翠山脚下。包括博物馆、遗址管理中心、考古研究中心三大功能。外形以石峁遗址石砌城墙为原型，造型别致，以保护、研究、展示利

石峁博物馆

用石峁遗址为目的，结合本地自然条件和当地传统建筑形制，在保护文物本体的同时注重保护周边环境，从整体上烘托石峁遗址特殊的历史价值和文化价值，是展示石峁遗址厚重历史文化价值，宣传神木市丰富文化旅游资源，彰显中华文明源远流长、灿烂辉煌，坚定中华民族文化自信的重要平台。

叠翠园

初听这名字，古韵盎然，但实际它是一家酒店。在美景遍地，胜迹不断的高家堡，叠翠园以仿古的四合院建筑，静谧优雅

叠翠园

的环境与拥有厚重历史感的古镇相呼应，为我们在热闹之余增添了一个静心的好去处。叠翠园酒店位于石峁古城脚下，高家堡古镇东侧，总面积5000平方米，主要由接待大厅、会议室、宴会厅、客房、东西厢房等组成，酒店采用陕北传统两进四合院和一层地下停车库模式，所有建筑均为仿古框架结构。置身其中，有一种超然世外的宁静，确是高家堡的旅游休闲之所。

玄路塔荷塘

“接天莲叶无穷碧，映日荷花别样红。”这样的景致在印象中的陕北实不多见。高家堡镇古城往北3公里的玄路塔村有一片荷塘，原为当地人养鱼的所在，后

高家堡玄路塔荷花塘

高家堡玄路塔荷花塘

来废弃了，便成了人们自由往来的好去处。夏日的池塘，竞相初绽的荷花亭亭玉立，随风摇曳，碧绿的荷叶铺满水面，在蓝天白云的映衬下尤为美丽，微风吹过，阵阵荷花清香随风而来，让人心旷神怡，如游画中。

古今滩沼泽

秃尾河古今滩村段，自古便是水韵十足、景色宜人的宝地。这一段河道宽阔而平缓，水流缓慢而温柔，仿佛是大自然赐予这片土地的一份宁静与和煦。河水清澈透明，犹如一块镶嵌在大

古今滩沼泽

地上的碧玉，闪烁着温润的光芒。河滩上沙质细腻，脚踩上去软绵绵的，让人忍不住想要脱下鞋袜，尽情享受这份亲近自然的乐趣。河道两旁，茂密的苇草丛生，随风摇曳，仿佛在诉说着千年的故事。这些苇草不仅是河流生态系统的重要组成部分，还为众多野生动物提供了栖息和繁衍的场所。植被优良，绿意盎然，与清澈的河水交相辉映，构成了一幅美丽的生态画卷。

团团沟古树群

喇嘛沟村团团沟小组白龙庙与圣母庙的周围山崖之上侧柏尤多，虬枝盘曲，蓊蓊郁郁。树龄以 250 年和 400 年左右的居多，

团团沟古树群

树高 5—15 米，冠幅一般 10 米左右，胸径粗细不等。最老的一株树龄达 1500 年，一主干五侧枝，树高 9.1 米，冠幅 12.3 米，胸径 1.44 米。古树群达到保护级别的古侧柏有 44 株，其中白龙庙周围 40 株，圣母庙周围 4 株。实施一级保护的 5 株，二级保护的 30 株。

金刚沟遗址

喇嘛河村金刚沟小组有明长城暗门遗址、烽火墩台、民国时期高氏家族避匪石窟。避匪石窟又称高家窨子，位于喇嘛河村南，秃尾河东岸的山崖之上。山巅有一座明长城石砌墩台，

金刚沟遗址

金刚沟遗址

墩台之下的半崖处有一座石砌敌楼。楼门有南、北门洞，北门洞门额石匾阴刻楷书“永固”两个大字和“流芳百世”四个小字，并有“前清神木县邑庠生高运兴，前清神木县邑庠生、民国乡议事会议员高振翻经理”的题字。入楼内，有石水窖、瞭望孔，并有进入石窟的梯道，上有6间石凿窟室，可容纳百余人。室内石刻记载:“自民国年间土匪往来非常，蹂躏居民无地安身，合户人等奋然自起，于民国七年二月兴，于九年十月告成，每家每户摊银八两五钱，今将姓名、人口数目录于自己窟内，以作后世子孙之证。”

五峰塔

五峰塔

乔岔滩村东山山巅有庙宇、宝塔，山北坡建有登山步道。五峰塔八角七层，建于 2011 年。

人立石

人立石

又名望夫石，位于刘家畔村南公路东侧山崖上，独立岩石，高约 5 米，状如怀抱婴儿之妇女。

奇文石

在虎头峁村秃尾河东岸，石崖生成奇文，天然工致，或如云，或如车，或如横桥，或如长梯，或如龙凤龟蛇，或如古柏老松，或如楼阁宫殿。

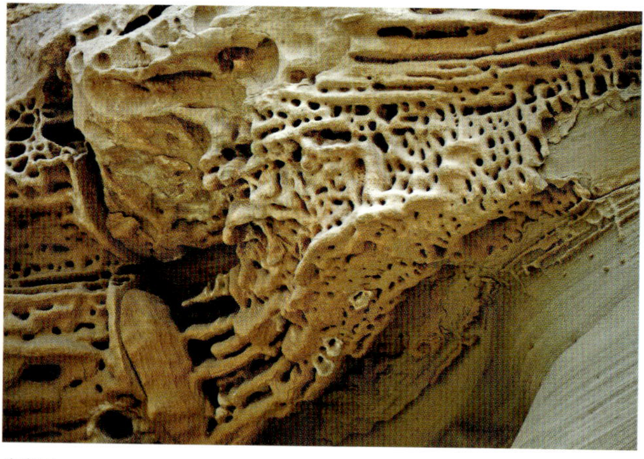

奇文石

奇文石

高家堡庙会

加多宝
怕上火 更多人喝加多宝

灯火里的集与会

集市

高家堡地处榆林、神木、佳县三县交界地，历史上长期作为长城内外物资交流枢纽，商贸繁荣，辐射四乡八里。高家堡早在明代已有集市，且集市的名气与规模较大。据清道光《神木县志》记载，高家堡集市当时是每月阴历逢三、七日开市，月开市六次。集市当天，城内各家店铺早早开门迎客，小商小贩则沿街忙着摆摊设点。乡间道路上穿戴齐整的赶集村民络绎不绝，肩挑背负、驱车赶驴，带上自产的农畜产品向堡城进发。集市上熙

高家堡集会

熙攘攘、摩肩接踵，一直持续至傍晚，由此产生了“高家堡不点灯，赶集的不起身”的说法，足见当时集市的火热。

20 世纪 90 年代以后，物流便捷，农村常住人口减少，集市贸易逐渐衰落，城内店铺大都歇业，城外公路两侧商业渐起，集市从城内转移到了城外公路两侧。

庙会

处在长城地带的高家堡，历史上天灾频发，环境恶劣，边民渴望神明的护佑，故历代军民广建庙宇，祈祷健康平安、农岁丰稔。由此庙会逐渐兴起，成为当地乡民重要的节庆娱乐之日。较为隆重的庙会有兴武山庙会、叠翠山庙会及高家堡城隍爷出府仪式。

兴武山主祀真武大帝，阴历正月初八日为香烟会，三月十八日、四月初八日、六月十九日为唱戏庙会。会场旌旗飘扬，香烟缭绕，鼓乐喧天。信众摩肩接踵，祈福旅游。

叠翠山主祀送子娘娘，阴历三月初三日、三月十八日至二十日为香烟会，求儿乞女的信众燃烛烧香、摆贡设祭、抽签卜卦、许愿还愿，热闹非常。

高家堡庙会

城隍爷出府仪式每年举行四次，分别在阴历正月十五日、清明节、七月十五日和十月初一日。仪式盛大隆重，旗、伞、扇、兵器等仪仗齐全，游行队伍抬着城隍爷偶像的大轿，推着上面站立着地方大爷张广才偶像的独轮车，响吹细打，鸣锣开道，沿街巡行，观者如云。城隍爷出巡之日，全城断屠，屠户们争先恐后为城隍爷抬轿。阴历五月十一日为城隍爷生日，城隍庙张灯结彩，俎豆并陈，唱戏三天，东街戏楼下戏迷云集，熙熙攘攘。

夜游高家堡

传承的记忆，非遗

高家堡历史上地处边塞，民族交流融合频繁，民间艺术根源于黄土高原农耕文化，吸纳了游牧文化元素，深受周边区域的影响，可以说博采众长，独具特色。现存的非物质文化遗产主要为民间艺术，品类丰富。非物质文化遗产项目众多，有神话传说、酒曲说唱等口头文学，也有秧歌灯会、唢呐曲艺等民间文艺活动，还有剪纸绘画、刺绣编织、面花手工等工艺美术。

民间故事

在信息不发达的时代，人们获取信息的渠道较少，听上代老人“说古朝”“讲故事”成为陕北民众获取信息的重要渠道。听传奇故事、才子佳人故事、生活故事，人们在潜移默化中理解了人与人的关系，逐步认识了“混沌世界”。富有本地特色的民间故事有《城隍庙的传说》《中兴楼建造的故事》《水推西寺洼大桥》

高家堡南门城楼夜景

《石峁女王》《欢喜梁的传说》《铜锣哥》《狐狸精》《三女婿》等，故事闪耀着生活智慧、生活情趣，呈现出人生百态、世事沧桑。

秧歌

秧歌是陕北民间艺术的重要组成部分，很具地方特色，每逢重大节庆，秧歌便是主要的庆祝方式。新中国成立前高家堡有学校、商号和部队的秧歌队，新中国成立后有学校、生产队、铁业社、木业社等单位的秧歌队。表演形式有扭秧歌、溜旱船、耍狮子、舞龙灯、骑竹马、担花篮、踩高跷、大头娃娃戏柳翠、

秧歌

秧歌

张公背张婆、蛮公逗蛮婆。大的村庄也有自己的秧歌队。秧歌拜年首先是谒庙、敬神，祈祷一年风调雨顺，五谷丰登，然后到各家各户拜年。

本地秧歌的主要特点是“扭”，故称“扭秧歌”。镇村都有秧歌队，谒庙敬神、拜年互访时，锣鼓乐器伴奏，男女老幼参与，步调整齐、彩绸飞舞、锦扇翻腾、随歌伴唱。表演者少则数十人，多则近百人，似军队阔步前行，有排山倒海之势，伴醉人天籁之音，发激越大地之威。跑旱船、耍狮子、舞龙灯、骑竹马、

秧歌

担花篮、蛮公逗蛮婆等表演形式，动作丰富、豪迈粗犷、诙谐幽默、潇洒大方。特别是抗战期间迁入高家堡的河北顺德府商民，引进了河北大秧歌，武术色彩浓郁，高跷队员的空翻特技，活灵活现的龙灯舞狮，都深受群众喜爱。

唢呐

唢呐是陕北人民生活中十分常见的艺术形式，无论城镇还是乡下，凡遇婚丧嫁娶、开张庆典、乔迁新居、闹秧歌、合龙口、过满月、过周年、办庙会及各种庆祝活动都需要雇一两班乐队来吹奏助兴，辟邪趋吉，称之为“动响器”。民间有“千年琵琶，万年筝，一把二胡拉一生，唢呐一响全剧终。初闻不识唢呐音，再听已是棺中人。黄泉路上人消沉，望乡台上忆前尘。孟婆一汤忘今生，奈何桥上度残魂，来生再做华夏人”的顺口溜。

唢呐班一般由五人组成，两人执唢呐（一个是上手，称为主吹；一个是下手，配合主吹），其余三人一敲鼓，一拍镲，一打锣。唢呐长度一般为二尺五寸，杆用柏木制成，青铜碗作头，音

唢呐

色高亢苍凉，粗犷浑厚，具有撼天动地的艺术表现力。场院里，铜号低回三声，牛皮鼓“噗啰啰”打起，小镲和音而至，唢呐随即登场。吹奏者浑身用力，唢呐碗头依节奏俯仰摇摆，指头错落有致地滑动翻飞，腮帮子随口腔气流时而鼓起，时而深陷。欢快时清脆激越、悠扬悦耳，悲伤时哀怨凄凉、如泣如诉。本地唢呐曲牌丰富，风格各异，有欢快的《大摆队》《得胜回营》《拜场》《红旗旗》，有悲伤的《苦相思》《小寡妇上坟》《撒白银》《苦伶仃》，吹鼓手根据不同场合选择合适的曲牌。陕北唢呐技艺已进入国家非物质文化遗产名录，新民歌、流行歌曲也不断纳入其中，乐器引进笙、琴、小号等，乐队班子人员配置日趋增多，为陕北唢呐传承发展注入活力。唢呐艺人日渐受人敬重，吹鼓手登堂入室，参加艺术节。唢呐，可谓吹过明时的烟雨、清时的明月，吹透年轮的悲欢离合。

说书

陕北说书最适宜在田间地头、庭院炕头上演出，听众少则几人，多则百人。说书艺人一般为一人，怀抱三弦或琵琶，脚绑竹板，手弹三弦脚打板，边说边唱，唱词通俗流畅，有浓郁地方特色，曲调可任由艺人发挥。陕北自古为苦寒之地，人们在干旱贫瘠的土地上靠天吃饭，宣泄意识与生俱来。漫天飞舞的黄土，蜿蜒纵横的沟壑根植了莫名的苍凉与悲壮。陕北说书起先由盲艺人游走四方编排演唱，后大量吸收民歌、道情、眉户、碗碗

说书

腔、秦腔等曲调元素，形式上也由“一人坐唱”逐渐发展为“一人站唱，多人伴唱”。乐器除三弦、琵琶外，还增加了二胡、板胡、笛子、扬琴、锣鼓等，内容多为神话故事、历史演义、民间传说、公案传奇、忠臣孝子、男女爱情、农民起义，唱词通俗流畅、曲调丰富、风格粗犷，素有“九腔十八调”之称。红白喜事、暖房乔迁、请神酬神、满月祝寿都少不了请来说唱一番，热闹助兴。三弦一响，脚腿竹板一打，街头巷尾或农家院落迅速挤满听众。开场白“书帽”，精练押韵、引人入胜；正本委婉动听、荡气回肠；结尾“落板诗”，评古论今、教化世人。说到兴头时，说书人眉飞色舞，神采飞扬；听众如醉如痴，兴高采烈。20 世纪

80 年代，高家堡知名说书艺人有刘海鸣、屈玉忠、刘林林等。随着时代发展，说书艺术与时俱进，增加了爱党爱国、倡导文明新风等内容。

面人

捏面人、面动物最初是为供奉神灵，祈求神灵保平安、保丰收。每年阴历七月十五前，家家户户都要捏面人，妇女们利用案板、碗、刀锥、剪刀、梳子、竹筷、火柴棍等工具，经过醒面、揉面、捏制、蒸制、烘干几个环节，创造出取材内容广泛、形象夸张传神、色彩妆红点绿、寓意吉祥快乐，既酥香可口又美观好玩的面人。烘干的面人是馈赠家人的美食和小礼物，也是庆祝丰收的象征。

剪纸

逢年过节抑或新婚喜庆，人们把美丽鲜艳、大红大绿的剪纸贴在雪白的墙上或门窗和灯笼上，作为喜庆的装饰。剪纸内容丰富，题材广泛，刀味纸感中渗透着剪纸人对生活仔细入微的观察，对美好生活的向往和理解。

高家堡古城

高家堡远眺

高家堡的味道

挂面

明代小麦种植技术便已传入高家堡，高家堡成为传统的产麦区，为挂面加工技术落地生根创造了条件。秃尾河南北贯通，势如走廊，自然通风条件尤利于挂面晾晒。南风吹时，风力常大小适中，空气潮润，日照充足，挂面慢干，风干后细长而又耐煮；北风干燥，对挂面品质稍有影响，风干挂面既不耐煮又易断。高家堡日常饮用之水或取自地下，或取自永利河，为挂面制作提供了优质的水源。另外挂面加工虽非复杂工艺，然长期积累的经验以及制作流程，均与产品品质息息相关。

挂面

高家堡挂面在神木市享有盛誉，制作技术应是从佳县沿秃尾河商道传来，后来改良为半机器半人工制作。简易包装凸显朴实，入水出锅则汤清水利，进口咀嚼时滑润爽口，细品筋道十足，食后香味不绝，尤其配以羊肉、土豆、豆腐等熬制的臊子，辅以少许红葱，口味甚好，堪称美食。新中国成立前，高家堡手工挂面即有声誉，以白面为原料，配以食盐，经过多道工序，由粗到细逐步拉制，自然通风晾晒而成。新中国成立后，公社、粮站和高家堡生产大队都曾陆续创办挂面加工点，工艺才广为流传。挂面既有“快餐”特色，又为传统馈赠佳品。20 世纪 80 年代，挂面产业发展迅速，年可销售数万斤，外地也有挂高家堡挂面品牌的商家。

小米

谷子古称稷、粟，具有耐旱、耐瘠、耐贮存、营养价值高等特性，去皮后为小米，俗称谷米。

古时野生黍和粟因其极强的抗逆性以及短生育期的优势，为

小米丰收

石峁先民首选栽培作物，也是石峁聚落原始农业的基本作物。

高家堡镇特殊的地理环境，孕育出陕北小米中的精品。特别是石峁这块中华文明的起源之地，除红葱外，所产小米亦久负盛名，俗称“香谷米”。据清道光《神木县志》记载：“边地苦寒，沙石硗瘠，他处奇珍异产，繁此独无，惟寻常谷蔬，及飞潜动植之习见者，尚可类举。”“惟境内水田无几，仅有十分之一二堪种夏禾，余则均种秋苗，糜谷为重，杂粮次之。”

石峁土质优良，光热资源充足，昼夜温差大，养分积累多，故为谷子适生区。石峁小米色泽金黄、颗粒浑圆、晶莹明亮、黏糯芳香，其蛋白质含量达13%，还富含多种维生素，特别是富含人体既不能合成又不可缺少的赖氨酸和蛋氨酸。小米可蒸、可煮，熬成粥，黄香柔滑、黏性强，喝之满口泛香、回味悠长、滋阴补虚，民间有“养人”之说，亦有“代参汤”之美誉，是老幼、产妇有益的美食，亦为赠送亲朋好友之佳品。

大米

秃尾河流经高家堡镇，全长42公里，两岸5万亩良田地势平坦、土壤肥沃、水源充足、灌溉便利，种植水稻具有得天独厚的自然资源优势。早在新中国成立前，高家堡镇沿河村庄就有栽种水稻的历史，尤其是古今滩、高家堡、乔岔滩、刘家畔等村，种植面积广，稻米产量高，使高家堡成为有名的稻米之乡，“塞北蓬瀛”“小江南”的美名由此而来。

稻田

近年来，高家堡水稻再度创新。一方面，积极探索稻蟹种养立体农业种植模式，逐渐形成以蟹促稻、以稻养蟹、稳粮增效、质量安全、生态环保的现代农业产业发展格局。另一方面，在种植上增施有机硒肥，品种上选用优质品种，加工上引进国际先进设备。其中“硒”是人体必需的微量元素之一，具有抗氧化、抗衰老、保护修复细胞、提高人体免疫力、解毒排毒、抗污染、防癌、保护心脑血管等作用。高家堡的“富硒大米”以其品质优良、营养丰富、香甜可口、回味无穷，再现高家堡“塞上江南、鱼米之乡”之特点。

粉皮

粉皮是高家堡家喻户晓的美食。制作时将搅匀的淀粉倒入沸水锅中，迅速搅动至晶莹透亮、洁白温润时，倒在宽大案板上用刮板轻刮成薄层，冷却后卷切装盘，冰清玉糯的粉皮堆叠成山，在其上撒上黄瓜丝、胡萝卜丝和面筋装点，再泼上酸辣辛香的秘制浇头，美味的清香便毫不吝啬地在空气中袅袅升起，勾起人的食欲。粉皮晶莹剔透，可口爽心，清热解毒，四季兼宜，既是宴席常见菜肴，也是集市日常小吃。

粉皮

馇酥月饼

馇酥月饼

高家堡的土炉月饼，亦名馇酥月饼，外表酥黄内心柔软，干焦的炉火把能量传递给月饼，咬一口酥脆清香回味绵长。其与中秋节的硬壳月饼不大相同，亦不在中秋节上市。其直径为 15 厘米，似体形偏大的点心或炉馍。其主要用料为面粉、油、红糖、砂糖，用料中的油和糖比例偏高，故在馍铺产品中成本最高，售价较其他品种亦高，被顾客视为高端食品。随着高家堡石峁遗址旅游的火热，馇酥月饼也为外地游客所喜爱。

红葱

高家堡镇位于陕北黄土高原腹地，梁峁土层深厚，土质肥沃，干旱少雨，光照充足，适合红葱生长，镇域内石峁村雷家墕组及周边村组为红葱主要种植区。所种红葱类属“楼子葱”，是葱的一个变种，植株直立，耐寒、耐旱、耐盐，靠分株移栽。红葱茎秆粗壮，肉质细嫩，含丰富的矿物质、糖类、维生素等，

红葱

味道辛辣，民间有“切根葱，泪两行，歇一歇，眼难张”之说，为当地烹饪不可或缺的调味品。炖羊肉、炒菜、制作饺子馅时加入葱花，去腥增味，香气随油花漂溅而迅速弥漫，十分诱人。

红葱既为菜肴佳品，更为养生良药，其性味辛温，入肺、胃经具有通阳、解毒之功效。葱入药用，最早可追溯到春秋战国时期，如庄子曰:“春月饮酒茹葱，以通五脏。”古医书《医林纂要》中亦有记载:“葱生用则外行，泡汤则表散，熟之则守中。”红葱中的气味物质，如甲基硫化物、硫醇、硫醚和少量柠檬酸、苹果酸等，有保护消化道黏膜、缓泻和驱虫等功效。红葱鳞茎中的大蒜辣素具有杀菌作用，对结核、痢疾、白喉及外伤感染均有一定疗效。红葱的鳞茎和叶中含有前列腺素 A，经常食用对高血压、高血脂和心脑血管病人都有保健作用。红葱中含丰富的维生素，包括维生素 C、维生素 B1、维生素 B2、维生素 A 等，有增强人体抵抗力的功效。红葱的鳞茎和叶中含有多种氨基酸及微量元素，对促进骨折的愈合，防治贫血，改善心血管功能等都有良好的效果。此外，红葱中还有多糖、脂肪酸、胡萝卜素等多种物质，可有效降低血液中胆固醇含量。近年来高家堡红葱种植近千亩，在神木较为有名，引得大家争相购买。

炖羊肉

黄土高坡，沟壑纵横，空气清冽，牧草繁茂。羊子爬沟过坎，体格健壮，又食小蒜、沙葱、野韭菜、地椒等野生调味品，故其肉质鲜美，肥瘦相间，“自带调料”无膻味。炖肉时剁成大块，连骨带肉洗净放入铁锅，水热后撇去浮沫，加入花椒、地椒、姜片、辣椒、红葱、食盐等，文火慢炖至烂熟，再放入香菜、大蒜提味。有时为了收汁，加入葱花、老陈醋回锅干煸。起锅后浓香四溢，肉酥汤鲜。再配上一锅用白菜、粉条、豆腐加羊肉汤炖制的烩菜，荤素搭配，大快朵颐。

炖羊肉

羊杂碎

当地肥羊，不腥不膻。将羊的心、肝、肺、肠等杂碎用清炖煮，待快熟时下花椒、辣椒、红葱等调料，添入羊血块、羊骨汤，再以生羊油炝辣椒面提味，烹制成四季皆宜、生津暖胃的特色小吃。煮好的“羊杂碎”汤色红亮、麻辣鲜香，食用时依口味佐以香菜、葱花。根据不同食用习惯，加入土豆条、豆腐条的称为“豆腐杂碎”，加入细粉条、炸土豆丝的称为“粉杂碎”，加入面条的称为“面杂碎”。百厨百味，老少咸宜。

羊杂碎

卤肉

制作卤肉食材需选用猪的头、蹄、肝、肠，先用火箸燎烫、浮石擦洗，将食材处理干净后，入锅加入多种香料卤煮。待卤肉快熟时，用刀将食材切剥，回锅再煮片刻，以便入味。出锅时卤肉色泽光亮、肉糯不腻。将卤肉切碎拌入蒜粒、青椒粒爆炒，或直接用醋熘夹入干烙饼，称为“卤肉夹干烙”，是本地类似“肉夹馍”的特色小吃。“小雪卧羊，大雪杀猪”，冬至日前夜，农

卤肉

家将猪的头、蹄等物下锅卤煮，俗称“熬冬”，煮物热气腾腾，卤香扑鼻，配着陕北的暖窑热炕，阖家团聚，堪称人间美事。

烩酸菜

腌酸白菜是家家户户冬春必备的食材，猪肉烩酸菜是风味独特的烩菜菜式。大块五花肉经过翻炒，依次放入土豆块、酸菜、粉条、豆腐，烩至汤汁收干。刚出锅的烩菜十分诱人，猪肉香而不腻，酸菜爽脆，土豆绵软，粉条滑润，诸味谐和。食材丰富，经济划算，充饥解馋，醇厚实在。

烩酸菜

浑酒

浑酒即陕北米酒，又称黄酒或稠酒。各地皆有，本地尤盛。

浑酒

隆冬时节，将新碾的软糜子淘洗干净，煮熟捞出，加入玉米芽或酒曲，密封于瓷坛，再置于热炕头发酵即成。春节之前，家家户户酿好浑酒，随时煮沸，或自饮或待客，故有“滚滚的米酒捧给亲人喝”之说。浑酒口感细腻，甘醇香郁，消食化积，祛寒活血。

高家堡古镇

坐看云起时

高家堡古城依山傍水，环境优美，建筑别致，人文荟萃。早在清代，文人雅士便以八景概括当地人文与自然景观。清代道光年间的《神木县志》记载的“丰州八景”即为高家堡八景。分别为：兴武横云，幽陵积雪，石洞风清，巉岩烟淡，平沙落雁，尾水浮鱼，南堤春柳，西峪秋葭。民间有另外一种说法：千洞万佛，兴武晨钟，飞霞叠翠，西寺凌云，平沙落雁，长城吊古，秃尾关渡，龙泉渴饮。两种说法较为相近。另外“神龟负城，古堡如砚”也是高家堡典型的景观。

兴武横云（兴武晨钟）

兴武山在高家堡古城东南方，山势险峻，峭壁千仞。山顶建有无量殿，因此又有无量山之称。近山顶处建有娘娘庙，庙前石柱旁悬挂一口重约 500 斤的铸铁巨钟。过去，住庙僧人遵循“晨昏三叩首，早晚一炉香”的庙规，每日清晨撞钟祭神，山高钟大，钟声传 10 里，百姓闻声起。道光《神木县志》记载，“在县西高家堡南里许，峭壁千寻，势极险峻”。兴武山高，每逢雨后，横云飞渡，云雾缭绕，堪称仙境，因此成为高家堡八景之一。

幽陵积雪

贞观四年（630），高家堡古城东侧山峁之上置幽陵都督府统辖边疆胡人，乾元元年（758），又以和亲之策柔服少数民族，肃宗恩允幼女宁国公主下嫁回纥可汗磨延啜，封其为英武威远毗伽阙可汗，于镇东石峁为其敕建英宁府。因此，现在石峁遗址的位置唐时也叫幽陵。幽陵积雪描写的是石峁遗址雪景，莽莽山原，幽幽古城。石峁冬景，白雪皑皑，疾风刺骨，朔气扑面，朝阳初升，红装素裹，4000 载风霜雨雪，多少兴盛繁华。

兴武山

如来如愿

石洞风清（千洞万佛）

在兴武山北侧土王山，依山开凿有两处石窟庙宇，有千佛洞和万佛洞，依山凿窟，佛教圣地。山风徐来，清凉世界。正中金身佛祖，熠熠生辉，四壁排排佛像，栩栩如生。窟顶藻井，珍禽异兽，艺术极品，巧夺天工。石窟历经沧桑，旧貌犹存。

巉岩烟淡（飞霞叠翠）

道光《神木县志》记载，“叠翠山在县西兴武山西南，石蹬玲珑，山色苍翠，山半有高石崖，中一石洞，开户牖数处，近观尾水，远望边垣，亦佳境也”。叠翠山势险要，巍然耸立，遥对隔河西山。每当红日西坠，晚霞映照，观景消闲，心旷神怡。

平沙落雁

秃尾河西北5里许，有村雁梁，背山面水，河面宽敞，河滩流沙平整，村内花果连片，山林郁郁葱葱，风景十分幽雅。每年春季，大雁成群结队，安家落户，或并肩入水潜游，或比翼长空飞翔，或飞落沙滩小憩，跳跃追逐，饮水解渴，其乐融融。

西寺凌云（龙泉渴饮）

高家堡西侧的龙泉山，悬崖陡峭，上有寺庙，高耸入云，时常云雾缭绕。据传，康熙皇帝西征时，曾在龙泉寺脚下饮水，泉水甘洌，令人神清气爽，是为“龙泉渴饮”。

尾水浮鱼（秃尾关渡）

秃尾河纵贯南北，奔流不息，沿途多条溪流注入，水势更加蓬勃，河水跌宕，浩浩汤汤。两岸村民春种秋收，养鱼栽稻，渡口来往，你呼我应，虽无大船小舟，却也生机盎然。

西峪秋葭

西峪即虎峪，俗称老虎沟。道光《神木县志》记载，“在县西高家堡西五里，四围黄沙，突出山石一块，左右围以清泉，形同虎踞”。沟内林草繁茂，清泉潺潺，秋天百果成熟，层林尽染，芦苇丛生，晴空雁翔，秋意渐浓，天高气爽。

南堤春柳

南郊春来，风和景明，良田沃野，田畦如画，柳长莺飞，塞

高家堡古镇南大街

上江南。月明星稀，微风拂柳，尾水微澜，渠水潺潺。

长城吊古

边墙旧址，烽火遗迹。攀登墩台，极目远眺，但见草原辽远，高原壮阔，想当年金戈铁马，狼烟四起，看如今阡陌纵横，炊烟袅袅。登台吊古，追忆往昔，浮想联翩，思绪万千。

三台界长城

神龟负城

从龙泉寺俯瞰高家堡，秃尾河与永利河交汇的冲积地似一只硕大的神龟。古城呈矩形，如同一方巨大的砚台。龟背上驮负方正古城，东南城墙角上耸立的魁星楼如同一支毛笔，城墙北的小城如同一锭墨，城郊田畴如纸。笔墨纸砚，文房四宝俱矣。

高家堡西大街

大的中国共产党万岁
书籍是人类思想的宝
毛主席万岁
原西县民政局

古堡新境，不一样的韵味

高家堡古镇沧桑古朴的街区，风貌独特的建筑，斑驳的时光印痕，唤起人们美好的记忆和怀旧情感，既是观光体验的旅游胜地，也是摄影爱好者和影视拍摄的重要选景地。

2011 年冬季，电视剧《温州一家人》首次在古镇南街选景拍摄。剧中男主角周万顺到陕北开油井，县城的取景地就在高家堡，那条卖着羊杂碎肉夹馍、人来人往热气腾腾的老街，就是高

剧照

家堡中央大街。

2014 年夏季，电视剧《平凡的世界》将古镇作为“黄原县城”的外景地，西大街的很多建筑直接用于剧中，并有原西县革委会、车站、国营食堂、贸易经理部、东风照相馆等重要布景。今天走进高家堡古镇，我们依然可以在城西寻到它们的身影。

2014 年秋冬，神木县文联和摄影家协会组织了“石峁——远古文明的呼唤”主题摄影活动。镇内多元的地貌、丰富的古迹、多姿的风情，均是重要的取景拍摄资源。

2015 年，由北京非马文化传媒有限公司出品的六集陕北民歌史诗纪录片《声命》在高家堡取景拍摄。

2018 年，由邵亚峰执导的电影《狭路相逢》在高家堡古镇石峁遗址取景拍摄。

2018 年 7 月 24 日，由最高人民法院新闻传媒总社出品的电影《以法之名》摄制组走进高家堡古镇进行了为期一周的实地取景拍摄，并在古镇南门广场举行了开机仪式。

2018 年 9 月，《中国影像方志》栏目组到神木市高家堡古镇进行取景拍摄，以高家堡古镇的历史文化为创作主旨，深层次解

剧照

读当地传统文化根脉，展现文化特色、自然资源等独特魅力，用影像记录小镇社会发展、经济建设、生态文明等方面取得的成就，展示丰富多彩的地域文化。

2019 年 5 月 11 日至 5 月 26 日，著名导演费振祥执导的电视剧《鬼吹灯之龙岭迷窟》在高家堡古镇取景拍摄。剧中潘粤明、姜超去的陕北小县城，胡八一、王凯旋和张金牙跟盗墓团伙间那段激烈武斗穿行的街道院落，他们居住的小旅馆，胡八一遇到陈瞎子的那条岁月感极强的老街，都在高家堡。

2019 年 7 月，电影《三弦战士韩起祥》在高家堡取景拍摄。

2019 年 8 月 10 日，由国家广电总局推荐的“庆祝新中国成立 70 周年”重点电视剧项目，军事情报题材电视剧《信仰》在高家堡古镇开机拍摄。

2019 年 8 月，专题片《歌唱祖国一座城、一首歌》在高家堡取景拍摄。

2019 年 9 月 24 日，央视《乡村大舞台》栏目组在高家堡南大街录制“文化大集”内容。

2020 年 11 月，国内首部反映横山革命历史的红色爱国主义教育题材电影《横山游击队》在神木高家堡古镇取景拍摄。

2020 年 11 月，革命题材电视剧《啊！摇篮》在高家堡取景拍摄。电视剧中延安城里那条青砖黛瓦、木棚相接、布牌迎风招展的大街，也在高家堡。

高家堡

党
能救中国！
好计划生育促

故事里的故事

到口酥

康熙三十六年（1697），玄烨帝西巡至神木高家堡一带。一天，他离开护卫队，带着三德子和法印走村串巷，微服私访。由于人生地不熟，他们在一片荒无人烟的野地行走了好几个时辰，前不挨村，后不着店，水米没打牙，饥饿难忍，筋疲力尽，实在走不动了。这时他想，只要有点吃的东西，不管什么只要能充饥就好，于是乎命三德子和法印为他漫山遍野寻找食物。时值当地遭遇旱灾，千里赤地，根本找不到能入口的东西。正当三德子和法印束手无策之际，忽然发现山坡上有两个人影，于是就气喘吁吁地爬上去，发现是一对老年夫妇在刨地。这时他们已经顾不得皇家侍卫和大内总管的脸面，收敛起平日的威严，客气地向老夫妇打躬施礼道：“老人家，有吃的吗？我家主人饿得实在走不动了！”老头子沉默不语，老婆婆开言道：“现在是灾荒年头，度日艰难，能有什么吃的。我们只有去年储存下来的两个豆腐渣窝窝头，已经陈了还舍不得吃，等到实在饿得不行了再用。”三德子连忙说：“能不能高价卖给我们，多少钱都行。”老婆婆回说：“这不是钱多少的问题，它是我们的救命食物，给了你们我俩饿了吃

高家堡风俗——火判官

什么？”三德子好说歹说两位老人就是不给。这时法印已经把康熙皇帝搀扶到两位老人面前，三德子在毫无办法的情况下只好摊牌亮相说：“我们是皇帝的随从，这就是当今康熙皇帝，微服私访到此，难道人王地主到了你们这穷乡僻壤，眼看快要饿死了，你们还不肯搭救吗？”老头子这时说话了：“那就更不能给你们了！贵为天子、富有四海的九五之尊，如果食用了发霉的东西，吃着不好或者吃出个三长两短，龙颜大怒，我们岂不是杀头的死罪！”康熙皇帝听到老人的话觉得不无道理，就强打精神说：“你们深明大义，若能助朕摆脱困境，一定重赏，不管吃了有什么后果或者你们以后犯了什么罪一律免究。”

老人毕竟见多识广，见此人气宇轩昂，谈吐不凡，虽然饿得疲惫不堪也难隐他尊贵的帝王之相，就携老伴跪拜在地，将豆腐渣窝窝头双手奉献给康熙帝。平时琼浆玉液、山珍海味吃惯了的康熙皇帝这时已到了饥不择食的地步，就迫不及待地将窝窝头拿到手上狼吞虎咽吃起来，一副饿虎得食的狼狈形象，哪还顾及帝王的尊贵颜面，边吃边说“好吃，好吃”。吃完后觉得浑身又有了气力，便问二位老人这是什么东西，老人实言相告。康熙说：“如此好的食品哪能叫豆腐渣窝窝头，应该叫‘到口酥’才是。”三德子和法印向二位老人致谢后，留下一锭银子，二位老人固辞不受，康熙严命其收下度日。二位老人从此逢人便称颂康熙帝的皇恩浩荡，“到口酥”的故事也就流传开了。

康熙回宫后，命御厨照二位老人讲述的方法制作“到口酥”，屡做不像，也不好吃。于是，他悟出一个道理：人在饥饿时能入口的东西都好吃，这就是“饥不择食”！“给饱人吃百口，不如给饿人吃一口”也是这个道理。人生在福中，吃蜜也不香甜……

凉水井村

如果在炎热的夏天，锄禾日当午的人，突然听到“凉水井”这几个字，一定会产生一种特殊感觉，那就如同“望梅止渴”的效应。凉水井村这个名字，确实也给神木市西南边角地带的乔岔滩乡带来了一定的知名度。水井的来历平凡，原本无考，可在民间倒是流传着一种说法。

传说，从前这个村叫公金村，吃水极不方便。担水要走很远的路，一天从早到晚也担不了几回。村子地近河床，周围湿地不少，可就是挖不出水来。所以，村民一代传一代，都有个固定说法，认为这是老天爷安排，公金村人吃水只能到远处担挑。

可是，有一年，村里有个年轻人，他就不信在本村挖不出水来，立志要办这件对大家有利的事。于是他就一个人开始在村周围四处找水源。一天两天，好长好长时间过去了，水源还是无影无踪。于是有人就出言讥笑他了，说他“闲着没事干，硬是跑到土地庙去拜龙王，简直是不懂行道”。甚至还有人对他冷言冷语地说：“哼，异想天开，不务正业，祖祖辈辈谁也没干成的事，你却要一鸣惊人，真自不量力，荒唐！”家里人听到这么多说三道四的谗言，也劝他：“何必呢，多少年来满村子人一个也没渴死，现在你操这闲心干什么。你出力谁领情？咱们为甚要干这种出力不讨好的没主子营生?!”反正，支持者几乎没有，说风凉话、看笑话的人却实在不少。

但这个找水的年轻人倒是个怪脾气。闲话一多，他反而干得更起劲。他认定这是件对大家有利的事，只要办成，大家就都会理解他的。因此他坚定信念，矢志不移，继续寻找，不放过附近每一巴掌大小的湿地。一天又一天，一月又一月，不论红日当头，还是阴雨连绵，他总在村周围的山沟土渠里刨挖着。说来也怪，想跟他一起干的年轻人开始入伙，赞同他办这件事的人在村里也越来越多。也许是他们真的感动了上天，一天一个后生一镢头下去，转眼工夫就有一窝水冒出地面。大家高兴极了，满村人都给他们竖起了大拇指，称赞年轻人有能耐。接着大家共同筹建井口，加边加围进行护理，把它叫“凉水井”。日久天长，人们把“公金村”叫成了“公井村”，以后干脆就以井为名，改村名为凉水井村了。

铜锣哥

宋朝时期，陈州有一姓谢的老汉，是外乡人，多年前因家中遭难，带儿子谢小风逃难至此。县令瞧父子俩可怜，便让谢老汉打更，赚得虽不多好歹是铁饭碗。美中不足的是，谢家住在城郊，谢老汉必须等天亮开城门才能回家。

谢老汉一向勤勤恳恳，做更夫多年从没出过岔子。闲来无事，他还乐于帮助别人，久而久之，颇受百姓尊重。

不过谢小风对谢老汉的工作嗤之以鼻，只因一到晚上，父子俩就得分开。谢小风儿时胆小，常常吓得整宿睡不着。为此，他十分讨厌更夫，并暗下决心，自己长大绝不子承父业。

命运往往让人身不由己，这谢老汉突然得了重病，县令不得已，找到年仅 16 岁的谢小风，要他暂代父亲打更。谢小风怕得罪县令，只好拿起铜锣做了更夫。

起初，谢小风觉得新鲜，遂打起十二分精神，精准报时。几天后，新鲜劲儿过去了，困意也涌上心头。无奈宵禁后城门关闭，没法回家，他只得耷拉着脑袋，边打哈欠边敲锣。

且说这晚，谢小风刚敲完一更锣，眼皮便直打架。不禁心想，凭啥挨家挨户都睡下，只有我一人满街瞎溜达？于是乎，他决定找一个地方偷懒。

碰巧来到李货郎家巷子外，遂躺在墙角小憩。不知睡了多久，谢小风被阵阵不雅声吵醒。别看他年纪小，也懂得夫妻间的事。他暗笑道：“想不到，平日挺老实的李大哥，也有特别一面。”说罢，翻身跳过墙。

屋内亮着灯，谢小风趴到窗户下往里看，顿时臊得满脸通红，原来，李货郎正躺在妻子陈氏怀中。他本欲再看看，无奈该回去报时了，只得意犹未尽地离开。

次日清晨，谢小风伸了个懒腰，正打算回家睡觉，忽然见李家门口围了不少人，遂凑过去问怎么回事。一个邻居说李货郎死了。谢小风面色大变，心想，晚上还好好的，怎么说没就没了？

谢小风挤到人群前，见陈氏正穿着一身丧服哭得梨花带雨，问道："嫂子，大哥晚上还好好的，人怎么说没就没了？"陈氏一愣，说道："你大哥是突发恶疾，才不幸过世。"闻听此话，谢小风不禁面露哀伤，给李货郎恭恭敬敬上了炷香。

此后几天，谢小风一直郁郁寡欢，只因李货郎生前跟他关系不错，二人常常把酒言欢，眼下他人不在了，叫人一时难以接受。于是谢小风一有空便去探望陈氏，希望能尽绵薄之力，照顾好朋友的妻子。一来二去，他和陈氏也逐渐近乎起来。

这晚，谢小风如往常一样打更，临近二更天时，天空忽然雷声滚滚，紧接着大雨倾盆而下。没一会儿，谢小风便成了落汤鸡，他寻思先找地方避雨，碰巧李家大门敞开，陈氏斜倚门口道："兄弟快进来，就知道你挨浇了。"

别看谢小风跟陈氏走得近，却知道寡妇门前是非多的道理，遂想拒绝。陈氏面露不悦，道："你我皆是本分之人，怕啥，快进来。"谢小风拗不过陈氏，只得揣好铜锣进屋。

陈氏招呼谢小风先坐，自己则到厨房熬了一大锅姜汤。忙活好一阵，端着碗热腾腾姜汤走进来。谢小风天生不爱吃姜，表面喝了几口，可当陈氏一转身，他便偷偷吐回碗中。

大约过了一刻钟，陈氏问眼下什么时辰，谢小风掐算着时间说，亥时三刻。陈氏点点头，旋即用力咳了三下。

谢小风猜测陈氏应该着凉了，盛碗姜汤递给她。陈氏道："我没事，再说这汤是给你熬的，我便不喝了。"见陈氏拒绝，谢小风有些疑惑，明明她更需要姜汤，为何总要自己喝？

之后，陈氏收拾出一间厢房给谢小风休息，临走前，她又问道:“兄弟，什么时辰了?”谢小风估摸过了一刻钟，于是说子时左右。陈氏闻言，又咳三声。谢小风道:“嫂子，你问时辰难道有什么事吗?”陈氏尴尬道:“没什么事，我这人干什么都要掐算时间。”说罢，转身离开。

回到屋内，谢小风辗转难眠，心想陈氏为何如此奇怪？这时，门外传来陈氏声音，问他被子够不够暖和，顺便又问时辰。没等谢小风回话，他忽然看见院外有一人影，鬼鬼祟祟的。

谢小风面色大变，答道:“子时一刻，嫂子早点睡吧。”说罢悄悄抽出铜锣，并将窗户打开一条缝。

一刻钟后，陈氏果然又起来问时辰，好巧不巧那身影也蹲在院中。谢小风突然跳窗出去高举铜锣，边敲边喊道:“天干物燥，小心火烛，街坊四邻们醒醒啊。”

锣声震天响，没一会李家便围满了人。陈氏气鼓鼓地问谢小风这是何意，谢小风冷笑一声，一把掀开院内大缸的盖子，里面竟藏着一个人，经辨认是卖肉的秦屠夫。谢小风质问道:“这么晚，为何秦屠夫会在这儿?”

街坊四邻七嘴八舌议论开来，陈氏面子上挂不住，只好承认和秦屠夫的事，不过一口咬定是在李货郎死后，二人才好上的。

谢小风冷冷道:“那你为何要害死我?”说罢，回屋端出姜汤，又道:“我若猜得不错，这里面是蒙汗药。”这时，不知是谁找来衙役和仵作，经过验证，姜汤里果然有蒙汗药。

陈氏据理力争，狡辩说是错将蒙汗药当成了糖而已，毕竟自己没理由害谢小风。见陈氏说得有理，场面陷入尴尬，谢小风心想也是，陈氏为何要害我呢？他仔细回想李货郎死后发生的一切，恍然大悟，遂叫仵作给李货郎开棺验尸。

仵作剖开李货郎尸体，仔细检查一番，终于在他心脏中，发现一条长三四寸的小蛇。仵作解释这叫噬心蛇，一旦进入体内便会钻进心脏，让人看着像突发意外去世。

谢小风喊道："那晚，我看见李大哥在陈氏怀中，想必就是她在杀人，我在葬礼上无意说漏嘴，她以为我看见了全过程，这才要杀我灭口。"

衙役闻听此话，立马将陈氏和秦屠夫缉拿归案。经一番拷打，二人终于招供。

原来，二人早就勾搭在一起，陈氏嫌丈夫碍事便想杀他。那晚她的确在杀人，可没想到被谢小风看见了。她害怕事情暴露，这才跟谢小风套近乎，以便杀人灭口。

不过关系近有利也有弊，若谢小风贸然死了，县令一定会怀疑到她。于是她先找来谢小风，并让秦屠夫冒充他，到另一条街打更，营造谢小风活着的假象，给自己制造不在场证明。可秦屠夫哪会打更，陈氏只得在询问谢小风后，用三声咳嗽给秦屠夫报时。

按照陈氏计划，谢小风喝完姜汤就会晕倒，哪知他悄悄给吐了。可更得继续打，她只得一直询问时辰。没承想，被谢小风看出破绽。

事后，陈氏被判铡刀之刑，秦屠夫流放边疆永远不得回来。谢小风则一直代替父亲，做打更人。

狐狸精

有一年，家西刘堂村“馍馍刘”去世，家里人为发葬借家什犯了难。不料第二天黎明，院中几十张桌椅板凳摆列齐全。问邻居皆说不知，仔细一看，桌上有一张字条，上写：“顿首百拜刘公台前：前蒙舍食厚恩，今公升上界，特借与器物，以表寸心。用完送至堠堌西关呼家大楼可也。日后再用，只管头晚言明，翌日往取即可。呼俚佬叩首。”

原来，这刘老头开了一辈子馍馍坊，人送雅号“馍馍刘”。他卖的馍馍个大皮白，颇受欢迎。平日里行善积德，是个很有德行的人。堠堌镇逢五排十的大集，刘老头集集必到，坐在街口吆喝：“大白馍馍哩！”这卖馍的营生，有时全部卖完，有时也剩下一些。下集推车路过冢子，他便坐下小憩，抽袋旱烟。有几回见箩上被单微微一动，发现馍馍少了些个。这老头儿笃信神灵，心下不怒反倒暗喜，越发特意过此停留，积些善果，不想今日果能有报。

却说刘家丧葬完毕，即于当晚送还桌椅。送者至距西关尚有2里地，即见一高墙大院，灯火通明，门楼上匾题“呼家大楼”。到了门口，便有众家丁接入。辞归出来，忽一人绊倒在地，众人近前搀起，顿觉眼前漆黑。回首望时，楼舍已不复见。唯见满天星斗，月牙儿西坠，视之竟是冢子南面斜坡处。众人惊恐，暗知遇着了狐狸精，也不敢声张，心“怦怦”直跳，头发梢儿直竖，一步一跌回到村里。后来，刘堂和附近村的人家过事，招呼仙所嘱果能借到桌椅。

不想后来村里出了个败家子儿叫“饿迷”的，吃喝嫖赌十几岁便把家产破败得精光，气死了爹，逼嫁了娘。饿迷平时居无常所，食无饱餐，就干起那偷鸡摸狗的勾当来，或者到大集上掏包、乞食。见着呼仙义借，便生出一条诡计来。

逢集头天晚上，饿迷也到冢前烧了纸香，求借桌椅。次日黎明果见几十张桌椅摆列一旁，便吆喝同来的痞赖如数搬到集市上，洋洋自得地高声叫卖起来。人们见这么多家具油光漆亮，都是上乘物品，均知非这饿迷所有，怕购之涉嫌，尽管价格便宜，却不敢购买。

看看红日西沉，到该喂牛的时候了，忽一老翁飘然而来，近前喊道:“卖货人，这桌椅我全要了，不知售价多少？”众人翘首观望，见老翁躬身驼背，尖下巴，白胡子，着灰布长衫，背一布褡子。饿迷见来人似外乡财主模样，想早些把货脱手，遂说道:“这上好的家具，每件售银10两，念你全要，就让你一成，给450两银子就是了。”

那人也不还价，将褡子往桌上一倾，倒出一堆白花花的银子。饿迷一数，不多不少，正好450两。众人无不惊奇。饿迷正收那银子，忽起一阵旋风，直刮得飞沙走石，遮人耳目。待风过众人看时，只见家具全成了高粱秆子，那老翁已无踪影，饿迷手里捧着一些驴粪蛋而已。

自此，呼仙逢集便坐在西关外一个石砣子上叫骂，说是饿迷偷了他的家具。饿迷自闹了那场恶作剧，好生懊恼，又见呼仙叫骂，胸中更添一层仇恨。这天黎明前，饿迷趁呼仙来之前，将熬好的一碗鳔胶倒在石砣子上，远远藏起观看。一会，呼仙来到石砣前，刚一坐下觉得黏糊糊的，叫声“不好”，便赶紧抽身走了。

饿迷见此，甚觉得意。忙趋前瞧时，只见石砣子上斑斑血迹，黏着几撮狐狸毛，旁边留有一汪尿迹，臊气冲天。饿迷被这臊气一熏，顿觉头昏脑涨，眼前发黑，栽倒在地，眼中溅进了一些尿液。待他挣扎起来，已是两眼圆睁，翳肉遮瞳，成了个睁眼瞎了。

三女婿

从前，有一个叫柳太公的财主，他三个女儿都已出嫁。长女、次女都嫁了个当官的丈夫，三女嫁了一个很有文采的田夫。财主看不起三女婿，嫌他贫穷，每次摆酒宴客从来不请三女婿。

一次，财主建了一座大屋，不知哪个在厅堂的墙上书写了“爬灰老子”四个字。财主见了又气又恼，涂掉它吧，又怕弄脏了墙壁，留着它吧，又不吉利。后来财主想了一计，当着三位女儿的面，仅对长女和二女说：“新屋落成之日，叫你们的丈夫来驳通墙上四个字，续完成句。谁能对通一个字就赏银 100 两。”三个女儿回家后都将这件事告诉了自己的丈夫。田夫问妻子：“岳父大人有叫我去吗？”“没有，父亲只请二位姐夫去。”田夫心想：不请我，我也要去。

到了财主入新屋这天，宾客满堂，好不热闹。财主的大女婿、二女婿早就到了，他俩在厅堂里摆好桌椅，放上纸、笔、墨，埋头写起稿来。

后来，三女婿也来了，财主很不高兴地说："你来干什么？""我是来看热闹的。看热闹总可以吧？"财主无话可答，只好让三女婿进入厅堂。

大女婿和二女婿从早到晚在纸上写了又涂，涂了又写，仍然没有写出个结果来。这时，三女婿走到二位姐夫面前说："姐夫，我可以上去写吗？"两个姐夫听了，根本不把妹夫放在眼里，"你有本事，你就去写吧！"三女婿也不客气，搬来梯子，手执毛笔，直接在"扒灰"两字下续字成句：扒来扒去顾田庄，灰粉搪墙四面光。

续完了前两个字，三女婿就下来了。众客人看了墙上的诗句，赞不绝口："妙句，妙句！"三女婿对两位姐夫说："后两字轮到你们去续对了。"二位姐夫无言以对，羞得面红耳赤，十分尴尬。财主见了便对三女婿说："既然你有办法就对完它吧，后二句我再加赏 200 两。"三女婿听了，转过脸对二位姐夫说："姐夫，既然我代你们写，两位可要另外再各付我代笔费 100 两。"当姐夫的自知下不了台，只好答应。随即，三女婿又上梯续写了后两句：老人添福又添寿，子孙满堂万年长。客人见了，异口同声称赞："绝句！绝句！"次日，三女婿带上 800 两赏银扬长而去。

半升麻子倒江山

从前有一个人穷得上无瓦片，下无立锥之地。但此人聪明机智，颇多计。20出头，父母双亡，便带着半升麻子出去闯荡世界。

出门的第一天晚上，他住在一个农夫家里，反复叮咛主人，他身带半升麻子，千万不要被老鼠磕了。农夫有些好笑，就说，放心吧，如果真被老鼠磕了，我会赔的。

第二天起来，半升麻子真被老鼠磕了，主家给他赔什么都不要，非要磕麻子的老鼠。主家费了好大劲才把老鼠逮住，给了他。

他带着老鼠又上路了，晚上宿在一个商人家里，睡觉前反复叮咛主人，别让猫把老鼠吃掉，主人说，不要紧，猫吃了老鼠我给你赔。

第二天，老鼠果真被猫吃掉了，他就让商人赔了猫，带着猫上了路。当晚住进了客店，他又对掌柜说，别让狗吃了猫，掌柜也是前面的话，如果咬死了会给你赔的。不料他的猫果真被狗咬死了，他就要了店家的狗，拉着狗上了路，想找一户有钱的人讹一讹。

有一天，来到一户大户人家，牛羊满圈骡马成群，晚上他的狗被马踢死了，主人赔了他一匹马。

他骑着马到处闲逛。一天，在一个悬崖边遇到一群出丧的人吹吹打打迎面而来，他忽然跳下马，连打带推把马推下悬崖摔死了。他就说是出丧的人惊吓了他的马，马才摔死的，要出丧的人赔马，出丧的人问他要什么？他就说要棺材里的死人。凑巧，棺材里的死人是村里的一个孤寡老人，众人出于同情才为她出丧，见此，也乐得被他带走。

他背着死人来到一个财主家的垴畔上，把死人放在崖沿边，口称母亲有病，要财主的小姐给母亲端一碗水喝。财主的女儿端一碗水上来，一看死人不动，他就说那是睡着了，你推一下她就醒了。小姐一推，死人一骨碌，掉下崖畔去了，小姐和财主一看死了人，闯了大祸，问他怎么处理？他说一经公，二私了。经公就是官判怎样就怎样；私了就是财主出钱安葬他妈，把小姐嫁给他为妻。财主一想人命关天，女儿也未许配人家，为了息事宁人，就同意私了了。

他终于娶了婆姨，用半升麻子换到了漂亮的老婆，三十亩地一头牛，老婆娃娃热炕头，男耕女织过起了小光景。没料想他老婆长得太美了，人们都说“奔月的嫦娥出水的莲，财主的小姐天上的仙。苗条的身材俊俏的脸，洁白的皮肤毛闪的眼”。当地的官员早就想把她送给皇帝，恰巧这一年遇上皇帝选美，当地官员不管三七二十一就将他的婆姨抢走送进了京城。妻子临走时他说，三个月后我一定会来京城找你。

妻子被抢走后他就天天上山逮野鸡，半个月捉了九十九只野鸡，做了一件野鸡皮毛大衣，每天两脚平行站立，胳膊自然下垂，双眼平视前方，练成了一套“野鸡舞”。这一天他带上大衣连夜进京，赶到京城刚好100天，他对守卫皇宫的士兵说他是新选贵妃的娘家哥哥，受父母之托前来看望娘娘，卫兵就放他进了皇宫。

见到皇帝和自己的妻子后，他就穿上野鸡皮毛大衣跳起了“野鸡舞”，看得皇帝鼓舞欢欣非常高兴。皇帝就要和他互换衣服，开始他假装不同意，最后皇帝吓唬说不换就犯下了欺君之罪要砍头的，他只得将衣服交换。等换完衣裳，皇帝正在兴高采烈手舞足蹈，他却一奔子跑过去坐在了龙椅上，大喊，众将士将这个跳大神的妖怪推出午门斩首。他的妻子也大喊，让众将士将这个妖怪推出午门斩首。外面的武士根本不知道在下面跳舞的才是真正的皇帝，立马将皇帝砍头示众。从此，他就当上了皇帝，妻子也成了皇后娘娘。这就是“半升麻子倒江山”，他用半升麻子换到了整个江山社稷。

参考文献

[1] 高家堡镇地方志编纂委员会.高家堡镇志[M].西安:陕西人民出版社,2016.

[2] 陕西省神木市高家堡镇志编纂委员会.高家堡镇志[M].北京:方志出版社,2018.

[3] 郑汝璧,等,陕西省榆林市地方志办公室整理.延绥镇志[M].上海:上海古籍出版社,2011.

[4] 谭吉璁,等,陕西省榆林市地方志办公室整理.康熙延绥镇志[M].上海:上海古迹出版社,2013.

[5] 范佩玮.高家堡史话[M].西安:陕西人民出版社,2015.

[6] 王世雄,王峰存.陕北地名故事[M].西安:陕西人民

出版社，2002.

［7］荒野．秃尾河史话［M］．西安：陕西人民出版社，2021.

［8］萧迹．高家堡［M］．西安：西安交通大学出版社，2021.

［9］李严．明长城九边重镇聚落性防御研究［D］．天津：天津大学，2007.

［10］谭吉璁．延绥镇志［M］．陕西地方志丛书成文出版社，1970.

［11］神木县志编纂委员会编．《神木县志》［M］．北京：经济日报出版社，1990.

［12］吴晶晶．榆林地区明长城沿线军事防御性城堡［D］．西安：西安建筑科技大学学报，2013.

［13］高俊．榆林地区志［J］．延安大学学报：社会科学版，1995（2）.

［14］戴应新．陕西神木县石峁龙山文化遗址调查［J］．考古，1977（3）.

［15］魏唯一．陕西神木高家堡镇［J］．文物，2021（2）：85-96.

［16］怀松垚．陕北明长城沿线军事营堡景观保护和利用思考——以建安堡、高家堡、常乐堡为例［J］．建筑与文化，2015（11）.

［17］于春雷．“新修龙泉寺记”碑与延绥镇长城［J］．文博，2012（6）.

［18］刘临安，吴晶晶．边关狼烟今何在　长城旁边有人家

陕北四大名堡之一——高家堡古城建筑遗产览胜［J］. 建筑与文化，2007（6）.

［19］王龙 . 陕西神木明代高家堡万佛洞善财童子五十三参浮雕图像辨识［J］. 西部考古，2021（1）.

［20］相虹艳 . 漫谈陕北高家堡传统四合院中的建筑民俗文化及保护意义［J］. 建材与装饰，2018（43）.

［21］李铜英 . 陕西省神木县高家堡历史文化名镇保护规划研究［J］. 中国名城，2018（1）.

［22］刘思源 . 陕西高家堡古镇民居院落调查研究［D］. 西安: 西安建筑科技大学，2016.

龙华集团
LONGHUA GROUP

龙华集团成立三十周年
1994-2024

陕西龙华煤焦电集团有限责任公司
荣誉出品

神奇神木

红碱淖

高杰◎主编

陕西新华出版
陕西人民出版社

“神奇神木”编委会

主　编

高　杰

副主编

刘小毅　王碧清　贺治军

执行主编

杨　瑞

执行编委

张　朋　杨　萍　大　雄　周　旭

参编人员（按姓氏笔画排序）

王　力　王　东　王　荣　王兴朝　王利平
云　龙　卢德林　付俊明　乔清亮　刘　江
刘庆峰　刘军生　刘晓兵　许红午　李　春
李克威　李小强　杨晓霞　杨德茂　杨汉威
张　妍　张　瑶　张宗飞　张胜田　张爱林
张小战　范光胜　尚清平　呼志平　赵米真
贺江林　贺治军　贺韬利　高　睿　郭振刚
曹国选　曹银侠　惠新军　薛　壮　穆阿辉

序

文化是一座城市的灵魂，是推动可持续发展的内在动力。在以现代化高端能源化工为主要发展取向的神木，旖旎秀丽的自然风光和深厚悠久的文化积淀也成为促进经济转型、提升城市品位的重要资源。也正因有了遗鸥翔集的大漠明珠，有了石破天惊的史前文明，有了大街小巷的斑驳印记，神木不再单单是能源重镇，更是一座闪耀着文明火光，浸润着诗意山水的心灵归宿。

神奇神木，神秘神往。神木之“奇”在于其或俊逸旷达，或清新浪漫，或脱尘超俗……在亿万年地质变迁和数万年人类活动中，神木受到自然和历史的双重眷顾。从绵延的秃尾河到横亘的历代长城，从自由的遗鸥到雄奇的二郎山，从四千年前的石峁到五百年前的高家堡，昭君出塞、杨业抗辽、范仲淹巡边等历史故事传唱千古，为我们留下了太多遐想；唢呐、三弦、酒曲、说书等众多地域特色文化引人入胜。历朝历代的烽火硝烟、雷霆战鼓、

写意诗画、风俗民情，或托于遗存，或附于山丘，或以诗表、或以词生，凡此种种，都在数千年的皇皇之旅中留下了深深的印痕，至今徜徉其中，仍旧令人惊叹不已、感动莫名。

“神奇神木”由龙华集团精心策划推出，以高家堡、石峁遗址、杨家城、二郎山、红碱淖五处神木市代表景点为对象，用尽可能翔实的描述，通过图文并茂的形式展示神木市秀美的自然山水、深厚的历史文化、浓郁的地方风情，为广大游客游览提供有益遵循，为促进神木市文旅融合发展做出进一步的探索。其中，《石峁》以考古发掘成果及遗址的重要价值意义为线索，重点介绍石峁古城的构成、出土器物以及传说故事，以期让读者对遗址有更为清晰明确的认知;《高家堡》由古而今，对当地重要的景点进行了比较系统、详尽的叙述，包括历史渊源、文化内涵、年代特征等，并用适当的笔墨对传说故事加以介绍，力求给读者展现平凡世界之外的不平凡;《杨家城》则以古麟州的遗存为重点，结合当前旅游开发情况，着重介绍遗存现状、现有景点、历史人物、诗词歌赋等，由此反映麟州的性格品质、人间烟火;《红碱淖》以自然风光、珍奇禽类为要素，对湖泊生态、保护情况、周边景致、游览感怀等进行介绍，为畅游其中指明了方向;《二郎山》将错落有致地分布着集儒、释、道三教合一的各类建筑，庙内遗存丰富的壁画、雕塑、石刻、题词等一一介绍，展现出其独特的艺术和历史价值。

龙华集团作为一家扎根神木的企业，目前初步形成了以煤炭为主体，煤化工和新能源为两翼，现代物流、现代服务、生态农

业为支撑的“一体两翼三保障”的产业格局，希望在企业高质量发展的道路上，从挖掘历史文化的角度为神木市的社会事业发展贡献自己的力量。这套丛书以“神奇神木”为题，一方面旨在要表达对先民和大自然丰厚馈赠的最高礼赞，另一方面也希望借此进一步宣传和推广神木旅游品牌。

我们衷心希望这套丛书能够得到广大读者的喜爱，让更多的人畅游神木，感受神木的神奇之处。

[illegible] 2023.8.5

唠叨窑子半岛
红碱淖
沙滩
遗鸥

红碱淖

目

录

红碱淖

大漠巨湖

红碱淖位于陕西省神木市西北部，地处陕北黄土高原和毛乌素沙漠交会处，属高原性淡水湖泊，是中国最大的沙漠淡水湖，素有“大漠明珠”“塞上江南”和“沙漠中的大海”之美称。

湖泊水域辽阔，面积约 37.5 平方公里，平均水深 8.2 米，最深水位 12 米，四周地形开阔，有连绵起伏的沙丘、平展广阔的滩地草原，自然演替的沙漠植被类型丰富。独特的湿地系统，犹如塞北沙区一片难得的生物储源库，不仅在涵养水源、防风固沙、保持水土、调节局地气候方面发挥着巨大的生态作用，更为每年栖息与繁殖白天鹅、金雕、红脚隼、赤麻鸭、鸳鸯等 50 多种野生鸟类提供良好的生活环境。每年 4 月份至 8 月份，有占全球总量 90% 的遗鸥在这里繁衍生息。

大漠明珠

“红碱淖”发音应为“红碱淖尔”，“淖尔”为蒙古语，意为湖泊。《宋史 · 卷四百八十五 · 列传第二百四十四 · 夏国传上》中记载：“继捧之归宋，时年二十，留居银州，及使至，召缌麻亲赴阙，乃诈言乳母死，出葬于郊，遂与其党数十人奔入地斤泽，泽距夏州东北三百里。”夏州即现在的靖边，而红碱淖正好位于靖边的东北方向，与靖边的直线距离也正好为三百里，由此推测红碱淖在宋代应该是一片沼泽，尚未形成连续的湖泊。

直到清光绪年间，这里仍然是一片潮湿低洼的沼泽地，因土壤含有红碱，地面呈铁锈色，故称红碱湿地。一遇大旱，行人可乘车马而过。20 世纪 20 年代末，降雨丰富，积水增多，湖泊面积逐渐扩大，发展成烟波浩渺、波光粼粼的浩瀚大湖。20 世纪 60 年代末至 90 年代初，湖泊水域面积 60 平方公里。

依托自然优势和区位优势，红碱淖早在 20 世纪 90 年代就开始开展旅游活动，积累了丰富的服务经验，形成了较大的社会影响力。目前，景区设施齐全，服务功能完善，拥有生态停车场、游客服务中心、餐饮、宾馆、特色集装箱酒店等大型综合服务设施。红碱淖 1995 年被评为陕西省级风景名胜区，2012 年被评为国家 AAAA 级旅游景区，2013 年 10 月被评为国家级水利风景名胜区，2018 年 2 月被评为国家级自然保护区。

20 世纪 90 年代的红碱淖

绿植王国

作为我国中西部干旱半干旱地区唯一的大型沙漠淡水湖泊，红碱淖区域处在农耕文明与游牧文明的交会地带。历史上，草原牧民长期驻牧；近代以来，汉族农民跨过长城定居垦殖。中华人民共和国成立后，采取人工、飞播、封育等综合措施植树种草，湖区生态环境得到了根本改观，半荒漠的土地变得水美地肥，粮茂草丰，储备了众多的植物资源，成为名副其实的绿植王国。

天然植被主要有灌丛沼泽、草丛沼泽及盐沼等。非天然植被有新疆杨树林、河北杨树林、旱柳林、柠条灌木林、沙柳灌木林、柽柳灌木林等。

野生的草本有白草、芦苇、翅碱蓬、香蒲、油蒿、牛心卜、苦豆、白茅、盐爪爪、白刺、狗尾草、牛筋草、黄花蒿、艾蒿等，乔木树种主要有旱柳、小叶杨、河北杨、垂柳和白榆。人工种植的灌木树种主要是沙柳、柠条、柽柳、沙地柏、沙蒿。水生植物主要有芦苇属、香蒲属。湖周边盐碱化区域生长出藜科的藜

红碱淖湿地风光

红碱淖花海

红碱淖绿植——扁桃

红碱淖绿植——草木樨

红碱淖绿植——金盏菊

红碱淖绿植——蓼子朴

红碱淖绿植——马兰花

红碱淖绿植——沙柳

属、碱蓬属、沙蓬属、滨藜属，以及毛茛科的碱毛茛属、杉叶藻科的杉叶藻属等较多盐生植物。

湿地公园

红碱淖地处陕西省和内蒙古自治区的交界地带，由札萨克河、松道沟河、七卜素河、尔林兔河、马莲河、木独石犁河、蟒盖兔河七条季节性河流汇聚而成，烟波浩渺、波光粼粼，有着良好生态环境和多样化的湿地景观资源。随着红碱淖晋升为国家级自然保护区，红碱淖的湿地保护与利用、科普教育、湿地研究、生态观光、休闲娱乐等多种功能日趋完善，在涵养水源、保持水土、调节气候方面发挥着越来越重要的作用，成为珍禽繁衍生息的乐土。

· 札萨克河

札萨克河也叫营盘河、札莎克河，发源于内蒙古自治区伊金霍洛旗札萨克镇西北部，由叮当庙河、叮当西庙河等五条支沟汇流而成，中间加入营盘壕、塔拉子河、哈拉木河，在红碱淖北岸流入红碱淖。2006 年，伊金霍洛旗在上游建成了札萨克水库，阻断了红碱淖最重要的水源，对红碱淖湖泊水量及自然生态产生了较大影响。经过榆林市和鄂尔多斯市的协商与谈判，双方就红碱淖生态补水及自然保护区保护等展开了积极合作，从 2016 年开始，札萨克水库每年都会向红碱淖放水 100 万立方米，对补充

红碱淖水量，提升和改善红碱淖湖区水生态环境起到了很重要的作用。2018 年，红碱淖晋升为国家级自然保护区，在跨区域协调水源、湿地保护方面获得了国家的支持。

· 松道沟河

松道沟河也叫孙道沟，在沟壑纵横的黄土高原，基本每一条大沟都有河流，所以当地习惯将河流以沟的形式来命名。松道沟

公泊海子

河发源于内蒙古自治区伊金霍洛旗札萨克镇的松道沟村北部，为靠降水补给的季节性小河，自西北向东南流，从松道高勒自然村流入红碱淖。“松道”是蒙古语“苍耳”的直译，苍耳是一种植物，果实为橄榄形，浑身布满小刺，此地因河的两岸长满了茂盛的苍耳而得名。据说当时松道沟河流经的区域是一位蒙古王爷的封地，因他没钱给慈禧太后置办贺寿的礼物，所以就将土地以 3000 万两白银卖给了神木的商贾，自此之后，这块区域就纳入了神木管辖，但是蒙古词汇的地名一直沿用至今。

· 七卜素河

七卜素河曾用名石板太大河，发源于陕西省神木市尔林兔镇的吧吓采当村和石板太村，自西南向东北流经整个尔林兔镇，在七卜素自然村流入红碱淖。其中石板太村有“沙漠中的泉村”之称，村子位于被沙漠环绕的湿地中，湿地里有泉眼50多个，长年累月向外涌水，令人叹为观止。如此稳定的水源，让七卜素河成为目前红碱淖七条支流中水量最稳定的河流。

红碱淖

· 尔林兔河

尔林兔河因河流流经尔林兔而得名，以前也叫前尔林兔河，发源于陕西省神木市尔林兔镇的尔林兔农场，是靠降水补给的季节性河流。尔林兔河位于红碱淖东南部，从西南向东北注入红碱淖，是一条名副其实的倒淌河。“尔林兔”是蒙古语的直译，意为水草丰茂的地方，该地地貌皆为风沙草滩区，沙柳杨树丰茂，历代为少数民族游牧区，流域面积 130.1 平方公里，河长 6.03 公里。

· 马莲河

马莲河是红碱淖位于东南方向的一条支流，发源于陕西省神木市中鸡镇的前何家圪堵村北部，是靠降水补给的季节性小河。平时基本断流，暴雨时有水汇入红碱淖。马莲，就是马兰花，每年阴历四五月，这条河流经的草滩上，会有大片的马兰花开放，马兰花最适合在盐碱地生存，是红碱淖最具代表性的花，被称为“淖花”，其花色绚丽，鲜艳夺目，有蓝、白、黄、雪青等色，颇耐观赏。马莲河的东侧，在民国时期设有碱房，用来提炼生产

红碱淖支流——马莲河

红碱淖支流（局部）

碱，熬制碱锭，是这一区域最早的工业形态，直到 20 世纪 90 年代，这里仍然设有红碱淖碱厂。马莲河见证了红碱淖的形成和淖边工业发展的兴衰。

· 木独石犁河

木独石犁河曾用名壕赖河，发源于陕西省神木市中鸡镇的木独石犁村，自北向南流，从中鸡镇的郝家村流入内蒙古自治区伊金霍洛旗札萨克镇的乌兰哈拉嘎村，再从中鸡镇的后壕赖村流入陕西界，而后在中鸡镇创业村的樊家滩流入红碱淖，2000 年以后基本断流。壕赖村是当地的自然村，这里有一句谚语：“壕赖滩，淖泥湾，来得容易去得难。”说明村子里曾经地下水位较高，有大片湿地。传唱甚广的陕北民歌《一对对鸳鸯水上漂》最初传唱地就是位于红碱淖畔的壕赖村，“一对对鸳鸯水上漂，人家都说是咱们两个好，你有那心思咱慢慢交，你没有那心思呀就拉倒”。这首陕北民歌随着电视剧《平凡的世界》的播出一时红遍大江南北，他的传唱人名叫朱广亮，也是世代生活在壕赖河畔的一位民间艺人，2007 年陕北歌手贺国丰曾在朱广亮家里采风，后来贺国丰在朱广亮民歌的基础上演绎了《一对对鸳鸯水上漂》《大炖羊肉离不了葱》，让这首歌逐渐从红碱淖畔的壕赖村走向了全国。

· 蟒盖兔河

蟒盖兔河曾用名东葫芦素河，发源于内蒙古自治区伊金霍洛旗札萨克镇的乌达柴达木村北部的毛乌素沙漠边缘，自西北向东南流经乌达柴达木、贵勒斯太、高勒庙、黄盖希里等村，由黄盖希里村的苏家河畔流入红碱淖。其水量仅次于营盘河，是注入红碱淖的第二大河流。距离蟒盖兔河河口 25 公里处，有一个较大的碱湖叫查汗淖，往西北再远一些，大大小小还分布着不少碱湖，每逢冬春季节，西北风把碱吹起来，吹向红碱淖方向，也有一些碱通过蟒盖兔河流域，冲入红碱淖，上游建有小型水库一座。

动物乐园

据文献记载与野外调查，红碱淖保护区分布着数量庞大、种类繁多的鱼类、两栖类动物、爬行类动物、鸟类、兽类，以及昆虫、浮游动物和底栖动物等类群，堪称动物的乐园。

湖区有鲫鱼、鲤鱼等10余种鱼类。共记录鸟类151种，国家一级保护动物5种，国家二级保护动物15种。水禽共计85种。国家一级保护动物4种，国家二级保护动物9种。爬行动物有4科8种，其中花背蟾蜍、草原沙蜥数量较多，最为常见。哺乳动

物有 33 种，主要有子午沙鼠、三趾跳鼠、无趾跳鼠、刺猬、草兔、黑线仓鼠、长爪沙鼠、小家鼠、褐家鼠、荒漠猫、虎鼬等，偶尔还能见到赤狐。昆虫种类 192 种，水生昆虫较为丰富，特别是蜻蜓目的昆虫蓝纹蟌等种群数量庞大，为水鸟（如遗鸥等）提供了充足的食物。

珍禽天堂

红碱淖有国家一级保护野生鸟类遗鸥、黑鹳、白尾海雕、玉带海雕、大鸨 5 种。有国家二级保护野生鸟类疣鼻天鹅、小天鹅、大天鹅、蓑羽鹤、白琵鹭、卷羽鹈鹕、鹗、白尾鹞、黑鸢、

红碱淖

雕鸮、纵纹腹小鸮、长耳鸮、红隼、红脚隼等 15 种。有省级重点保护鸟类绿头鸭、翘鼻麻鸭、赤麻鸭、豆雁、斑嘴鸭、赤嘴潜鸭、凤头潜鸭、斑头秋沙鸭、骨顶鸡、苍鹭等 10 种。

每年 10 月下旬始，包括豆雁、大天鹅、斑嘴鸭在内的少数种类先期到达红碱淖，至 11 月中旬，珍禽种类和数量均达到高峰。遗鸥、棕头鸥、普通燕鸥等珍禽于每年 3 月初飞抵红碱淖，至 9 月或更晚些迁离。在此停留期间，珍禽分别选择不同的环境筑巢。遗鸥、棕头鸥集中在湖心岛繁殖。普通燕鸥在湖心岛或半岛上筑巢。黑翅长脚鹬、反嘴鹬在湖心岛、半岛或湖岸滩繁殖。凤头麦鸡、矶鹬、金眶鸻、环颈鸻在湖岸沙滩，灰头麦鸡则在湖岸草丛、沙柳灌丛筑巢繁殖。

鸿雁

翘鼻麻鸭

玉带海鹏

白尾海雕

大白鹭

小䴙䴘

大鸨

蓑羽鹤

反嘴鹬

棕头鸥

黑鹳

普通鸬鹚

红碱淖

从遗鸥到遗鸥

遗鸥又称为“遗落之鸥”，顾名思义就是被遗忘的鸟，是人类认识最晚的水鸟之一，20 世纪 20 年代，瑞典的博物馆馆长隆伯格发现了它。遗鸥为荒漠半荒漠生态条件下特有种类，在中国、哈萨克斯坦、蒙古和俄罗斯南部繁殖。

遗鸥为国家一级保护野生动物，体长 45 厘米左右，体重 800 克左右。雌雄异色。雄鸟眼白色、头颈黑色具绿色光泽，背部黑褐色，胸暗栗色，腹部、尾下覆羽白色，翼颈白色。雌鸟眼黄色、头颈暗褐色，胸淡褐色，嘴、脚灰黑色。集群活动在河流、湖泊、水塘、沼泽等水域。食物主要为小鱼、两栖类、甲壳类、软体动物等。

遗鸥

遗鸥

遗鸥

20 世纪 90 年代，红碱淖遗鸥分布为零记录。2000 年，在红碱淖湿地发现遗鸥繁殖分布。2001 年，有少量遗鸥（87 巢）在红碱淖进行尝试性营巢。2002 年，遗鸥巢群数量为 231 巢，营巢开始初具规模。之后的监测结果显示，红碱淖遗鸥繁殖种群数量逐年增长，种群数量由 2001 年的 87 巢发展到 2010 年、2011 年的 7708、7604 巢，15000 多只。2004—2011 年的 7 年间，红碱淖湿地为遗鸥鄂尔多斯种群已知唯一的繁殖地。

遗鸥每年 3 月底 4 月初飞抵红碱淖后，在湖心岛中心位置地势较高处开始筑巢。巢群呈斑块状分布。巢间距最近仅 8 厘米，平均巢间距 30 厘米。鸟巢为沙地浅坑，巢内垫以枯枝、干水草、羽毛和藻类等物。有些巢极其简陋，不用巢材垒高巢，仅与地面等高。5—7 月份遗鸥坐巢孵卵，养育雏鸟。7 月末至 8 月份，雏鸟成熟后，遗鸥陆续迁移离开红碱淖。

红碱淖

二十四节气

“二十四节气”是上古农耕文明的产物，它是上古先民顺应农时，通过观察天体运行，认知一岁中时令、气候、物候等变化规律所形成的知识体系。处于黄河流域的红碱淖四季温差大，气温变化分明，较为贴合二十四节气变化规律，每一个节气都有自己的特色。

立春过后，虽说漫长的冬天还未彻底过去，万物尚未复苏，但是可明显感觉到早春的气息扑面而来。这个时候红碱淖的湖面还未消融，冰层厚可通行，只有午间的时候稍有融化迹象。当地有这样的说法：立春春未至，河开定不开。

雨水时节，南方的大部分地区已春意盎然，红碱淖却依旧寒气逼人。湖泊周边湿地水泊开化，大雁、天鹅少量回归，翔集水

雨水

岸，这是春来的迹象。

惊蛰过后，天气变暖，大地回春，码头处冰面融化。补给河开化后水量增加。冬眠动物，渐次苏醒。北迁天鹅、大雁停歇。周边的农户已忙碌起来，准备新一年的耕种，正所谓：惊蛰过后牛不歇。

春分前后，气温骤升，湖畔的杨柳已长出盎然的绿芽，草色渐青，已然有了春的色彩。这一时期的红碱淖气温多变。

清明时节，大风吹过，湖冰全消，风大浪高，沙尘屡起，这是北方特有的景象。蛰伏了一个冬天的农人终于出动，翻土种地，甩开膀子加油干。莫测的天气时不时还爱开个玩笑来几场倒春寒，给你提个醒。这个时候遗鸥陆续飞来。

谷雨过后，沙尘天气基本结束，天气微暖，雨量增多。连翘开花，沙葱上桌，苜蓿露头，树枝葱绿。遗鸥筑巢产卵。当地有谚语："谷雨前后，点瓜种豆。"

立夏时节，升温明显。马兰花开，玉米破土，苦菜发芽，黄花遍地，早穿外套午穿纱。遗鸥进入孵化期，到处一派生机勃勃的景象。

小满前后，风沙与寒潮天气彻底结束，清风徐徐，到处都是明媚的色彩。湖边蜻蜓飞舞，蚊虫成团，蝌蚪成片，始有遗鸥雏

清明

谷雨

鸟破壳。正所谓：春风吹，苦菜长，荒田野地是粮仓。

芒种前后，午时炎热，夏雨时至，风飘浪摆，声势如虹。这一时期正是麦类植物收获、谷黍作物播种的时节，大量遗鸥雏鸟破壳而出。当地有俗语："芒种不种，再种无用。"

夏至前后，云淡风轻，蚊虫飞舞，到处都是绿色的江山，玉米一尺高，农人忙锄田。入伏天热，庄稼疯长，遗鸥幼鸟下水。谚语云："头伏荞麦二伏菜，三伏蔓菁长成怪。"

小暑大暑，烈日骄阳，天气闷热，忽而狂风暴雨，忽而晴空万里。沙滩炽烫，适宜游泳。青蛙爬行，蜻蜓萦绕，水藻弥漫。遗鸥幼鸟身体接近成鸟，可自行觅食飞翔。大豆豌豆成熟，黄瓜

冬至

上架，葵花盛开。

立秋之日凉风至，这句话形容红碱淖的立秋之日最合适不过了，正所谓:“前晌立了秋，后晌冷飕飕。”红碱淖的春夏飘忽不定，但秋冬却从不迟到。立秋过后，天朗气清，雨水渐多。遗鸥陆续迁离红碱淖。

立秋不是秋，处暑才是秋。处暑过后，气温降低，暴雨终止。这个时间，终于没有了夏季的燥热，浑身舒坦。百草秋禾，穗齐籽实。定苗锄草，玉米追肥。少量遗鸥尚留恋红碱淖，鹏鹛、骨顶鸡等水禽犹在。

白露过后，秋意渐浓，草木开始枯黄，庄稼也趋于成熟。白鹭、苍鹭在湖畔悠然觅食，像是要提前庆祝丰收的喜悦。

“秋分秋分，昼夜平分。”秋分前后，昼夜温差加大，偶尔可以看见霜降，农人开始收割糜黍、豇豆、绿豆。南迁天鹅抵达红碱淖。

寒露前后，降温继续，热气彻底消退，草木枯黄，大雁南飞，时适收谷稻、高粱、玉米，修剪树木，饲草储藏。大地归于沉寂，与夏时相比，多了几分萧条和悲壮。

气肃而凝，露结为霜。霜降前后，可见初雪，秋声瑟瑟，草木萧落，蛰虫咸伏，这一时节适合收黑豆秋菜。

立冬之后，天气骤冷，北风呼啸，湖沿初凌。深翻土地，灌水保墒。冬眠动物，入地蛰伏。大地封冻。

小雪大雪，寒流时不时来袭，湖水封冻，偶有降雪，大地茫茫，一切显得那么空旷与寂寥，颇有几分人间仙境的韵味。

冬至时节，气温基本恒定，整个世界一片灰白，背阴处还存有未化的积雪。也就是从这一天开始，难熬的冬天正式开始了倒计时，俗称“数九”。九九八十一天过后，春风将会温暖整个世界。

小寒大寒，滴水成冰，严寒至极，正是人们所说的“数九寒天”。这一时期，寒风横行，似要散发全部的力量将冬天留住。红碱淖的冰面冻得彻底，厚实的冰面甚至时不时崩开几条裂缝，在冰下湖水的扰动下发出沉闷的声响，昭示寒冬的凛冽。

红碱淖

保护红碱淖

历史上红碱淖最大水域面积为 1969 年的 67 平方公里，是陕西省最大的湖泊和全国最大的沙漠淡水湖。20 世纪 90 年代以后，受上游河流筑坝蓄水、周边采矿活动影响，红碱淖地表补水每年减少 60% 以上；加之陕西境内注入红碱淖的 4 条河流有 3 条在 10 年前就已干枯，形成目前湖面蒸发量远大于补水量的局面，导致红碱淖水面持续下降。昔日烟波浩渺、望不到边的红碱淖湖面不复存在，湖水 pH 值高达 9.8，原本在里面生存的 17 种野生淡水鱼已相继绝迹。遗鸥的种群数量已由 2011 年的 7700 巢下降到 2015 年的 2000 巢左右，面临生态危机。

为了保护红碱淖的生态环境，各级人大代表和政协委员多次建言献策，引起社会各界广泛关注，红碱淖保护正式被提上日程。

保护分区

2018 年 2 月，红碱淖晋升为国家级自然保护区，总面积 10768 公顷，以包茂高速公路连接线为界，分为南北两部分。北区以红碱淖湖泊为主，主要基于考虑湖泊生态系统和遗鸥等珍稀鸟类的保护价值；南区以半开发后经自然演替的沙漠生态系统为主，主要基于考虑其生物多样性较高，同样具有较高的保护价值，并可以在科研监测中形成陆地与湿地的对比。包茂高速公路

红碱淖保护管理局

连接线以北，以红碱淖湖面为中心，总面积 9175 公顷；包茂高速公路连接线以南部分总面积 1593 公顷。其中，核心区面积 3369 公顷，占总面积的 31.3%；缓冲区面积 3361 公顷，占 31.2%；实验区面积 4038 公顷，占 37.5%。

核心区面积 3369 公顷，分为北区和南区两部分。其中，北区 3089 公顷，南区 280 公顷。该区域湖泊生态系统受人为活动干扰较少，原生态沙漠湖泊湿地系统类保存完好，有利于遗鸥及其他珍稀濒危野生动物繁衍与栖息。核心区实行严格保护，不设置、不从事任何影响或干扰环境的设施与活动。未经特别批准，禁止任何单位和个人进入。

红碱淖保护区观测站

缓冲区面积 3361 公顷，分为北区和南区两部分。其中，北区 2506 公顷，南区 855 公顷。该区域是围绕核心区的周边区域，包括湖泊北面的大部分水域及南边沿岸沙滩的部分草场，属原生性的生态系统类型和由半开发过后经自然演替的地段。缓冲区可缓解外界人为活动与干扰的压力，防止人为活动或干扰对核心区造成不良影响。该区域内实施相对保护，可进行有组织的科研、教学、考察工作，只安排巡护线路、监测样地等不影响动植物生存环境的科研监测项目，不安排其他建设项目。

实验区面积 4038 公顷，分为北区和南区两部分。其中，北区 3580 公顷，南区 458 公顷。该区域包括在红碱淖东岸原红碱淖神木渔场，以及经改造后共 20 公顷的湿地保护区亲鱼池及鱼种池、0.5 公顷的湿地保护观测救护站及暂养、隔离、检疫池等。该区域可开展保护管理、科研监测、宣传教育、局站址基础设施建设，以及开展生态旅游等活动。

保护措施

在各界的持续关注下，红碱淖晋级为国家级自然保护区，神木市红碱淖自然保护区管理局正式成立，通过逐步落实基础研究、协调对话、规划编制等各项保护管理措施，近年来红碱淖水位基本稳定，生态逐渐好转。

统筹规划编制。2015 年 3 月，《陕西红碱淖自然保护区总体规划（2015—2024 年）》编制完成。规划文本包括总论，基本情

红碱淖国家级自然保护区标志碑

况，保护现状及评价，指导思想、原则、目标及功能区划，规划主要内容，重点工程建设，管理机构与能力建设，投资估算与效益评价，实施规划的保障措施等九章。这是自然保护区晋级后，实施保护项目的重要依据。《红碱淖流域水资源综合规划任务书》分为流域概况、水资源评价、水资源开发利用及生态环境调查评价、规划指导思想和目标、水资源供需分析和配置、水资源保护、水生态保护、监测系统建设、水资源管理建设、环境影响评价、分期实施意见和效果评价等部分，为红碱淖水资源保护利用指明了方向。

强化基础研究。委托专业团队编制《红碱淖自然保护区遗鸥种群保护可行性研究报告》，分析红碱淖湿地遗鸥繁殖群及繁殖生态环境面临的问题，并提出保护对策与建议。科学考察红碱淖保护区特殊的地理位置，持续性开展相关科学研究和遗鸥监测工作及进行生物多样性调查、水质监测与湖泊流域社会经济调查。

落实日常保护。2016 年开始，协调内蒙古札萨克水库向红碱淖补水 8 次共计约 700 万立方米。实施了河道整治、人工增雨、生态移民、植被恢复等措施恢复湿地，优化遗鸥的栖息地。同时，开展日常巡护、视频监控等措施，加强监督管理，加强宣传教育，严查破坏林地、乱修乱建等违法行为，监督旅游开发区域及开发力度，严格控制旅游项目造成的污染，从而提升自然保护区整体可持续发展水平，使湖泊湿地生态系统形成良性循环，遗鸥等珍稀保护鸟类数量持续增长。

红碱淖

畅游山河寄寥廓

红碱淖水域辽阔，烟波浩渺，蓝天白云，碧水黄沙，交相辉映，景色壮观。环湖四周自然生态良好，环境幽雅。红碱淖景区正是依托这些得天独厚的条件，以红碱淖水域为中心，整合周边主要景点打造的集观景赏鸟、休闲娱乐为一体的旅游胜地。景区规划面积 112 平方公里。湖东区为综合游览服务区，设施完备，功能齐全，拥有大型生态停车场、游客服务中心、三星级宾馆、特色集装箱酒店、3D 影院、餐饮、娱乐、购物一条街，晚间有“大漠之夜篝火晚会”和特色“湖滨舞会”等大型娱乐活动；湖南区为红碱淖水产品繁殖与养殖基地；湖西区为自然湿地保护区，可观赏美丽的草原湿地风光；湖北区是大漠娱乐中心，有滑沙、沙地卡丁车、沙地越野车、自驾丛林穿越、草原骏马、沙漠骆驼、风味野餐、海滨浴场等游乐项目；湖区为水上娱乐区，有快艇、水上摩托艇、牵引升降伞、游湖画舫、水上漂移艇等游乐项目。1995 年被陕西省人民政府评定为省级风景名胜区，2012 年被国家评为 AAAA 级景区，2013 年 10 月被评为国家级水利风景名胜区，2017 年 5 月被评为国家级自然保护区，是陕西省十大自然风景名胜区。

主要景点

· 汉阙景观大门

汉代石阙，简称汉阙，是汉代的一种纪念性建筑。汉阙有石质“汉书”之称，是我国古代建筑的“活化石”。在中国古代建筑中，门的设立最早源于一种防卫上的需要，而阙则属于宫门的形制，即建在宫门或陵墓等建筑群前的左右对称的建筑物，两阙间空缺的地段为通向阙后建筑物的道路。其构造是中央无门扇，“阙”与“缺”相通，两阙之间为一通道，“阙然为道”，这也是其名称的由来。汉代的地面建筑，留存至今较为完整的只有阙。

沿着新修的观光公路一直向前，映入眼帘的是一座古香古色的汉阙大门，六根巨大廊柱将大门隔成 5 条通道，典雅大气。廊

汉阙景观大门

柱表面镶嵌着汉白玉雕刻的神龙，自上而下，威武不凡。大门正中间是“红碱淖”三个金色大字，由著名国画家刘文西题写。大门后面是一条宽阔笔直的道路，路边立有路牌，上书“昭君大道”。红碱淖的故事从汉代王昭君而起，仿汉式的大门以及昭君大道的命名便是依据于此。

· 展览室

展览馆是18世纪中叶在英国出现的。最早的大型展览馆建筑是1851年建造的伦敦水晶宫，是展出临时陈列品的公共建筑。按照展出的内容分为综合性展览馆和专业性展览馆两类。专业性展览馆又可分为工业、农业、贸易、交通、科学技术、文化艺术等不同类型的展览馆。现在世界上最大的展览中心是米兰国际展览中心，总面积近 500 万平方米，展出面积近 140 万平方米。

红碱淖的展览馆位于自然保护区管理局大楼一层，面积较小，所以就称之为展览室。展厅分为前言、荣誉大事记、湖域环境、湖泊简介、开发沿革、动植物资源、湿地精灵、保护机构、保护措施、社会关心支持和结束语等部分，综合应用图片、文字、实物、标本、多媒体，展示红碱淖自然保护区的历史、现状，以及重点保护对象和工作开展情况。全面呈现了红碱淖保护发展的全过程，是了解红碱淖的必去之地。

· 昭君广场

沿着昭君大道一路向前，过了检票口，就算正式进入红碱淖景区了。首先看到的是一尊风姿绰约的昭君雕像，土黄色雕像与周围的土地浑然一体。这座昭君雕像高 18.5 米，由中央美院盛杨大师设计，据说，因为当年昭君走到红碱淖的时候刚好十八岁半，所以就确定了这样一个高度，这是已知在全国数十尊昭君塑像中最高的一座。

这座昭君雕像的名字叫《回望长安》，雕塑中的昭君身向北方，身披曳地大氅，怀抱琵琶，回首凝望，美丽的脸庞上透露着哀伤，似乎在向故土做最后的道别。之所以在这里设立这座雕像，是因为昭君出塞远嫁匈奴时，昭君雕像所在地就是当年昭君出塞送亲队伍与迎亲队伍的交换地。昭君出塞后的几十年时间里，汉匈两家一直保持着友好和睦的关系。呼韩邪单于附汉与昭君出塞，不但结束了匈奴多年的分裂和战乱，而且为中原王朝的

昭君广场

大一统奠定了基础。此外，还加强了双方的交流，使当时相对落后的少数民族产生对中原先进制度的向往，促使一些少数民族效仿中原的制度。北宋的王安石有诗赞曰："汉恩自浅胡恩深，人生乐在相知心。可怜青冢已芜没，尚有哀弦留至今。"清代曹雪芹写道："绝艳惊人出汉宫，红颜命薄古今同。君王纵使轻颜色，予夺权何畀画工？"

· 白天鹅广场

沿着昭君广场下行，即是白天鹅广场。白天鹅是一种候鸟，国家二级保护动物，全球易危物种，主要生活在多芦苇的湖泊、水库和池塘中。栖息于西伯利亚的白天鹅为了避寒，在气候转冷之际，迁徙至中国河南三门峡、山东以及南方各地越冬，等到第二年春暖花开的 4 月才陆续返回故乡，夏季多在中国东北、内蒙古、新疆等一带繁殖。以水生植物的根、茎、叶、种子及软体动物、昆虫、蚯蚓等为食。性情和顺，白天成群活动。善于飞翔和游泳，也能在地面行走。飞行时头部向前伸，脚伸向腹部后方。天鹅除繁殖期外，没有固定的家，常选择湖面安全地区，弯曲着脖子，把头夹在翅膀里随水漂流而眠。白天鹅实行一夫一妻制，配偶基本固定不变，因此白天鹅也是忠贞、长久、永恒爱情的象征。红碱淖是白天鹅迁徙中的重要补给站和停留地，每年 10 月，

白天鹅

会有数千只白天鹅来到红碱淖，在秋日波光粼粼的水面上，游玩嬉戏，为红碱淖带来了生机与活力。

· 遗鸥广场

遗鸥是红碱淖的优势物种，红碱淖是全球最大的遗鸥繁殖栖息地，有占全球 60% 的遗鸥会在这里繁衍生息，数量达 10000 多只。因为它的颜色和大熊猫一样都是黑白配，所以也有“鸟中大熊猫”的美称。在国外仅分布于俄罗斯的贝加尔湖和哈萨克斯坦的阿拉湖，数量极少。遗鸥是每年的 3 月底 4 月初飞来红碱淖，5 月上旬筑巢交配，中旬产卵孵化，幼鸟 20 多天之后破壳而出，40 多天学会飞翔，所以 6 月是最佳的观鸟季节。遗鸥要在红碱

遗鸥

遗鸥幼鸟

淖生活将近 6 个月，等到 8 月、9 月就会陆续迁徙，飞往天津、大连、塘沽等地过冬。遗鸥在红碱淖生活约 5 个月时间，每到夏季，蓝天下、碧水上鸟儿自由翱翔。近年来，红碱淖水量稳定增加，湖泊面积增加到 37.1 平方公里；水质持续改善，24 项监测指标中Ⅲ类以上指标提高到 20 项；河湖“四乱”和保护区违建得到有效治理，生态移民、退耕还湿、河道治理、草原修复、栖息地优化等成效逐步显现；湿地生态系统质量和功能得到进一步加强，动植物栖息地环境得到显著改善。目前湿地内保护鸟类达到 19 目 52 科 195 种，湿地生物多样性保育成效明显。

可以说红碱淖环境的改善、遗鸥的保护过程就是践行“既要金山银山，又要绿水青山”的真实写照，展现了一出人与自然和谐共生的美好画卷。

· 东岸码头

从景区广场一路向西，穿过松软的沙滩，即来到了东岸码头。这是一个固定式的建筑，整体由钢架搭建，上面铺设木板形成栈道，一直从沙滩延伸到湖里，是游客乘船游玩的候船点。游客可以乘坐快艇前往 8 公里之外的叨唠窑子半岛上，那里是红碱淖景区的大漠娱乐中心，是各种沙漠项目、水上项目较为集中的地方，大片松软的沙滩、惊险的沙漠快车、刺激的高空滑草，以及阵阵的驼铃声，为游客带来无限欢乐。

站在东岸码头，四周空旷无边，湖水映衬着蓝天，侧耳倾听遗鸥欢快的叫声，目送归巢的鸟儿矫健的身姿，闭眼沉醉其中，

东岸码头

恍若刹那间走过冬的静谧、春的善变、夏的温柔、秋的厚重，对“人生如白驹过隙，忽然而已”这句话有了更深的感悟。这里也是红碱淖八景“码头飞雪”的主阵地。

· 环湖公路

红碱淖水域面积 37.5 平方公里，沿着湖泊有一条长达 42 公里的环湖公路，是人们自驾环游的重要通道。道路两侧沙丘起伏、草原广阔、河流纵横，湿地里牛羊成群，村庄里人烟袅袅，美好祥和的景色会不断映入眼帘。环湖公路的开通完善了红碱淖

环湖公路

国家级自然保护区周边区域路网，为区域内珍稀濒危野生动植物资源救援应急提供了重要通道。同时道路串联起周边景点，进一步方便了周边群众的生产生活。每年，环湖公路上会举办大型的环湖自行车赛与徒步越野赛，吸引了众多国内爱好者。环湖公路也成了游客休闲游玩、欣赏美景必去的打卡点。

· 叨唠窑子半岛

叨唠窑子半岛位于红碱淖西岸，“叨唠”是蒙古语“七”的意思，因这里原有七间窑洞而得名，这一地名是蒙汉文化交融的

叨唠窑子半岛

叨唠窑子半岛

见证。叨唠窑子半岛是红碱淖景区最主要的娱乐岛，游客可以乘船从这里往返景区东岸码头，也可以在这里尽情享受美好时光。叨唠窑子半岛上有细腻柔软的沙滩，也有良好的天然泳区，当然还有众多娱乐项目，其中沙地项目有沙地八轮车、越野车、滑草，水上项目有水上自行车、摩托艇、水上飞机等，还有文艺范儿十足的鸥客来酒店，晚上看星星，早晨观日出，在水天一色间感受人间的美景。

· 鸥客来酒店

鸥客来酒店位于叨唠窑子半岛，酒店因毗邻海滩，为时尚环保的集装箱酒店。集装箱与木条相结合的设计，刚柔相济。酒店内部采用轻奢温馨的装修风格，既大胆创新又融于自然。客房由

鸥客来酒店

2 间浪漫温馨的星空房和 8 间精品标间组成，同时配备时尚的水吧、休闲区，供旅人休憩，居于此既可览海天一色，又可听涛声拍岸，浪漫风和轻奢风成为鸥客来独特的标签。

· 来客楼酒店

来客楼，“来客”取自英文 LAKE（湖）的谐音。酒店距离湖畔仅 500 米，共有两层，设套房 2 间，标准间 42 间。室内装修大气时尚，简约的线条延伸空间，轻盈明快的色彩呈现浓浓的人文气息，同时配以游客休息、读书、品咖的场所，窗外风景秀美，视野开阔。

来客楼酒店

· 鸟岛

鸟岛也叫湖心岛，是红碱淖上的一个半岛，面积约 0.33 平方公里，与陆地相连，环境优美，极具塞外风光，有草原、蓝天、牛羊景观。岛上地形奇特，还有大片松软的沙滩，是良好的天然浴场。岛的东北角曾建有龙王庙，一直流传着四海龙王神奇而美妙的传说。红碱淖生态环境良好，成为众多鸟类理想的栖息

鸟岛

地。湖边共有53种水鸟在此繁衍生息。其中有国家一类保护动物遗鸥，国家二类保护动物白天鹅、鸬鹚、白鹭、金雕、鱼鹰、鸳鸯等。遗鸥曾一度在全球消失，直到20世纪20代重新被人们发现。近些年，随着红碱淖成为国家级自然保护区，周边环境不断改善，鸟岛吸引了大批的遗鸥在这里繁衍。红碱淖湿地湖心岛环境修复与遗鸥种群保护被生态环境部评选为生物多样性优秀案例。

鸟岛

鸟岛

· 湖边草原

湖边草原位于红碱淖南岸。红碱淖形成于 20 世纪 20 年代，形成之前红碱淖所在的区域还是一片位于毛乌素沙漠边缘的湿地，湿地牛羊成群，草原辽阔丰美，水潭星罗棋布，湖中间曾经是一条骡马大道，也是陕北人走西口的大道。红碱淖所在之处在清代以前地处长城以北，属于内蒙古人的草地，居住在长城以南的陕北人生活于贫瘠干旱的黄土高原，靠天吃饭，食不果腹，只能越过长城，来到长城以北的大片草原谋生，垦荒种植，日久天长就在这里定居下来，长城以北的大量丰美草地被人称为“北草地”。

湖边草原

· 湖畔沙丘

湖畔沙丘位于南环湖路内侧的湖边草原上，它东西长约 200 米，南北宽约 50 米，高约 10 米，呈月牙状分布，距离红碱淖水岸约 1 公里。沙丘细腻柔软，与水面遥相呼应，成为众多自驾游爱好者休闲娱乐之所。在红碱淖水面最宽阔时，湖南岸就在沙丘脚下，如今水面缩小，水岸退去，独留沙丘在此处，似乎在记录和诉说着红碱淖曾经的浩渺和荣光，让人唏嘘不已。

湖畔沙丘

· 万亩草原

万亩草原位于红碱淖北岸，陕西与内蒙古的交界地带，每到春夏季节，青草漫野，鲜花盛开，牛羊成群，鸥鸟翔集，有一种“天苍苍，野茫茫，风吹草低见牛羊”的感觉，让人心旷神怡。万亩草原与红碱淖交相辉映，既有湖水流动，也有碧草茵茵，蓝天与流云，辽阔与静谧，勾勒出一幅和谐静谧的山水田园画卷。

万亩草原

观光路线

独特的自然风光、丰富的动植物资源和分明的季节变化，营造出众多的旅游景观，根据游客四季观光与度假的不同需求，红碱淖景区形成了多条精品旅游线路。

· 休闲体验游

这条线路是大多数游客的选择，主要适合周末亲子休闲。游客经检票口进入景区后，首先来到昭君广场，参观昭君伫望的雕

歌舞《我弹你舞》

舞蹈《舞动红碱淖》

乘船畅游

像，遥想昭君出塞的故事；而后在湖滨玩沙戏水；之后乘坐游船，体验追风逐浪的快感和红碱淖的广阔浩渺。登陆叨唠窑子半岛尽情体验各种游乐项目，晚上还可以在半岛的集装箱酒店感受夜的静谧，聆听潮水奔涌欢愉，欣赏浩瀚星河的壮阔，在自由的时光里抒怀写意，放飞心情。

· 湿地观鸟游

红碱淖的世界是鸟的世界，这里是候鸟迁徙的重要通道和中转站。一年四季天鹅、豆雁、红嘴鸥、鸬鹚、绿头鸭、遗鸥等陆续做客，每年10月份，有近3万只候鸟南迁经过红碱淖保护区。其中，遗鸥停留时间最长，它们每年4—10月在红碱淖繁殖

湿地观鸟

湿地观鸟

栖息，是红碱淖名副其实的主人。由此，众多的爱鸟人士慕名而来，观鸟赏鸟，或驻足蹲守，或登高远眺，到处捕捉这些精灵的身影。

· 环湖自由行

红碱淖环湖公路的两侧，分布着河流、湿地、草原、沙滩、田园等各色风光，也有众多的农家小院。沿着公路前行，一路欣赏绚烂的野花，感受自然交织的色彩，在飞鸟的歌声里远眺湖面，感受沙漠里的奇迹。就着袅袅炊烟和夕阳的余晖，感受那消逝的无忧无虑的快乐时光，在岁月里寻找自己的影子。也可以在欣赏村庄农田的塞上风情之余找一处农家小院，小憩片刻，品尝当地的特色美食，感受不一样的饮食文化，好不惬意！

环湖自由行

· 农业观光游

在红碱淖东侧约 1 公里处，是神木市现代特色农业示范园，园区分为核心区、示范区和辐射区三部分，是集休闲观光、科普教育、试验示范为一体的主题公园式现代农业园区。核心区格局为“一廊一心六园”，包括历史景观长廊，现代农业科技展示与休闲观光中心，以及高产农作物示范园、设施农业示范园、植物园、农产品加工园、特色养殖园和森林公园等六个功能园区。游览红碱淖后，可以到这里参观。漫步农业文化广场，了解现代设施农业，观赏大型温室里的奇花异果，采摘新鲜蔬果，体验现代观光农业。

向日葵花海

农业示范园景观雕塑

· 草原风光游

红碱淖周边的水系较多，土地湿润，湖侧零星分布着大片草场。其中尔林兔大草原东西长 25 公里，南北宽 5 公里，西侧有面积达 70 平方公里的天然草原牧场，水草丰盛，牛羊成群。其南北两侧以沙丘滩地为主，滩地上有以沙柳为主的大面积固沙防风林带，沙丘多已固定。夏季草原上碧云蓝天、芬芳漫野，有碧绿的草场、盛开怒放的花海、游走的牛羊、整齐的防护林带，是自驾野营游乐的好去处。

草原风光

游乐项目

红碱淖景区除了独特的自然风光，也是游乐玩耍的重要场所，景区利用叨唠窑子半岛独特的良好的水文环境、地形地貌因地制宜设置了豪华游艇、快艇、摩托艇、滑索、滑草、水上飞机、水上拖拉伞、水上自行车、水上三轮车、脚蹬船、沙地越野车、越野卡丁车、骑骆驼、骑马等十几种娱乐项目。

· 滑草项目

滑草是一项刺激而又充满挑战的集体验、游乐、代步于一体的综合性游乐设施。游客在最高处乘坐滑草盆无动力车下滑到坡

滑草项目

底，下滑时，穿梭在草木花丛中，既融入大自然之中尽享天然美景，又在高低起伏、复杂多变的过程中体验惊险刺激。红碱淖景区的滑草项目所在地为红碱淖周边地势最高的地点，站在这里，红碱淖全湖尽收眼底。滑草项目共有 4 条滑道，坐上滑草盆，面向红碱淖的方向，一跃而下，听到风声在耳边呼啸，有一种畅游湖中的快意。

· 水上自行车

水上自行车运动起源于加拿大，惬意、安全，它的车座高度可以调节；车把是赛车型，易于操纵；脚蹬可以前后蹬，前进或是退后一切自如，如果感到疲劳，还可停止蹬踏，在水上“悬浮”，很是悠然自得。水上自行车骑起来很轻便，时速可达到 8—

水上自行车

11 公里，但是你却大可不必为它的安全性担心，它绝不会有“翻车”的危险，而且没有严格的年龄限制，老少皆宜。水上自行车可以单人骑，也可以把两辆组合到一起，两人配合驾驶，共同前进，体验团结协作的趣味。

· 水上拖拉伞

水上拖拉伞又叫水上滑翔伞，主要是利用快艇在水面上加速，达到飞起的效果，游客身缚拖曳伞跟随快艇在天空飞翔，自由享受水天一色的壮丽景致。红碱淖的水上拖拉伞项目分为单飞、双飞两种，在高空飞翔时还可降至水面蜻蜓点水一至二次，在 70 米上空俯瞰红碱淖，景色十分迷人。随着船牵引的动力和

水上拖拉伞

水上拖拉伞

风的作用，拖拉伞慢慢变化方向，红碱淖上空会赋予你一种全新的想象。你会慢慢感觉自己和天空融为一体，却始终没有脱离地面，任由风和波浪推动自己在蓝天湖水间翱翔，换个视角欣赏眼前这个沙漠中的岛屿，感受“大漠明珠”之美，来一场“上天入湖”的奇遇之旅。

· 快艇

从东岸码头登上快艇，伴着轰鸣的引擎，就着激荡的浪花前行，置身于湖泊中央，体验在红碱淖上空风驰电掣般的感受，风声在耳边呼啸而过，呼吸着新鲜的空气，沐浴着阳光，感受湖泊里的浪声，与湖泊来一场亲密的接触，真正拥抱大自然。

快艇

· 动感漂移艇

动感漂移艇即利用摩托艇在水面做出各种惊险刺激的动作，在 360 度回转的漂移下，享受鲨鱼点水、蛇形前进、漂移摆尾和乾坤大挪移带来的惊心动魄。游客在体验过程中伴随着发动机的轰鸣声和四处飞溅的浪花，仿佛驾驭着一匹“野马”，在宽阔的湖面上飞驰而过，尽情体验乘风破浪带来的速度与激情，有种化身水鸟的感觉。

动感漂移艇

· 水上摩托艇

水上摩托艇这项充满活力和朝气的运动，非常有吸引力，其惊险刺激的程度不亚于 F1 赛车，是勇敢者的最爱。飞驰而过的摩托艇，压出一道洁白的水纹，坐在摩托艇上的你，会将一整天的疲惫抛到九霄云外。

· 水上城堡

水上城堡项目是季节性项目，每年 6 月到 9 月红碱淖水上城堡会安装完毕，并开始运营。水上城堡占地面积 2400 平方米，主要以闯关娱乐为主，各个关卡风格迥异，玩法丰富，赛道分别由蓝、白、橙三种颜色组成，赛道上有滑道、爬梯、坡形等多种挑战项目，可同时接待游客 80 人，最多同时可容纳 150 人。

水上摩托艇

· 大漠驼铃

如果说在草原上骑马是心旷神怡的感觉，那么在沙漠上骑骆驼就是感叹沧海一粟的感觉。这就是神奇的红碱淖，既有草原的壮美，也有沙漠的浩瀚。红碱淖拥有大片松软的金色沙滩，夕阳西下之时，骑上高高的骆驼，游玩于金沙之间，驼铃叮当，渐行渐远，在美丽的红碱淖骑着骆驼感受大漠这幅人间奇特的画卷。

草原骑马

大漠驼铃

· 沙地越野

说起沙漠越野，往往让人心驰神往，它令人着迷的地方就在于充满挑战性。在浩瀚的沙海中，驾驶越野车乘风破浪、上下穿梭，带给人酣畅淋漓的刺激体验，同时也增添了勇往直前的自信。红碱淖的沙地越野项目，虽不似阿拉善越野英雄会那般规模宏大，但是松软的沙滩，浩渺的湖色带给你的除了一样的惊险刺激外，还有不一样的体验。当然，每年在红碱淖举办的毛乌素沙漠汽车场地越野赛也是令人激情澎湃的刺激盛宴，吸引着众多的越野爱好者。

沙地越野

沙地

红碱淖八景——草原花海

自然的馈赠

红碱淖是千沟万壑的黄土高原亿万年流落的眼泪，也是毛乌素沙地唱响人间的赞歌，是时光不负岁月流逝的清醒，亦是昭君出塞以身许国的决然。她留下了诸多故事，也塑造了万般的美景，最为人称道的堪称八景。

昭君伫望

昭君出塞的痕迹早已随着历史的烟尘消逝不见，但水天一色的红碱淖犹如一颗耀眼的明珠镶嵌在大漠深处。寂静伫立湖畔的昭君雕像怀抱琵琶，形容哀婉，愁颜欲泪，回望来时的方向，在游客的熙熙攘攘间，展现了一个女子以身许国的豪情，令人肃然

红碱淖八景——昭君伫望

起敬。因此，昭君伫立的身影伴随着“昭君泪”的故事更能引起游客的共鸣。

碧波激浪

在干旱的西北，红碱淖这汪清水显得弥足珍贵。她有大海的浩渺，在狂野的西北风呼啸下，浪翻波涌，让人心潮澎湃，心向大海。逐光远眺，一派山水田园江南水乡的细腻。乘坐快艇，随风逐浪，好一个酣畅淋漓！

红碱淖八景——碧波激浪

红碱淖八景——碧波激浪

遗鸥翔集

红碱淖湿地是全球最大的珍稀濒危鸟类遗鸥的繁殖与栖息地。每年 4 月份至 10 月份，有占全球总量 90%、多达 20000 多只的遗鸥在这里繁衍生息，百鸟戏水，和乐齐鸣，谱写了一曲人与自然和谐共生的乐章。

红碱淖八景——遗鸥翔集

红碱淖八景——遗鸥翔集

草原花海

红碱淖湿地，孕育了众多的生态系统，周边草地零星分布。每到夏季，碧绿的草地与辽阔的蓝天浑然一体，各色的鲜花随机点缀，每当微风吹过，如浪潮翻涌，俨然一幅梦里的画卷，置身其中，让人流连忘返。

红碱淖八景——草原花海

红碱淖八景——草原花海

瀚海星河

在宁静的夜晚，你能听到轻柔的湖水拍打着沙岸的声响。伴着如银的月光，带有湿气的泛着青草幽香的微风拂面，躺下身来，纯粹的夜色让天上的繁星更显明亮，那是童年的夜色，心中最美的景致。

红碱淖八景——瀚海星河

红湖夕照

红碱淖日落的时候，漫天红霞，站在沙滩上放眼望去，到处都是热烈如火的颜色，就连风也变得更有温度。当落日的余晖温柔洒落，整个湖面金光熠熠。水面疾驰的游船、天空落下的归鸟、沿岸嬉闹的人群，洒满让人心动的颜色。

红碱淖八景——红湖夕照

红碱淖八景——红湖夕照

淖西秋色

秋日的红碱淖，天朗气清，幻化出你想象不到的色彩。登高远望，层林尽染，金浪如潮，草原狂奏起摇曳的欢歌，洁白的羊群追赶着晚霞……大自然用它最华丽的色彩和最香甜的气息装扮了一切，既具南方的轻柔又具北方的粗犷，美成一幅油画。

红碱淖八景——淖西秋色

码头飞雪

冬日的红碱淖在寒风的装扮下魅力不减，从远处望去，依旧是“水天一色净如蓝”的纯净。当飞舞的雪花肆无忌惮地飘落时，喧闹的码头仿佛一下子沉静了，白灿灿的雪花在阳光下格外闪亮，晶莹剔透，这是冬天给予的新装，也是童话里的北国风光。

红碱淖八景——码头飞雪

WE NEVER REALLY
GROW UP
SHEN MU 神木
HONGJIANNAO
HAPPY EVERYDAY
ENJOYLIFE
HAPPY HOUR
SPRIN FLOWERS BLOOM FACING THE SEA
紅碱淖
Live a good life meet slowly
拉手手 亲口口
等你而来
红碱淖

是我游来の海
也是我游往の
You
You are my sweet heart
my heart is with you
照片是假的，本人更可爱！
听海哭的声音

跳动的青春

风筝节

风筝节

放风筝是中国民间传统游戏之一，也是清明时节的重要习俗。风筝用细竹扎成骨架，再糊以纸或绢，系以长线，利用风力升入空中。红碱淖区域地势平坦开阔，每逢春季，天气回暖，风力日缓，正是放飞风筝的好时节。

自 2021 年开始，红碱淖景区在每年的 4 月中旬，都会举办大型风筝节。活动一般维持 3 天，邀请风筝协会的专业人员在景

区进行风筝放飞和特技风筝表演，同时，邀请神木风筝爱好者参与风筝放飞活动，除此之外还有各种音乐演出、美食品鉴，更是亲子活动的重要节日。“轻风托纸鸢，扶摇上青天。”活动中风格各异的风筝迎风招展，在春日蔚蓝的天空下摇曳轻舞，与天空下起伏波动的湖面构成一幅美妙的春日盛景。

风筝节

山地自行车环湖赛

山地自行车环湖赛至 2023 年已举办了 9 届，为官方举办的全国性赛事活动，是彰显红碱淖自然风光，倡导和推广低碳节能、全民健身、人与自然和谐相处的生活理念，呼吁社会各界关注并保护红碱淖生态资源的重要窗口。整个赛道曲折蜿蜒，以柏油路和沙土路为主。比赛过程中，选手们骑着自行车自由穿行，在水域辽阔的红碱淖湖畔，感受塞外草原与沙漠并存的美景。

山地自行车环湖赛

山地自行车环湖赛

水上竞技公开赛

水上竞技公开赛

红碱淖水上竞技公开赛比赛项目包含坐式水上摩托、立式水上摩托和水上飞人三种摩托艇类别赛，共设坐式水上摩托原厂级竞速赛、坐式水上摩托原厂级障碍赛、立式水上摩托公开级竞速赛和水上飞人特技赛四项比赛。设立水上竞技表演和坐式水上摩托试驾体验等项目，在展示水上摩托运动风采，为观众和游客奉献精彩绝伦表演盛宴的同时，也让体验者们能够亲身感受水上运

动带来的乐趣，展现了体育旅游的魅力，激发了游客参与水上运动、融入山水旅游互动的热情。

公开水域游泳邀请赛

2018 年起神木市共举办过 3 届公开水域游泳邀请赛，赛道长约 6000 米，分自由泳、蛙泳、蝶泳等，选手们以各式不同的泳姿纷纷登场，劈波斩浪、奋勇争先，尽情享受自然的美景和运动的快乐，充分展示了公开水域比赛的魅力。

公开水域游泳邀请赛

汽车场地越野赛

汽车场地越野赛为神木市文化旅游节的重要组成部分，赛段为常规圈里程约 2.1 公里的沙质赛道。“塞上明珠”红碱淖是国内最大的沙漠淡水湖，这里水草丰盛，牛羊成群，烟波浩渺，遗鸥飞翔，堪称最美赛道。该赛事旨在丰富神木市体育旅游、文化旅游，推进体育加旅游、文化加旅游融合发展模式，坚持将“跟着赛事去旅游”的理念深入人心，向游客展示神木特色旅游品牌，彰显神木的旅游形象，让这座历史文化名城绽放出新的光彩。

汽车场地越野赛

观鸟节

观鸟节是红碱淖特有的活动，主要是通过观鸟爱鸟等活动，增强人们的生态保护意识，推动树立热爱自然、保护自然的生态文明理念。

首届观鸟节于2014年6月20日至21日举办，主题为“遗鸥之乡　人间天堂”。观鸟节以摄影大赛为契机，邀请了来自全国各地的旅游、摄影专家及爱好者近百人，一同观红碱淖美景、赏遗鸥神韵，大家用自己手中的镜头记录红碱淖景区最优美的两个日夜。活动将所有参赛选手的作品，按内容划分为“旖旎风光”和“遗鸥神韵”两类，分别表现沙漠里的大海——红碱淖和世界

神木市举行红碱淖遗鸥与生物多样性保护论坛暨第五届爱鸟节

级珍稀水鸟——遗鸥的神奇与美丽。

2015 年红碱淖第二届观鸟节于 6 月 19 日至 28 日举办，邀请了陕西日报、天津日报、陕西传媒网、华商报等 30 多家省内外媒体，以及近百名来自全国各地的摄影达人、爱好者共同欣赏红碱淖美景，感受世界级珍稀水鸟遗鸥的神韵，用手中的镜头记录下红碱淖独具魅力的景色。

此后观鸟节陆续举办，并发展成为爱鸟节，成为人们关注遗鸥、关注生态保护的重要活动。

红碱淖

不可辜负的盛宴

地处内蒙古与陕西省交界地带的红碱淖食材丰富，黄土地的五谷杂粮、草原的肉食乳类，湖泊里的新鲜水产，湖畔的沙生野菜，在蒙汉民族不同的烹饪方式下，散发出独特的味道，成为当地的风味美食。当然，这些美食也突出反映了当地的物质及社会生活风貌。

红湖炖鱼

红碱淖有非常丰富的渔业资源，据统计，共有鲤鱼、草鱼、

红湖炖鱼

鲫鱼、鲢鱼等17种淡水野生鱼类，是纯天然、无污染的绿色美味。1958年红碱淖渔场成立后，渔工下湖作业，在船上自带小锅炖鱼充饥，当地人逐渐习惯吃鱼。20世纪70年代，初步形成独特的炖鱼方法，炖鱼亦成为游客必吃的特色美食。红碱淖鲤鱼体大肉鲜，大锅炖，大盘盛，再辅以鱼汤泡米饭，食者无不赞其鲜美。传至神木、榆林等地，均称红碱淖炖鱼或红湖炖鱼，但味道都不如当地水炖当地鱼。20世纪90年代，红碱淖旅游公司注册“红碱淖水煮鱼”商标。时至今日，红碱淖虽已不产鱼类，但经久传承的红湖炖鱼已成为当地一道特色美味，也是游客畅游红碱淖必尝美食。

炖羊肉

炖羊肉

草滩地的羊肉质嫩味香，现杀羊肉切成大块，较少冷水下入大铁锅，俗语“一瓢水炖一只羊”。柴火灶将水烧开前，用勺子搅动使其均匀受热，撇去浮沫。大火烧开后，放入葱段、姜片、花椒、蒜瓣、辣椒、地椒、盐等调料，转为小火慢炖至汤汁渐收，装盆撒上葱花、香菜即可。手抓羊肉清香扑鼻，大快朵颐，尽显湖区人的淳朴豪放。

风干肉

风干肉

将新鲜的牛羊肉加入适量的盐腌制，割成小条挂在阴凉处，利用凉爽、干燥的秋风将水分、脂肪脱干，3000克的肉自然风干后，只剩1000克最富有营养的瘦肉。风干肉经年不坏，可一直存放至来年冬天。风干肉肉质松散，别有风味，常用来烹饪烩菜和臊子汤。

腌猪肉

腌猪肉

腌猪肉是红碱淖当地农民最普遍的一种贮藏肉的方法。将猪肉切成一寸见方的块，清洗干净后煮至八成熟，下油锅炸制成焦黄色。

放入瓮内，撒一层盐放一层肉。待肉冷却后，浇上凉猪油密封腌制。腌猪肉略带陈味，一年内不变质。在我国北方地区，冬季寒冷漫长，千百年来，勤劳智慧的人民通过这样的方法存储各种各样过冬的食物。

野菜

人类早期的生产生活主要依靠采集自然生长的野生植物如野菜、果实、根茎等为生，同时伴以渔猎活动。采集的野菜种类繁多，《诗经》开篇《关雎》“参差荇菜，左右流之”中的荇菜，就是野菜的典型代表。野菜作为一种日常的辅助性食物，在很早就已经引起了古人的注意。但是系统介绍野菜知识的专著要到明代才开始兴起。明朱橚编纂的《救荒本草》、明屠本畯著的《野菜笺》、明王磐撰写的《野菜谱》、清顾景星的《野菜赞》总共记述了 44 种野菜的性状和食用方法。与栽培蔬菜相比，野生蔬菜含有更加丰富的膳食纤维、蛋白质和维生素等营养物质，可作为天然绿色健康食品。同时一些种类的野生蔬菜还含有独特的生理活性物质，是中草药和功能性食品开发的重要原料。此外，野生蔬菜还具有牧草、木材、纤维、淀粉、色素、挥发油等资源价值，并可用于功能性植物源化妆品的开发等。

浩瀚的红碱淖，拥有大量的动植物资源，也生长着数量可观的野菜，尤以沙盖、苦菜、沙葱最为有名。在历史上的大灾大荒之年，挽救了无数人的生命，时至今日，野菜仍然是当地人下饭的美味。

· 沙芥

沙芥也称“沙盖”，缺水沙丘中野生的多年生草本植物，具有食用、药用、饲用和固沙的作用。它的药用价值在相关著作中有明确记载，《内蒙古中草药》中说沙芥“行气，止痛，消食，解毒。治消化不良，胸胁胀满，食物中毒”。《中国沙漠地区药用植物》中介绍“治胃肠胀气，消化不良：鲜沙芥二两（干品一两），水煎服，一日二次”。食用时采摘相连嫩枝叶，用热水焯后腌制。味略辛辣，是当地凉拌佐餐重要小菜，以沙盖为主要原材料制作的沙盖拌汤是当地的特色食品。

· 苦菜

苦菜广泛分布于中国的大江南北，属多年生草本；根为垂直直伸，通常不分枝，根状茎极短缩；茎为直立单生或少数茎成簇生，上部伞房花序状分枝；叶为长椭圆形、倒披针形、线形或舌形；花通常在茎枝顶端排成伞房花序，含舌状小花，总苞圆柱状，外层及最外层宽卵形，顶端较尖，内层长椭圆状倒披针形，舌状花黄色干时带红色；果为褐色，长椭圆形，细丝状；花果期 1—10 月。红碱淖湿地，得益于独特的自然地理环境，孕育了众多的苦菜品种，主要以甜苣居多，广泛分布于湖区周边的路边、田间地头、沙地及荒野等光线充沛的地方。食用时，先将苦菜择好洗净，过水轻焯控干，凉拌佐餐，味道涩中带甜，新鲜爽口，营养丰富，清凉下火。强调健康至上的今天，每到春季，在陕北的田间地头到处可见挖野菜的人群，三三两两结伴而行，突显一种对自然的向往和劳动的热情。

· 沙葱

沙葱，又叫蒙古韭、野葱、蒙古葱、胡穆利（蒙语）等，在植物分类学中属于百合科葱属多年生鳞茎丛生草本植物。圆柱状，鳞茎外皮褐黄色，纤维状；叶半圆柱状或圆柱状；花梗近等长，无小苞片；花被片卵状长圆形，先端钝圆，内轮常稍长；花丝近等长，基部合生并与花被片贴生，外轮锥形；子房倒卵圆形，基部无凹陷蜜穴，花柱伸出花被；花果期7—9月。抗寒性强，喜湿润、适应性广，具有防风固沙和防止水土流失的生态保护功能。《本草纲目》中记载其营养丰富，地上部分可入药，具有“菜中灵芝”的称号。《名医别录》中记载：“韭叶味辛，微酸温无毒，归心，安五脏，除胃中热，病人可久食，种子主治遗精溺白。而根则能养发。”腌制后凉拌佐餐，色泽深绿，口感脆嫩清爽，香辛而不辣，可作调味品，亦为夏季凉菜佳品。

炒熟米

炒熟米又称熟米或炒米，是具有草原风情的早餐和待客小吃。用糜子碾成的黄米炒制熟米，经过煮、炒、碾三道工序才能完成。第一道程序“煮”，大锅盛水烧到八分开时将糜子倒入，水沸后揭开锅盖上下翻动均匀，待糜子粒鼓胀发圆、有透明感、未开裂时出锅沥水。第二道程序“炒”，将沙子倒入铁锅中炒热烧红，将沥水后的糜米倒入，均匀加热翻炒，大气冒过，米粒噼里啪啦爆裂，将沙子与糜米出锅过筛。第三道程序“碾”，将炒熟的糜米放在石碾中去皮壳，再用细箩子筛去细糠即成炒熟米。食用时，可随个人口味拌白糖、食盐、炒黄豆，也可冲泡鲜奶或奶茶，还可以加入羊油或者煮熟的牛羊肉。炒熟米味美耐饥，旧有“暖穿皮子，饱吃糜子”之说。日常生活中，农牧民放牧、劳作，炒熟米为必备干粮。

奶茶

因历史上长期地处边塞，红碱淖当地的许多饮食习惯趋近于内蒙古，奶茶即是其中的又一代表。当地的奶茶也称蒙古奶茶，与内地奶茶不同，是流行于蒙古族的一种奶制品，从茶砖上掰小块茶叶放入铜锅或铜茶壶，沸水熬煮约五分钟后，加入牛奶或羊奶进行掺配，奶与水的比例为 1∶5，稍加搅动，再加入少许食盐，再次沸腾即可饮用，带有淡淡的咸味。俗语：“茶无盐，不如水。”这种奶茶，除了解渴外，也是补充人体营养的一种主要方法，更是当地人劳作之余的必备饮料和解酒神器。

奶皮

地处游牧文明与农耕文明过渡地带的红碱淖，还有一种特色美食：奶皮（蒙古语为“乌日沫”）。奶皮有两种：一种是将鲜奶、牛奶或马奶、驼奶、羊奶放入器皿里存放一两天，奶子发酸后，在表面上形成一层薄皮，称“图黑乌日沫”，也叫“珠黑”，即生奶皮子，是做黄油的原料；另一种是将鲜奶熬开后放入器皿里放凉后表面结成薄奶皮，称“宝勒森乌日沫”，即熟的奶皮，是酥油的原料。奶皮纯黄夹白，油渍点点，蜂窝沙孔满布，入口奶油溢香，酥柔味美，不油不腻，营养丰富，不但可供日常食用，而且更是逢年过节、迎亲嫁女待客的上品，也是探亲访友、慰问老年病人的礼品。性属清凉，养心清肺，止咳防渴，既可干吃，又可与炒熟米一起泡奶茶食用。

红碱淖

红碱淖的秘密

昭君泪

“昭君出塞”的历史故事千百年来妇孺皆知、家喻户晓。带着汉匈和亲使命，昭君出塞后，她劝呼韩邪单于不要去发动战争，还把中原的文化传给匈奴。从此，汉匈两族团结和睦，国泰民安，“边城晏闭，牛马布野，三世无犬吠之警，黎庶忘干戈之役”，汉匈展现出欣欣向荣的和平景象。据说王昭君当年远嫁匈奴，走到尔林兔草原，即将告别中原，下马回望，想到从此乡关万里，恐怕一辈子也难以回还，顿时千般感慨、万般惆怅汹涌心间，这一驻足，便流了七天七夜的眼泪，于是就形成了这一汪

昭君雕塑

六七十平方公里的红碱淖。

王母娘娘为此感动不已，便派七仙女下凡，仙女们各持一条彩带，从七个不同的方向向其走去，于是就有了七条季节河同时流入“昭君泪”。

红碱淖

红碱淖曾称“红盐池”“红海子”，因为地处干旱地区，海子时大时小时有时无，但海子四周水草旺盛，是放牧的好草场。传说在海子北边的黄土梁上曾有个马倌后生，人叫他黑汉，是一位能驯服烈马的骑手。有一回，他在海子南畔的马莲河套住一匹烈马，准备驯服。黑汉刚上马背，马就飞沙扬尘急驰乱奔开来。将

红碱淖石碑

近过了一个时辰，狂马已奔至海子西边的大沙圪堵边上。前边出现了一山坡的羊群，那马猛扑进羊群里，于是黑汉与牧羊女相识了，继而相恋了。

然而有一天，放羊姑娘见到黑汉，低着头一言不发，只是流泪。她伤心地告诉黑汉，她叫白娥，从小父母双亡，她被人卖给这家羊主当奴仆。现在她长大成人了，主人担心她人大心也大，不愿为人奴仆，一旦出走私奔他家就人财两空，于是就把她卖给了住在海子南边几十里外跌水崖的牧主，已说定明天人家就来交银子带人，她就要离开这草原，从此就很难再相见了！

黑汉一听白娥的哭诉，自然心如刀绞，一个揽工汉，哪有能力为白娥姑娘赎身！两人只能抱头痛哭，没有任何办法。不过，临别时，黑汉攥紧拳头，向白娥发誓，三年后，不管怎么样，他都要来找白娥。

三年后，黑汉和养马牧主结算了工钱，骑马南下去找白娥姑娘。可是当他来到跌水崖这个地方时，一打问让他凉了半截——他来的十天前，白娥已经不在人世了！

据当地人讲，两个月前，有个外地客商，向这家牧主表示，他们愿意出更高的价钱来买白娥姑娘，然后要把她贩运到内地去卖，已说好过四十天就来带人。之后，白娥姑娘天天不吃不喝，一大早就上山梁望着北边海子的方向。当她听说外地客商要来带人时，就爬上跌水崖山头，口里喊着“黑哥，黑哥……”跳下了山崖。只是她跳崖之后，崖下并没有见到她的尸体。原来她掉到半崖时就变成了一只大白鹅，钻进跌水崖的水沟里不见了。当地人又说，跌水崖的水沟通着北边草原上的海子，要想找到那只大白鹅，还是去那北边的海子里找吧。

黑汉听了万分悲痛，这个马倌出身的后生，二话没说，掉转马头急返北边海子。当他又回到马莲河时，举目海子，只见一对一对的大白鹅正嬉戏水面。他心急如火，马后加鞭，飞驰海子边畔，望啊，看啊，忽然发现有一只大白鹅孤零零地独游水面，发现湖边有人，就急匆匆向着他身边而来，而且确像是高叫着黑哥，黑哥……发出凄凉的呼叫声。再看黑汉一时情动，纵马飞身跃进海子里……后来人们只在跌水崖的水沟里，找到了被黑汉骑入海子里的那匹马的马鞍，黑汉和白娥的下落仍然不明。有人指着海子春秋季节过往飞来的一对又一对大白鹅说，那里边就有着黑汉与白娥。人们都说，红碱淖海子底下通着南边的跌水崖水沟，因为黑汉的马鞍就是从跌水崖的水沟里被水推出来的。

黄羊与大户

民国年间，红碱淖西侧区域属蒙古草地，人烟稀少、土地广袤、肥沃湿润，可谓是风水宝地。王家祖先定居于此后，人丁兴旺，生息繁衍，几代下来已是大户人家，一家老小上上下下总计有 100 多人，同吃同住。遇到风调雨顺的天年，自然人多手多，收成丰硕。得益于天然草场，骡马成群，牛羊满圈，一年有粮有肉，生活美满富足。

然而，有一年天气干旱，颗粒无收，一大家子人的饮食就成了大问题，他们便将目光投向草原。此时的草原是动物的世界，野马、黄羊、野兔、狐狸随处可见。因为一顿饭的消耗量非常之大，王家的管家不得不带领一批后生围捕猎物，他们不像普通猎人那样，一只一只地捕杀，而是在兔路上拉一条长网，众人从远处绕到兔子身后，一路吆喝，往前驱赶，一打一个准，无一漏网。得益于草原的馈赠，王家一户人家得以维持家族的吃吃喝喝，熬过了夏天。但不久，寒冷的北风来袭，草原上万物皆枯，而秋季存粮又少，不得已杀了大半牛羊，一家人一筹莫展。

终于有一天他们看到了希望。北面的蒙古梁方向，出现了一群非常庞大的黄羊群，时常来到红碱淖边喝水，而后悠闲向北归去。他们想着如果将这些黄羊全部杀掉，储存下来也够家族的人吃一个冬天了。于是一家老小全部出动，开始在岸边布置陷阱：在广袤的冰面上用沙土向湖心铺出一条路来，路上撒些草料。日至当午，北边起了一片黄尘。众人隐藏起来，黄羊一股脑往前冲，来到岸边，发现了草料，饥饿的黄羊埋头抢食，一路往前冲。当黄羊群一步步走到湖中心，享用为它们准备的“最后的午餐”时，根本没有意识到退路被堵死。等待它们的是寒光闪闪的刀锋，此时，无论男女老幼都露出狰狞的面孔，震天动地的呼喊声将黄羊群惊吓得四处乱窜。黄羊身轻而灵活，善于奔跑跳跃，然而，在冰面上这些本领却完全无用武之地，它们只要一用劲跳跃，就滑倒在冰面上，滑倒后又只能原地打转难以站立。凄惨的哀叫响彻天空，一只只黄羊被乱刀砍死，鲜血染红了红碱淖的冰面。

王姓的这个大家族，在大荒之年免受饥寒，享受了一个冬天的黄羊肉。然而，令人感叹的是，这个家族从此走向衰败，第二年遇上好年头，又打了 100 多石的糜子。却不知什么原因，无缘无故被一场大火烧为灰烬。从此后，这一大户人家，病的病，亡的亡，最终剩下的为数不多的几个后裔，也分家各奔东西。村人说:“这是报应，王家心太残了，黄羊也是老天爷留下的命呀。”

饮马泉

传说 13 世纪初的一年大旱，盛夏的一天，成吉思汗在札萨营盘吃过早饭后动身南下，到了尔林兔大草原，正值午后，烈日当头，人马饥渴，踏遍草原连一点水都没有找到。这时，成吉思汗的坐骑白龙马狂吼乱奔到红石岛北边一个较低的洼地，用前蹄左一下、右一下，只刨了十几下，一股泉水便直冲上来。这样，不但解了人马之渴，而且这股泉水日复一日、年复一年往上涌，面积越来越大。以后，雨涝时扩大，天旱时缩小，再没有干枯过。人们将之称为“成吉思汗的饮马泉”，亦称“成吉思汗的饮马潭”。白龙马由于此举神奇和屡建战功，一代一代递传至今。从 15 世纪末到 16 世纪初，连年大旱，草滩上的草死光了，变成一片荒凉，可“饮马泉”仍未旱干。17 世纪末到 18 世纪初，连年大涝，四周的雨水淌入，加上泉水上涌，“饮马泉”不断扩大，形成了一个万亩大海子。

赤海

相传在5000多年前的黄帝时代，黄帝和蚩尤为争夺天下而展开了空前大战。南方的蚩尤会使妖术，在作战中呼风唤雨，并降大雾，使黄帝的士兵看不清道路和敌人。于是黄帝一面命人制造指南车引路继续前进，一面请求上天帮助。这时，同情黄帝的九天玄女出现了。她带了狂风大雨的克星——女神旱魃。旱魃一

红碱淖

出现，战场马上天开云散，晴空万里，兵强马壮的黄帝部族乘机打败了蚩尤。可旱魃，却是一个好请难送的大瘟神，她一旦被请下了凡间，就再也不肯自动离开。黄帝用计把旱魃骗到了黄土高原北部的赤海，因为赤海有一个特点，就是任何东西进去后，就再也出不来了。旱魃踏进了赤海，果然出不来了，知道受骗的旱魃愤怒地使出自己全部的力量将赤海之水蒸干了，赤海及周围的土地变成了沙碱地，寸草不生。过了很久很久，旱魃的生命到头了，她的尸体慢慢沉入了地下，在她沉下去的地方不时地冒出一

些水。这些水的含碱量很高，有的地方甚至形成了沼泽碱地，于是，人们便把这里叫作红碱淖了。

宁吃苦菜不吃鱼

红碱淖地处毛乌素沙漠腹地，干旱少雨，因此水生动物少见，据说一开始当地人是不吃鱼的，即使是在大旱大灾之年，他们宁愿靠挖野菜、刨树根度日，也不会吃鱼。主要原因是他们没见过鱼，没有吃鱼的习惯和传统。这一说法在清朝嘉庆年间榆林知府邓廷桢的诗作《于役神木，舆中作此》中有所提及："是水偏名酒，多鱼却唤虫。"意思是说当地人不识鱼滋味，就知道这是水里的大虫子。而在《延绥镇志》中也有一段趣闻：昔日范希文戍边，行水滨，甚乐之，从者前云"此水不好，里面有虫"，答云"不妨，我亦食此虫也"。20 世纪 50 年代，外地来的生意人用柳编筐子往湖里一扔，捞上鱼来，直接炖了吃，香气扑鼻、味道鲜美，于是后来"鱼可以吃且很好吃"的这种意识和习惯才慢慢在当地推广开来，由此也诞生了"红湖炖鱼"这一特色美食。

沙盖的传说

在毛乌素沙漠周边地区，人们靠沙吃沙，都食用一种只有沙丘上才能生长的像是野菜一样的蔬菜，这就是沙芥，当地方言称

红碱淖湖岸

“沙盖”。

传说从前尔林兔村一位老牧民在红碱淖红石岛察看旱情时，发现坚硬的磐石上长出一株从未见过的白色植物，牧民老眼昏花，觉得像极了神像，忙大惊小怪地呼唤众多牧民前来祭奠，不料人多腿也杂，一群人在忙乱中将这株白色植物踩入泥沙之中，使它失去了成熟产籽的机会。

过了几天以后，大雨倾盆，人们都沉浸在祈雨成功的喜悦之中，只有那位老牧民做了个梦，变得神情恍惚。梦中，他眼见得那白色植物的尖儿像只蛇头，一个劲地往上蹿，长得冒天高，又

红碱淖夏日盛况

弯过头来直朝地下钻，钻进去又蹿出来，再往高里长……老人惊奇地问它是什么东西。那白色植物的蛇尖儿直冲他来，狠狠地说："你这会儿才想到问我是什么了？你这个瞅红灭黑的家伙，我绝不了种，我就缠着你迷糊到底。我活了，你就死了……"从此老人大病，卧床不起。

第二年春天，老人似乎病愈，他让家人扶他到红石岛上散心，并带了条袋子，让家人帮他装满岛上的沙子，他说，这是土地爷吩咐他办的一件事。初夏，老人来到一片沙丘，将红石岛上的沙子遍撒，并一一盖严。七七四十九天之后，那片沙丘上长满了茂密的绿绿的白白的草，茎像那白色植物，叶似竹叶，且蜷曲在一起。老人去世的时候，断断续续地说："那……那……那是……是……沙……沙……盖。"

为了纪念老人，人们在秋季收拾了沙盖的籽儿，第二年初夏种上，整个夏秋就有了鲜菜。

夏日的红碱淖湖岸

参考文献

[1] 陕西省地方志办公室.红碱淖志[M].西安：陕西人民出版社，2019.

[2] 王世雄，王峰存.陕北地名故事[M].西安：陕西人民出版社，2002.

[3] 杨瑞.石峁二十四节气[M].西安：陕西人民出版社，2022.

[4] 程安东.生态旅游开发与环境保护（基于陕西红碱淖景区的研究）[M].西安：陕西人民出版社，2011.

[5] 罗亚蒙.中国城市大典（第一卷）[M].北京：人民日报出版社，2005.

[6] 范立民.陕北江南红碱淖[J].地球，1993（1）.

[7] 木雨.神木红碱淖　中国沙漠淡水第一湖[J].中国西部，2015(14).

[8] 神木市人民政府.神木市红碱淖国家级自然保护区管理办法[EB/OL].http：//www.sxsm.gov.cn/zwgk/fdzdgknr/zfwj/szf/1580813866282483714.html，2019.

[9] 刘英，等.基 Landsat 和 HJ 卫星影像的红碱淖面积变化趋势分析[J].地理与地理信息科学，2015，31(5)：60-64.

[10] 丁强.红碱淖生态环境变迁与保护[J].科技资讯，2012(27)：148-148.

[11] 中国最大沙漠淡水湖濒临干涸[J].地理教学，2009(10)：47-48.

[12] 王绿洲，等.陕西红碱淖渔业湿地现状及保护措施[J].中国渔业经济，2006(6)：73-74.

[13] 张治来，等.陕西红碱淖遗鸥种群的保护现状及对策[J].榆林学院学报，2006(2)：40-42.

[14] 彭颜红.游沙漠里的大海红碱淖[N].榆林日报，2023-8-26.

[15] 宋史・卷四百八十五・列传第二百四十四・夏国传上.

[16] 陶思明.红碱淖的未来[J].青海科技，2012.

龙华集团 LONGHUA GROUP

龙华集团成立三十周年 1994-2024

陕西龙华煤焦电集团有限责任公司
荣誉出品

神奇神木

杨家城

高杰◎主编

陕西新华出版
陕西人民出版社

“神奇神木”编委会

序

文化是一座城市的灵魂，是推动可持续发展的内在动力。在以现代化高端能源化工为主要发展取向的神木，旖旎秀丽的自然风光和深厚悠久的文化积淀也成为促进经济转型、提升城市品位的重要资源。也正因有了遗鸥翔集的大漠明珠，有了石破天惊的史前文明，有了大街小巷的斑驳印记，神木不再单单是能源重镇，更是一座闪耀着文明火光，浸润着诗意山水的心灵归宿。

神奇神木，神秘神往。神木之“奇”在于其或俊逸旷达，或清新浪漫，或脱尘超俗……在亿万年地质变迁和数万年人类活动中，神木受到自然和历史的双重眷顾。从绵延的秃尾河到横亘的历代长城，从自由的遗鸥到雄奇的二郎山，从四千年前的石峁到五百年前的高家堡，昭君出塞、杨业抗辽、范仲淹巡边等历史故事传唱千古，为我们留下了太多遐想；唢呐、三弦、酒曲、说书等众多地域特色文化引人入胜。历朝历代的烽火硝烟、雷霆战鼓、

写意诗画、风俗民情，或托于遗存，或附于山丘，或以诗表、或以词生，凡此种种，都在数千年的皇皇之旅中留下了深深的印痕，至今徜徉其中，仍旧令人惊叹不已、感动莫名。

“神奇神木”由龙华集团精心策划推出，以高家堡、石峁遗址、杨家城、二郎山、红碱淖五处神木市代表景点为对象，用尽可能翔实的描述，通过图文并茂的形式展示神木市秀美的自然山水、深厚的历史文化、浓郁的地方风情，为广大游客游览提供有益遵循，为促进神木市文旅融合发展做出进一步的探索。其中，《石峁》以考古发掘成果及遗址的重要价值意义为线索，重点介绍石峁古城的构成、出土器物以及传说故事，以期让读者对遗址有更为清晰明确的认知;《高家堡》由古而今，对当地重要的景点进行了比较系统、详尽的叙述，包括历史渊源、文化内涵、年代特征等，并用适当的笔墨对传说故事加以介绍，力求给读者展现平凡世界之外的不平凡;《杨家城》则以古麟州的遗存为重点，结合当前旅游开发情况，着重介绍遗存现状、现有景点、历史人物、诗词歌赋等，由此反映麟州的性格品质、人间烟火;《红碱淖》以自然风光、珍奇禽类为要素，对湖泊生态、保护情况、周边景致、游览感怀等进行介绍，为畅游其中指明了方向;《二郎山》将错落有致地分布着集儒、释、道三教合一的各类建筑，庙内遗存丰富的壁画、雕塑、石刻、题词等一一介绍，展现出其独特的艺术和历史价值。

龙华集团作为一家扎根神木的企业，目前初步形成了以煤炭为主体，煤化工和新能源为两翼，现代物流、现代服务、生态农

业为支撑的“一体两翼三保障”的产业格局，希望在企业高质量发展的道路上，从挖掘历史文化的角度为神木市的社会事业发展贡献自己的力量。这套丛书以“神奇神木”为题，一方面旨在要表达对先民和大自然丰厚馈赠的最高礼赞，另一方面也希望借此进一步宣传和推广神木旅游品牌。

我们衷心希望这套丛书能够得到广大读者的喜爱，让更多的人畅游神木，感受神木的神奇之处。

2023.8.5

窟野河
打井畔古井

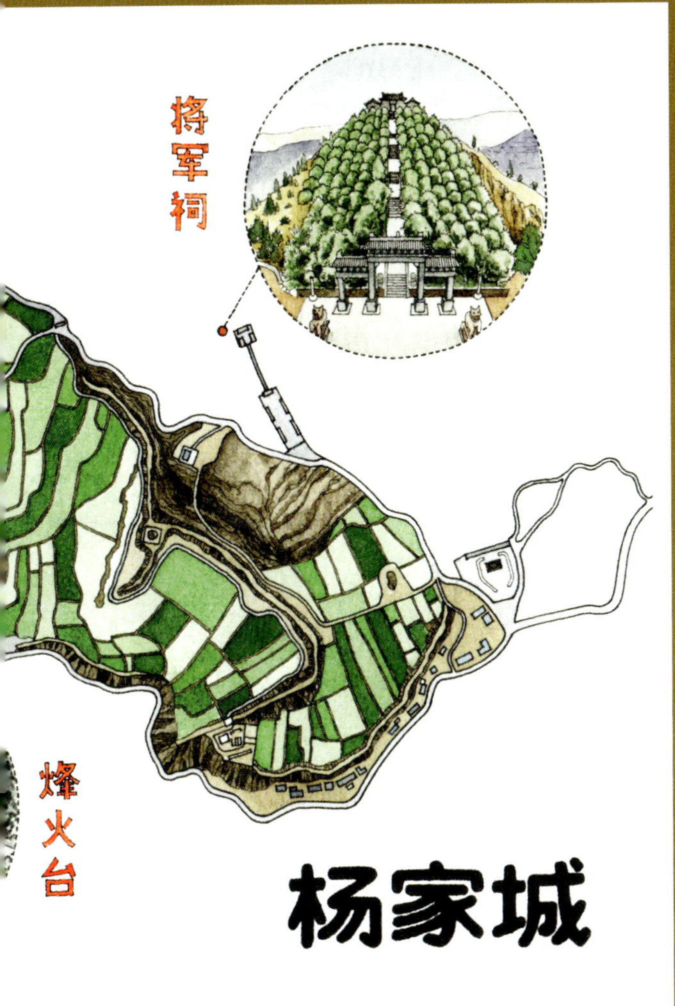
将军祠
烽火台
杨家城

目录

杨家城

神松旧处是麟州

麟州故城又名杨家城，位于神木县（今神木市）东北约 15 公里处的店塔镇杨城村，西濒窟野河，北临草地沟，东连桃峁梁，南接麻堰沟，依山呈不规则长条形分布，南、西、北三面，由河流、深沟环绕，且多处是绝壁，地势甚为险要，易守难攻。城内呈东高西低之势，最高点海拔 1156 米，最低点海拔 1092 米，平均海拔 1120 米。南北长约 1000 米，东西宽约 300 米，总面积 69.30 公顷。北宋欧阳修称赞麟州城“城堡坚完，地势高峻，乃是天设之险”。

麟州故城遗址大多为唐宋时期修建的夯土城墙，主要由夯土

麟州故城保护标志碑

墙垣、门洞、瓮城、墩台、马面和二三十处房屋基址构成，形状基本完整，城垣弯曲蜿蜒，遗迹清晰可辨。整个故城分为东城、内城（紫锦城）、西城（两关）、北城四个相互联系又相互独立的部分。城墙整个残存高度小于3米的有3200米，3—6米的有1450米，以上两部分占总长度的92%，部分残存高度6—10米，城墙厚度8—10米。故城南段为断崖，一般修筑大约2米高的雉堞。西城（西关）面积最大，地形颇为复杂，遗存大量唐宋时期的砖、瓦、脊兽等建筑材料，大大小小的防御礌石也随处可见。

20世纪70年代修建杨城电灌站，从城垣东面到西北面修建1950米长的灌溉明渠，其中东段明渠利用城垣的高度造成占

杨家城全景图

用性破坏，占压墙垣遗址两段共 200 余米。同期的基建农田工程将遗址东部 30 公顷土地辟为农田。由于故城遗址的城垣为黄土夯筑，在自然条件下不易保护，城垣本体遭受雨水冲刷、风力剥蚀、重力塌落等自然慢性破坏酥碱风化现象严重。

据史料记载，麟州故城始建于唐天宝年间（742—756）。五代至宋，州刺史杨弘信，其长子杨重勋（重训）和孙杨光，世守麟州；次子杨业和孙杨延昭，都是宋代名将，北拒契丹，称雄一方。世人怀着对捍边英雄的崇敬心情，改呼此城为杨家城。城东南约 70 米处，原有松树 3 株，年久树老，枝柯相连，须两三人合抱，后人以神松呼之。金以此名曰神木寨，元以后因此命名神木县，城址旧貌犹存。城周景致幽润，有诗云："一径开溪畔，孤村人几家。山花常带雨，野柳暗藏鸦。路曲分樵牧，冰澌咽石沙。相看不倦处，前路暮云遮。"金、元、明历代改徙，此间，杨家城战火连年，少有宁日，时兴时废，最终毁于战乱。明正统八年（1443）今治神木县城兴建后，杨家城废弃。

杨家城在古代时军事地理位置相当重要，它"西屏榆阳，东拒河朔，南卫关中，北控河套"，为宋代抗击契丹、西夏的边防要塞。宋代名臣文彦博、范仲淹、司马光、韩琦等人多次来此巡察，并留下了脍炙人口的诗词佳作，其中范仲淹的《麟州秋词》最为人欣赏和熟悉。城西北临近悬崖处有水井两口，水井距窟野河床落差百余米，但井水长年不断，历史上杨家城虽屡遭围困，但始终不易攻克，一个重要的原因就是井水畅旺，无虑水源。

麟州故城虽历经沧桑，人为、自然破坏比较严重，但该城的历史价值及文化内涵都十分重要，它作为唐宋边关历史的载体，对研究古代政治、军事及民族关系史有着极其重要的价值。于1983年被县政府公布为第二批县级文物保护单位，2003年被陕西省政府公布为省级文物保护单位，2006年被国务院公布为第六批全国重点文物保护单位。2012年被榆林市命名为“爱国主义教育基地”。

杨家城

历史的脉搏

唐开元八年（720），突厥人康待宾联合党项、羌族反唐，攻占胜州所属的银城县和连谷县。次年，唐朝廷派兵部尚书王晙、燕国公张说前往镇乐，擒获康待宾，叛乱平息。开元十二年（724），经张说奏请，分胜州连谷、银城二县，设置麟州。由于麟州属民族杂居之地，群雄割据，烽火不断，战事屡兴。开元十四年（726），撤销麟州建置。

天宝元年（742），朔方节度使王忠嗣奏请再次设置麟州，并改为新秦郡。乾元元年（758），复为麟州，领属新秦、连谷、银城三县，“户二千四百二十八，口一万九百三”。中和四年（884），麟州隶属于河东道。

五代时，沿袭麟州建置。天祐五年（908），李存勖划河外

杨家城一角

三州隶河东。后晋天福元年（936），石敬瑭以燕云十六州贿契丹，麟州、府州联盟抵御。后周广顺二年初（952），麟州土豪杨弘信自立为刺史，不久，杨弘信病死，次子杨重勋（又名杨重训）继任麟州刺史，依附北汉。显德四年（957），杨重勋归顺后周，担任麟州防御史。北宋乾德五年（967）十二月，麟州升为建宁军。端拱二年（989），改建宁军为镇西军。政和四年（1114），将银城县和连谷县并入新秦县。

杨家城

北宋时期，麟州处于契丹、西夏、北宋三大政权之间。麟州与府州、丰州长期隶归河东（今山西）管辖，边关要地，少有宁日。固守麟州，东可拒契丹南侵，西能牵制西夏对鄜延及以西诸路进犯，南可保河东一带安全。麟州城虽孤悬河外，与延州（今延安）等地联系须西渡黄河，绕道山西，军需物资亦须由河东转运，但“麟州存则固河东，弃之则失河外”，“固河东”的军事价值具有重要的战略意义，北宋不惜付出重大代价固守麟州，且派司马光、文彦博、欧阳修、范仲淹等名臣多次巡察。

南宋建炎二年（1128），府州知州折可求以所属麟州、府州、丰州叛宋降金。金皇统八年（1148），麟州、府州被西夏占据。兴定元年（1217），麟州被金兵占据，撤销镇西军，改为神木寨。此后，神木寨又被西夏、元先后占领。

至元元年（1264），元军据有麟州，并立云州于神木寨。至元六年（1269），改云州为神木县。至元十八年（1281），主簿王瑄迁建县城于窟野川东山。

明洪武十四年（1381），复置神木县。正统五年（1440），县城复迁麟州作城址。正统八年（1443），因县城居山顶不便，迁建于窟野河平川（即今神木市区老城），县城再次废弃。

杨家城遗址全景

麟州故城

东城

位于城址东部，地势为大面积的缓坡地，面积约为 10.82 公顷，城垣依山而建，夯土筑城，悬崖处石块垒砌。东墙与西墙保存较好；西墙局部残高达 18 米，底宽 40 米。南城墙破坏严重，当地村民在东门至南门的城墙上挖掘窑洞，墙体内有纴木腐朽孔洞。城内地势开阔、平坦，东南和西北部有建筑基址。原有北、东、南三座城门，有三座瓮城、三处马面以及四处角楼遗迹。北门已成为冲刷沟。城东南角的东门是故城的主入口之一，附有马蹄状瓮城。南门城西南角，有椭圆形瓮城。东瓮城与南瓮城之间相距 300 米，有两处马面。

杨家城东城全景图

东城南门

内城

又名紫锦城，位于故城中部偏南位置，地势高敞，城垣厚大，面积最小，约为 6.01 公顷，是麟州故城的中心。内城城垣保存状况最好，保存长度 882 米，残存高度 10 米以上。内城东墙也是东城西墙，全长 300 米。最大的残存高台高 18.3 米，是全城的最高点。《宋史 · 外国一 · 夏国上》记载的红楼疑似建在此处。

内城

红楼

红楼位于内城的最高点，在当时是重要的军事设施，是监视敌人动向的最佳瞭望点，站在“红楼”上，视野极其开阔，方圆几十里一览无余。同时红楼也是富有文化底蕴的观赏点。红楼的存在在史书上有明确记载,《宋史 · 夏国传》记“麟州西城枕睥睨，曰红楼，下瞰窟野河”,《宋史 · 郭恩传》也记“从衙城红楼之上，俯瞰其地（指窟野河西山的白草坪），犹指掌也”。

宋代名臣文彦博曾在此写下《忆红楼》的诗章:“昔年持斧按边州，闲上高城久驻留。曾见兵锋逾白草，偶题诗句在红楼。控弦挽粟成陈事，缓带投壶忆旧游。狂斐更烦金石刻，腼颜多谢镇西侯。”著名文学家范仲淹，于庆历四年（1044），奉命“宣抚陕西、河东”，十月初来到麟州，站在“红楼”上触景生情写下千古名篇《渔家傲 · 秋思》:“塞下秋来风景异，衡阳雁去无留意。四面边声连角起，千嶂里，长烟落日孤城闭。浊酒一杯家万里，燕然未勒归无计，羌管悠悠霜满地。人不寐，将军白发征夫泪。”此外，范仲淹还作有一首《题留麟州》的诗:“宜恩来到极西州，城下羌山隔一流。不见耕桑见烽火，愿封丞相富人侯。”根据记载，除文中两位诗人外，还有张敬忠、李益等唐宋著名诗人都曾在这里留下脍炙人口的诗词。

红楼虽早已不在，但是我们从这些歌咏红楼的诗句可以想象红楼朱木撑天，飞檐彩壁，在塞北的秋日里映着金光，独领风骚，无比的壮观与恢宏。

西城

规模最大，地形复杂，面积约为 30.07 公顷，有两座城门。西城城垣大部分损毁。城内北部和西南部存有高低不等的夯土墙垣。西城外西北部与长城遗址交错的部分称为北外城，面积为 22.4 公顷。杨家城遗址的北外城与明代长城遗址相互交错，因难以厘清，故公布故城周长约 5 公里。

西城

西城门

古官衙

位于西城的西北部，现存有柱础石、砖石砌筑平台、鸱吻、筒瓦等建筑遗存，疑为中晚唐时期官衙所在地。西城西关墩畔有宋代官署，位于西城西关墩畔梯田式平台耕地上，坐北向南，面积约 700 平方米，建筑基址布局有序，高低错落有致，南北轴线布局，分为前殿、庭院甬道、后殿三部分，并有耳房等附属设施。前殿面阔三间，进深三间，后殿分为前后室，均为方砖铺地，甬道由砂条石铺就，现存有板瓦、筒瓦、“官”字瓦、“官”字方砖等遗物，柱础石、散水、下水道等建筑遗存。

将军祠

史料记载杨家城旧址东北角有座小山，山势秀丽挺拔。南接城址，可人车通行，东、北、西三面临崖，威严挺立。从古至今，人们称其为将军山。山头旧有庙，早已坍塌，仅存些许庙基遗迹，当地村民一直称将军庙。因传世资料和实物极少，

将军祠

对该庙建于何时，供奉什么神，有什么神像、神塑，毁于何时都不得而知。

石窟

位于杨家城遗址向西约 2 公里处临窟野河的悬崖之上，地势险峻且隐蔽。为规模较小的砂岩石质单窟，开凿年代为唐代。窟口向南立面近方形，高 1.52 米，宽 1.5 米，窟口已经部分坍塌。窟平面近方形。窟进深 1.3 米，宽 1.5—1.7 米，高 1.52 米。顶部部分风化，残留有北宋元丰和大观年间碑刻题记，最早为元丰二

石窟藻井

石窟

年（1079）。全窟的造像题材组合为一佛二弟子二菩萨二天王或力士。后壁设坛窟，基坛上高浮雕一佛二弟子，主尊为善珈趺坐的弥勒佛。左右侧弟子呈站立状，踩于覆莲座之上，双手合十于胸前。东西壁造像均为高浮雕一菩萨一天王或力士，菩萨呈站立状，天王或力士表面基本残毁，仅存轮廓。

墓群

杨家城遗址附近有多处墓葬区。2009 年，在故城东约 1000 米范围内发现墓葬 48 座，墓葬形制多为长方形竖穴土洞石墓。年代多为宋时期，也有部分汉墓。2008 年发掘的小庙高世忠墓和 2010 年发掘的草垛山徐德墓对研究北宋时期麟州的社会、军事、文化等有重要价值。

小庙墓群

为宋代高氏家族墓地，位于杨城村小庙组。2018 年 3 月，神木市东境公路店塔至张板崖段项目施工过程中发现。2018 年 4—11 月陕西省考古研究院和榆林考古队联合发掘，共清理 11 座墓室，其中高世忠墓为砖砌墓室，出土墓志铭、陶器、壁画、钱币等文物。

小庙雪景

古柏树群

位于杨城村庙石畔，生长地海拔 1086 米。古柏达到保护级别的共有 7 株。其中实施省级一级保护的 1 株，树龄 1000 余年，树高 15.1 米，冠幅 11.6 米，胸径 0.9 米，生长旺盛，树分五枝，状如手掌，人称“五指柏”，民间传为杨业手植，寓意“根留麟州，树在人安”。实施省级二级保护的有 6 株，树高 6—8 米不等，树龄 300—500 年。

五指柏

长城遗址

明初修建长城使用了杨家城北、西和南的城墙，并在东北修建有烽火台三处。故城遗址南部和东北部 500 米和 1000 米处分别为明代长城与烽火台遗址，这些长城遗址构成了故城遗址的人文景观。明代初年修建的长城巧妙地利用了麟州城西南和西北的城垣，构筑了烽火台、关卡等工事，与明代长城和窟野河天堑共同构筑形成了“山、河、城、关”为一体的边关军事防御体系，堪称我国城市发展史上的一个大奇迹。

长城遗址

麟州故城

古城印记

中华人民共和国成立后，麟州故城时有文物出土。1968 年 3 月，杨家城村民杨启旺在故城西关耕地时，发现一条重 6 两 5 钱的金带，由银行收购。1972—1989 年，神木县文管所工作人员孙嘉祥协助陕西省考古研究所专家戴应新多次到杨家城考察，收集文物碎片。1978 年 8 月，戴应新在杨家城村居民院落瓦砾堆中发现宋代铭文墓砖五方，判定为漏泽园遗物。神木市文物管理办公室收藏部分故城的出土文物，神木市博物馆设古麟州城与杨家将文化专题展厅。

杨家城考古

黑釉双耳瓷罐

宋代，口径 9.6 厘米，腹径 12.2 厘米，底径 5.9 厘米，高 10.5 厘米，重 0.375 千克。直口，圆唇，颈部有双耳，圆鼓腹，圈足，通体饰黑釉至下腹部，一耳残，其余完好。

兽面瓦当

宋代，直径 13.5—16.5 厘米，通高 3.2—5.5 厘米，重 1.7 千克。大口，龇牙，环眼蚕眉，叶耳，中心兽面凸起。

宣德炉

明宣德六年（1431）铜炉，口径 14.8 厘米，腹径 17 厘米，高 11 厘米，重 1.15 千克。敞口，斜折沿，半圆形耳，扁腹，圆底，三乳足。外壁底部铭文楷书四行，内容为“大明宣德六年工部尚书吴帮佐监造”。保存完整，1983 年出土。

铁刀

明代，长 62 厘米，宽 6 厘米，厚 0.5 厘米，重 0.93 千克。刀呈长条形，弧刃厚背，无格，柄部穿两钉，刃残，锈蚀严重。

遗址标本

麟州故城虽经历千年风雨，遗址内仍然留下了大量唐、宋、元、明各时期的实物遗存，田间地头、城墙内外，残砖碎瓦俯拾皆是；村民院落，田埂墙头，遗存的建筑构件随处可见。采

柱础石

白底黑彩如意枕

白釉钵式炉

集、出土、征集的标本有砖瓦、陶瓷残片以及钢铁钱币、瓷器、陶器、铜簇、礌石、石磨、柱础、瓦当等物品。

· 陶片及陶器

主要为轮制素面泥质灰陶，质地细腻，可辨形器有晚唐至宋代的“风”字形双系罐、宋代大口卷沿罐等。

· 石器

有磕石、石磨、石臼、石碾、石滚、石夯、石砚等，出土时代为宋至明清。铜铁器数量较少，主要有宋至晚清的铜簪、铁权、铁簪头、铁券（西夏）、钱币（开元通宝、乾元重宝、崇宁重宝等）、铜簇、铁刀。

· 瓷片及器物

分为粗胎、胎质略粗、细胎瓷三类。窑系有定窑、介休窑、霍州窑、耀州窑、磁州窑、灵武窑及当地民窑。釉色有白釉、青釉、酱釉、油滴釉、兔毫釉及纹胎釉等。花纹装饰有缠枝、牡丹、葵花、珍珠、鸟纹等。装饰工艺有印花、刻花、划花、绘花等。可辨形器有碗、盘、杯、盏、盒、瓶、罐、壶、砚、炉等。出土时代为中晚唐、宋、金、西夏、元，其中宋辽所占比例最大。

杨家城

杨家城之旅

“麟州故城”石碑

从杨家城景区沿着山路盘旋而上，在东门附近有一块“麟州故城”石碑，碑上刻着“全国重点文物保护单位”，早在 1983 年麟州故城便被神木县政府公布为县级文物保护单位，2003 年被陕西省政府公布为省级文物保护单位，又于 2006 年被国务院公布为全国重点文物保护单位。随着各级政府和社会各界人士对麟州故城的日益重视，对于麟州故城的保护工作和保护机制也日趋完善。

"麟州故城"石碑

东城城墙高台

东城城墙高台为麟州故城残存土城墙的制高点，站在这里可以清晰地看到麟州故城的城垣结构，放眼望去，夯筑城墙高高低低绵延起伏、断断续续。故城既为州城驻地，又是军事要塞，城

东城城墙高台

山一体，凭崖据险，易守难攻，城址依自然山势逶迤而筑，由东城、内城（紫锦城）、西城（西关）、北城四部分组成，各自为城、四位一体。东城为军事中心，用于屯集军队；内城为政治中心，是州政府所在地；西城为居民生活区；北城为麟州城水源所在地。

历史上王维、范仲淹、文彦博、司马光、欧阳修等名人都曾到过麟州故城，且有《新秦郡松树歌》《渔家傲·麟州秋词》《题留麟州》《忆红楼》等著名诗词传世。踏上杨家城遗址，站在范仲淹、文彦博等古代名士曾把酒临风的城墙废墟上，极目而望，昔日的巍巍雄关只剩断壁残垣。但当风声骤起，仿佛依然能听到千年以前的鼓角声、厮杀声、呐喊声，依然能感受到塞北边城的雄伟气魄。

东门广场

东门广场位于杨家城东门附近，商贩云集，是休闲娱乐的好去处，周边可见杨家三十六枪之招式，及绞绳弩车、绞绳云梯、

东门广场

投石车、云梯、双弓弩车、绞盘云梯、望楼车、攻城冲车等古代作战时所用的大型武器。

北宋时期，麟府二州据险而筑，把控要道，且可长期战守，是战争时期边塞的战略要地。

在东门广场，可以直观地感受到杨家将高超的武艺及如神的兵法，也可联想到杨家将的豪爽性格。三世主政，五代连官，杨家将镇守麟州，保境安民，功名如此，何其壮丽哉！

中国第一锅

在东门广场军事文化体验园的西北角，有一口直径达 2 米的大锅，灶台呈方形，是用条状石板垒砌起来的，正面写有红色的大字“中国第一锅”。灶台后部的圆柱形烟囱，下方用青石垒砌，上方用碎石堆砌，烟囱上有竖向的大字“神木杀猪菜”，中间的大锅上盖有木制的锅盖。硕大的铁锅和灶台既体现出神木人的豪爽大气，也是杨家城节庆赛事熬制美食的重要工具。每逢佳节，杀猪菜、粉糊糊等神木特色美食，香飘十里，成为游客朋友满足味蕾、体验生活的好去处。

中国第一锅

杨城驿站

东门广场的东北角是杨城驿站，木质的门楣上覆盖有茅草，大门两侧挂有红色的大灯笼，白墙黛瓦，古香古色。墙外是木栅栏围成的方形小院，中间绿意盎然，右侧设置有木质水车，后部是一个简易的凉亭。杨城驿站是杨家城遗址对外服务的重要活动场所，主要承接团建游学、演出社团、读书雅集、围炉煮茶、文创开发、直播带货等商务活动。

杨城驿站

打井畔古井

在杨家城东北角崖畔矗立着两座凉亭，内有两口古井，开创了“凿石汲水”之奇迹。道光《神木县志》记载：此二井直径九尺，石中开凿，深四五十丈，直通窟野河底，旁有鱼池。相传当年井水畅旺，一旦城被围困，军民饮用，从未断源，人们视为奇迹，这也是杨家城屡攻不下的一个重要原因。

据《续资治通鉴长编》记载，这里曾经有这样一段故事：公元 1041 年，西夏王李元昊率兵围攻麟州，部下献计说城内无水，围而不攻，不出三天，满城人都会渴死，李元昊接受了建议。结果却发现城内人士在用水和泥加固城墙，李元昊认为献计者情报不准，贻误了战机，一怒之下杀了此人，引军退去。其实那时城里确实没有水，不过是守城将领的一个计谋。此后，人们为了防患于未然，就在这里凿了这两口井。像这样在石中开凿，深约 100 米的古井工程，其难度，在今天看来依然觉得不可思议。

打井畔古井

打井畔古井

将军祠

将军祠位于东门广场西北300米处，坐落在一处松柏茂密的小山之上。山下有一座气派的大理石牌楼，横额“气挟风雷”，对联“众口成碑传奇数卷称无敌；一门报国忠烈千秋有几家”。牌楼两侧矗立着两尊巨大的石狮，造型逼真、气势十足。沿着石阶

将军祠大理石牌楼

将军祠

向上攀登进入院内，可见将军祠内雕梁画栋、十分讲究，廊檐上还有各种灵兽或蹲或坐，整座祠宇显得分外庄重华丽。俯瞰将军祠，青松环绕，翠柏冲天，能够感受到杨家将忠勇的爱国精神和历史文化。现在我们能看到的将军祠为 2008 年在原庙址复建。

· 正殿

将军祠正殿门口有一副楹联“铁马金戈志在燕云万里驱驰号无故；伟业丰功肇于麟府千秋忠烈誉满门”。这副对联是对杨家将英雄事迹的一个高度概括和歌颂。在正殿里边有三尊塑像，分别为麟州刺史杨弘信，大宋敕封大同节度使杨业，麟州刺史

将军祠正殿

杨重训。东西墙壁彩绘 24 幅杨家将故事图画，主要反映的是杨业青少年时期生活的场景，比如打猎、七星庙结缘，以及在麟州练兵和杨家将驰骋沙场的一些战斗场景。殿内摆有麟州故城全景沙盘。

· 东厢房

东厢房布局简单，一进门地面左右两侧摆放两个小型展柜，左侧展柜主要陈列遗址内采集的瓦片、建筑构件等；右侧的展柜陈列的是遗址内采集的城砖、地砖。房间正面的墙壁中间悬挂一个电子屏幕，主要播放杨家城的宣传片，屏幕两侧是宣传展板。左边的展板重点介绍麟州城建制，故城面貌；右侧的展板则介绍杨家城的考古历程和城址现状。厢房的左侧墙壁是一幅油画作品，内容是北宋范仲淹巡边远眺麟州城的场景。厢房右侧墙壁则主要是名家吟咏麟州的诗词。另外在东厢房门口两侧陈列了宋代的武器，共有 18 种。分别为：长斧、象鼻刀、狼牙棒、槊、钩镰枪、青龙偃月刀、丈八蛇矛、月牙铲、狼牙镗、方天画戟、三股叉、六合枪、朴刀、霸王枪、方便铲、春秋大刀、哨子棍、长锤。

· 西厢房

西厢房格局与东厢房相当，西厢房主题则是杨家将核心人物的简介和他们的生平事迹，在房间正中间的位置设置有互动装置，游客按动相应麻绳上的开关，对应的杨家将的人物肖像画就会下降，游客可以细致观察。墙壁后侧有一排展柜，主要是杨家将剪纸、书籍、杂志，麟州故城的规划资料，杨家将故事书，遗址出土的瓷器碎片、钱币、棋子、生活物件，等等。房间的两侧设置有两个高大的展柜，里面陈列的是仿制的宋代铠甲和宋代服饰。

将军祠广场浮雕

古人云“无刻不成屋，有刻斯为贵”，在将军祠下方的广场上矗立着4座高浮雕，分别展现了保家卫国、边塞诗韵、世守麟州、凯旋的壮观场景。浮雕栩栩如生，活灵活现，通过极富动感的场景和人物的面容神情展现了杨家将凯旋的场景。

“保家卫国”表现了杨业一脉三代忠勇，抗击辽、西夏侵略的战斗场景，场景中，杨业、杨延昭和杨文广祖孙三人跃马横刀、血战沙场。

浮雕上，杨字旗迎风而立，旗面庄严肃穆，辉映着英姿焕发的杨业，他身着战甲，立挺着胸膛，扬起双眉，骑在战马上将金刀挥向西北，神情庄严，在他左右两侧的杨延昭和杨文广也骑着战马，手持长枪，目光如炬；早已做好战斗准备的士兵们，威风凛凛地紧握着武器，发出像大海怒潮般的口号声，一双双眼睛直视着敌人，闪现出炯炯的光芒，仿佛要求将军们立刻下达出击的命令；昂首呼啸的战马，迫不及待地要驮着杨家三人去冲锋陷阵。士兵们势在必行，势不可挡，敌人溃不成军，他们的军帐前皆是敌军仓皇逃窜时丢下的武器和盔甲。

为了在有限的画幅中表现激烈的战斗气氛，设计师巧妙地运

将军祠广场雕塑——《边塞诗韵》

用多层次的处理方式扩大人物的活动余地，使浮雕线条保持较大的起伏，以丰富的光影变化让主要部分跳动起来，达到人物组合与构图节奏的和谐。

《边塞诗韵》表现了与麟州故城相关的诗人在这里凭栏远眺、望景抒情的创作场景。

浮雕上诗人们挺直的腰杆犹如孤傲的红楼，直面风沙屹立不倒，他们在这里经历着、记录着，跨越时空的坚守连起一座座孤独的烽火台，谱写着那远离帝国中心的群像。一如王维巡边时看到的“青青山上松，数里不见今更逢”，张咏戍边的“时清官事少，边静戍人闲”，范仲淹立于麟州城高处发出“千嶂里，长烟落日孤城闭”的感叹……

《世守麟州》以麟州故城城楼为背景，展现了杨家将中9位主要人物，彰显了杨家世代忠烈、保家卫国的光辉形象。

这座浮雕气势恢宏，似有一种隔空对话之感。这不仅是杨家将几代英雄人物之间的神聚，更仿佛是和观者的一场跨越千年的神游，将观者的思绪瞬间带到千年前。

浮雕背景是麟州城门，城门上镂刻“麟州”二字。浮雕最中间的人是杨弘信，他剑眉鹰眼，络腮胡须抵肩，身形魁梧，一手别在身后，一手擎拄宝剑，巍然挺立，如山一般守卫着麟州的和平，他旁边的战马轻闭双眼，低头呓语像在诉说着什么。大抵是有如此猛将，战马亦可享长久安宁了；杨弘信的左侧是次子杨重勋，他已是风烛之年，脸上纹路如同斧凿刀刻，胡须迎风摆动，手持一杆长枪，叱咤风云之气不言而表；杨重勋左侧是杨光扆、杨琪和杨畋祖孙三人：杨光扆，眉头微锁，昂首挺胸，手按宝剑，目视前方，文韬武略似已成然于胸中；杨琪神情不怒而威，双手抱拳，腰佩宝剑，腰带正中是一枚虎头，威慑之气扑面而来；杨畋右手执笏板，神情肃然，正视前方，风度翩翩，尽显儒雅风流。杨弘信右侧是杨业，他手持令公刀，剑眉星目、面若刀削，头微微上扬，目扫前方，劲气干云霄；杨业右侧坐着的是他的妻子佘赛花——画面中唯一的女性，她正襟危坐，面容慈祥，一手持龙头拐杖，一手持笏板，如同春风一样，给人一种温暖的感觉；在佘赛花身侧的是杨延昭父子，杨延昭将手中的宝剑

将军祠广场雕塑——《世守麟州》

放至胸前，战袍迎风飘扬；杨文广握长矛牵战马，目视前方，身形孔武有力。

“凯旋”表现了杨家将三代主要人物得胜而归，文武百官、满城百姓夹道迎接的热闹场景。浮雕中心为杨业，两旁分别是其子杨延昭和其孙杨文广。“凯旋”展现的主题，是杨家将故事中最有历史意义的场景和瞬间，虽然每个人物经历的历史事件不一样，但都完整地体现了杨家将忠勇爱国的将心。

随从的文官武将还有沿途送行的百姓，杨家城远景、明长城烽火台和墩台以及窟野河，像一幅展开的石头画，将杨家将凯旋的场景生动地展现在每一个驻足于此的人面前。

烽火台

古代每遇战斗，都由烽火台报警，白天以狼烟和旗为志，晚上以火与灯笼为号，敌进则加鸣炮，敌退则只日放烟，夜举火，敌退尽烟火停止。如果敌兵不退，不分昼夜，每隔一个时辰，发出情报一次，烽火台接收敌情后，即传讯全线，烽火遍野，狼烟四起。如遇特殊情况，就派士兵骑着战马送信。

1 号烽火台位于西城，有前后两次修筑的痕迹，可能是秦长城和明长城的交叉处，烽火台下部为夯土和石块交错砌筑，上部为黄褐色夯土，夹杂着一些砂石，周围散落许多城墙砖石块等，但是残存的部分还十分高大，若是在古代，定像边塞的巨人一般，抵挡着外敌的入侵。

雄关烽火台

2号烽火台是明长城的一段，是目前重建的最精美的一个烽火台，也称雄关烽火台，由石砖修砌而成，俯瞰平面呈方形，上面又新修了马厩、碑文等，门口立有两个铜铸士兵，形象逼真，孔武有力，十分有压迫感。站在杨家城的烽火台上，看遍地英雄下夕烟。我们的长城不只是修筑在崇山峻岭之间，更植根于每一个华夏子孙的心里。而这根植于人民心里的软长城才是坚不可摧的。也只有这座万里长城，才能坚如磐石地固守我们华夏的家园。

3号烽火台与4号烽火台隔空相望，3号烽火台为现代重建

烽火台

修筑，由石砖修砌而成，整体为方形，台下有长城遗迹蜿蜒在山间，婉若游龙。站在3号烽火台上，向北望可以看到4号烽火台，向南望可以看到2号和1号烽火台，在崇山峻岭之间，点状的烽火台随着蜿蜒的墙体被串在一起，寒来暑往，周边或郁郁葱葱或萧条凋零，好一派北国景象。

4号烽火台位于南营堡西部位置，这里有很多树木，只能隐约看到轮廓，只有走近才能看到它的全貌。它是由黄土夯筑而成，底部包砌石条，烽火台东南外侧筑围墙，航拍俯瞰略呈方形。

5号烽火台由黄土夯筑而成，依自然山体而建，平面略呈方形，烽火台东南侧外筑围墙，经过数百年的风吹雨打，许多方方正正的棱角已经被磨平了，如今它已经不再承担烽火台的责任了，静静地看着脚下这片土地成为更多人舒适的栖居地。

明长城墩台

杨家城现存的墩台遗址较少，仅有北城垣墩台能分辨形制。这个墩台平面呈方形，外侧堆积着大量砖石块，满是岁月的痕迹。站在北城垣上，可以看到1号烽火台和它脚下断断续续的长城城墙，还可以看到北宋时期麟州的饮马道。

明长城墩台

明长城遗址石碑

神松广场

神松广场是杨家城遗址旅游打卡的重要目的地，广场东侧为当地条石垒砌的石墙，上面嵌有方形的刻字石砖，处处表达着“忠勇”的主题，墙体中间隔安置有木质的车轮，墙体上放置有木质的饰品点缀，墙体西侧是蜿蜒的流水，上面还间隔有小桥。在广场的正北侧，矗立着三棵巨大的神松雕塑，树干粗壮、枝叶稀疏，充满历史的沧桑和厚重。

古松景观

古松景观位于神松广场，在杨家城遗址外，这三棵树是由世界沙雕大师冯光兴亲自设计并且参与雕琢的。树的里面是钢筋混凝土结构，外面刷了八层油漆。这三棵树的直径 3 米多，高 13 米多，象征着“神木”之名，也象征第一代麟州刺史杨弘信和他的两个儿子杨重贵、杨重训。把象征着三位将军的古松雕塑放在这里让杨家将忠勇精神一代一代流传下去。古松景观现已成为游客祈福祭祀、拍照打卡的重要目的地。

神松广场

古松景观

南营堡

南营堡是明长城依托杨家城建成的，是一座防御外敌、观察敌情且具有军事功能的寨堡，我们也把它叫作“前哨寨堡”，南营堡西面为深沟，东、南面与山体相连，地势险要，易守难攻。

南营堡的入口处设置有一座石雕，上面有四个红色的大字“威震燕云”，在南营堡正前方的山体上雕刻有民国时期神木著名书法家王雪樵以及贾平凹、余秋雨等人的 11 幅书法作品，共计 150 平方米，可称之为摩崖石刻。摩崖石刻的右后方则是一座城门楼，唤作杨门寨，古香古色，镶嵌在山谷之中，有一夫当关万夫莫开之势。杨门寨前方的山坡上则是《麟州壮歌》系列雕塑，

南营堡——杨门寨

南营堡——威震燕云石刻

以杨家将征战杀敌、忠勇爱国为表现内容，远远望去给人一种肃杀之气，让人热血沸腾。

五指柏景观

五指柏是杨家城 7 株古柏群中最大的一株，这株千年古柏树干由上分成五个枝头，形似五指，故称“五指柏”。树枝上面系满了游人祈福的红绸，树下有杨业少年离家告别的场景雕塑，树的南侧不远处是一座圆形的凉亭，木质斑驳，上书“念子亭”。据相关记载，公元 950 年，麟州刺史杨弘信之子杨业在弱冠之年意欲投奔北汉刘崇，即将离开家乡之际，杨弘信命杨业亲手植柏

五指柏

五指柏

树一棵于此，寓意“根留麟州，树在人安”之意，因此这棵古柏也被称为“杨业手植五指柏”。在自然环境恶劣的西北，这棵树也仿佛浸润了杨家将的忠魂与骨血，生长至今，已逾千年。仰望着这棵大树，婆娑的树影，沙沙作响的树叶，仿佛在与我们完成一场穿越时空的对话，它就立在那里，默默地向每一位过路者诉说着那一段金戈铁马的历史。

神松

道光《神木县志》记载：“县东北杨家城，即古麟州城，相传城外东南约四十步，有松树三株，大可两三人合抱，为唐代旧物，人称神木。金以名寨，元以名县，明代尚有遗迹。”

现在看到的三棵松树是 2021 年神木从山东泰山景区周边选取的树龄在 330—350 年的三棵松树移植在这里，树高分别是 9 米、10 米、11 米，种植的位置是三角形，三角形具有稳定性，象征着神木这个风水宝地政治、经济、民生繁荣稳定发展；三棵树之间的距离分别是 8.8 米、9.9 米、13.14 米，树与树间的距离都是吉祥数字。

神松

观景平台

观景平台以三棵神松为中心，整体为同心圆造型，周边用宋元通宝、石槽等老物件装饰，融合了草原游牧文化和中原农耕文化，也可把它看作是一个天眼。相传汉代张骞出使西域，路过这里，看到松树下凉风阵阵，就枕石而眠，梦中他来到了天上织女住的地方，一群织女看到张骞，送给他一块织机石。当张骞醒来，一动胳膊，就掉出来一块石头，他感觉很神奇，就把这件事讲给他的随从和当地的百姓，大家都觉得不可思议，所以早在汉代就为神松埋下了伏笔！

观景平台

麟州攻守景观

在杨家城的悬崖绝壁之上，布置有麟州攻守景观。该景观以杨家城守军和西夏军队攻守城池为表现内容。景观中杨家将依托高大的城墙与西夏军队开展了激烈的搏杀。雕塑人物造型各异，或攻或守，或冲或躲，将一场激战表现得淋漓尽致。遥望麟州攻守景观，恍惚之间，仿若穿越千年的时光，来到那火光冲天、号角连连的征战现场，与杨家城军民同心协力，奋力抗敌。

麟州攻守景观一角

麟州攻守景观

麟州攻守景观

人物雕像

沉寂于窟野河畔的麟州城，在千年的时光里与无数文人雅士交集，其中以王维、范仲淹、文彦博、欧阳修最为有名。畅游杨家城，城畔上巍然矗立着他们的雕塑，虽沉寂无声，但却在浩瀚的天空下，化为凝固的历史之诗。

当红日西斜，金色的余晖洒在王维雕塑上，我们看见一个飘逸的身形用他那充满智慧的眼睛望向三棵神松，吟诵着“青青山上松，数里不见今更逢”。在雄关烽火台前，欧阳修长髯飘飘，写下的杨君墓志铭，是杨家将追根溯源的力证。在战火纷飞的岁月，他高瞻远瞩，力排众议保麟州。在红楼的烟尘里，文彦博的雕塑远眺山水，恍若旧日诗兴大发的诗人，挥毫泼墨，红楼题诗，肆意盎然。在杨家城城头，范仲淹的雕塑振臂高呼，豪气干云，俨然一位忧国忧民的征夫。

王维雕塑

四座名人雕塑，用他们不同的神态，诉说着麟州的历史，游客们或与他们对视，或与他们合影，历经千年，感受他们别样的情怀。

杨家城展览馆

杨家城展览馆坐落于杨家城遗址东侧，占地面积 1654 平方米，展览馆前厅占地面积 128 平方米，序厅 138 平方米，文化艺术长廊临展休闲区 148 平方米，分塞上重镇、英雄故里、文化新城三个单元，另有多媒体会议室、沉浸式体验区、文创区等。展览馆主要以“人与城并行”的方式体现出杨家城对忠勇精神的传承，通过图文结合、实物陈列、多媒体生动呈现了杨家四代戍守北疆、忠勇报国的动人事迹及传奇故事。

前厅设置有一组高约 3.5 米的杨家将群体雕塑，雕塑的上方为明长城的缩影，下方为杨家将人物形象，主要表达忠勇文化与长城文化在这里交汇融合的主题。

塞上重镇，设置有文物展出区，主要展出的是遗址出土和民间征集的各式文物，种类多样，内容丰富。特别是宋代下级武官徐德和高世忠的墓志铭石碑，清晰反映了宋代武官的生平，堪称杨家城展览馆的镇馆之宝。此外该单元设置有杨家城的城垣结构，在这里可以清晰地看到东城、内城、西城、北城四部分城垣的轮廓和地形地势。另外在展厅的墙面上还设置有展板，主要内容为宋代的文豪和史学家在麟州发生的故事，留下的诗词以及神木名字的由来和明代九边重镇明长城的简介。

英雄故里，主要介绍杨家将谱系，设置杨家将核心人物的肖像和简介，通过直观的形式展现了杨家将的核心人物和三场著名的战役。杨业雁门关大捷的战役通过复原场景的形式展现，杨延昭冰冻铁遂城、杨文广大破筚篥城的征战场景则通过大型油画的形式展现。在杨家将的演绎部分，除了设置有威武霸气的杨七郎雕像，还利用展板介绍杨家将文化的演绎形式——评书、电视剧、电影、连环画等。此外还设置有与杨家城相关的古诗词装饰，与杨家将相关的影视剧海报。在最后的一整面墙则陈列了有关杨家将的各类小人书，可随手拿起翻阅。

文旅新城，主要展现杨家城的旅游规划，远景目标。除了容纳 99 人的多媒体会议室，还有 73 平方米的 5D 动感影院，向游客提供沉浸式体验。另外还设置有文创区，售卖各类有关杨家城和杨家将的文创产品。

整个展馆主题鲜明、重点突出、布局协调，每部分重点内容均设计不同形式的展示亮点，以雄辩的事实、精美的展陈、崭新的技术、深刻的启发，以人与城并行的方式诠释杨家城对忠勇精神的传承。杨家将忠勇报国的伟大精神，是千百年来中国人反抗侵略、保家卫国、追求和平美好的民族精神的体现。置身其中，我们应以恬静的心态去观看整个杨家城展览馆，用心去感受杨家四代戍边守关、忠勇报国的动人事迹，了解杨家将英雄群体系列的传奇故事。

杨家城展览馆

军事文化体验园

冷兵器的荣光

麟州历来是边塞重镇，战争频发，使人们更加注重对原始的攻城器械进行改进和创新，云梯、投石车、冲撞车等重型攻城武器应运而生，成为战场上防守一方的噩梦。这些攻城器械都有一个核心任务，那就是掩护己方步兵攻破城防。它们在战争史上有着重要的地位，同时也使战争变得更加激烈和残酷。在杨家城东门祭祀广场的军事文化体验园，就摆放了各种各样的攻城器械。

军事文化体验园全景

军事文化体验园一角

冲撞车

冲撞车上有一个巨大的木桩，桩上有一个铁头，在遮盖物的内部前后摆动，作战时，用铁头向城墙或者城门撞上去，撞上以后，木桩会摆动回来并再次向城墙或城门冲撞。这种撞击力可以破开由厚木板制造的城门或石墙，打开一个可作攻击的缺口。事实上，操作冲撞车是非常危险的任务，因为防卫者会从上方射箭，掷石块，浇开水、燃烧的油脂等，试图破坏冲撞车或者杀死操作冲撞车的士兵。

冲撞车

投石车

在火炮发明以前，投石车就是最重型的远射武器，也是最令守城军士头疼的器械。投石车是利用杠杆原理来发射的，在器械的一端放置重物，另一端放置投掷物，之后依靠人力将装载投掷物的那一端用力拉下，填装好后就放开，放置重物的那一端就会快速落下，从而使投掷物飞出轰击城墙，造成城池破坏甚至形成很强的杀伤力，士兵就可轻松攻入城中。其实投石车就是中国象

投石车

棋的炮。投石车在宋代的使用到达高峰。

云梯

云梯在古代属于战争器械，是攀越城墙攻城的用具，因其造价低廉，所以被大规模使用。长梯架在木车之上，木车上有简易的防护措施可以保护士兵。使用时将木车停靠在城下，用上方的云梯钩住城墙就可以发动进攻。为保障推梯人的安全，宋代对唐末云梯进行了改进，将云梯底部设计为四面有屏蔽的车型，人员在棚内推车接近敌城墙时，可有效地抵御敌矢石的伤害。缺点是必须行至城下才能够发挥作用，守军会想办法毁

云梯

灭，所以损伤很大。

云梯自商周时期就有了，春秋时期鲁国能工巧匠公输盘做了改良，其时楚惠王为了达到称雄目的，命令公输盘制造了历史上的第一架云梯。《淮南子·兵略训》许慎注曰“云梯可依云而立，所以瞰敌之城中”，说明云梯另外一个用途可以登高望远侦探敌情。

绞盘云梯

绞盘云梯十分类似现代消防所用的可伸缩式云梯。到了宋代，云梯的结构又有了更大改进。据《武经总要》所记，宋代云梯的主梯也分为两段，并采用了折叠式结构，中间以转轴连接。这种形制有点像当时通行的折叠式飞桥。同时，副梯也出现了多种样式，使登城行动更加简便迅速。大大缩短了士兵展开云梯的时间，为攻城争取了时间。

绞盘云梯

望楼车

主要作为古代攻城的战略性武器存在，是一种专供观察敌情的瞭望车，车底部装有轮子，可以推动。宋代出现一种将望楼固定在高杆上的“望楼车”。这种车以坚木为杆，高 8 丈，顶端置板层，方阔 5 尺，内容纳一人执白旗瞭望敌人动静，用简单的旗语向下面的将士通报敌情。将旗卷起表示无敌人，开旗则敌人来；旗杆平伸则敌人近，旗杆垂直则敌到；敌人退却将旗杆慢慢举起，敌人已退走又将旗卷起。望楼车，车底有轮可推动；竖杆上有脚踏橛，可供哨兵攀爬；竖杆旁用粗绳索斜拉固定；望楼本身下装转轴，可四面旋转观察。这种望楼车比巢车高大，观察视野开阔。后来随着观察器材的不断改进，置有固定的瞭望塔，以观察敌情。

望楼车

绞绳弩车——双弓弩车

重弩之中最具代表性的便是我国的三弓床弩。北宋的《武经总要》载有多种多弓床弩，其中最为强劲的三弓床弩又称“八牛弩”，需百余人绞轴张弦，箭矢“木干铁翎”世称“一枪三剑箭”，大概状如标枪，三片铁翎就像三把剑一样，射程可达1000米以上，是名副其实的大杀器，除了被广泛用于野战外，还可用于城市间的攻防战。弩车发射的时候颇为壮观，近距离可直接钉到城墙里面（古代城墙多为土夯）。齐射的时候，数以百计的

双弓弩车

弩车

马车

“标枪”钉入城墙，攻城兵士可借此攀缘而上。宋人通称弩炮为“床弩”或“床子弩”。其时一架炮往往联装两张弓或三张弓，利用多弓的合力发射箭矢，劲力胜于前代。据今人的研究，多弓床弩的结构非常巧妙，弓弦的张设可能利用了滑轮。床弩也可发射“踏橛箭”，成排成行地钉在城墙上，攻城兵士借以攀缘而上。连弩、弩车和床弩是中原民族对弩的发展的贡献，不仅表现于创造了精妙的青铜弩机，大大改进了手持弩，还体现了由手持弩发展出了弩炮。这是一种安装在架子上发射的大型强弩，能够发射状似标枪的巨箭，而且往往一次发射多支箭，因弩弓极为强劲，常需多人，或用牛拉，才能转动绞车（即辘轳），引绳张弓。

杨家城大门

楊家城

英雄人物

“杨家将”之名，就目前文献而言，最早见于宋末之初徐大焯的《烬馀录》，曰：杨业战殁，长子渊平随殉，次子延浦、三子延训官供奉，四子延环、五子延贵并官殿直，六子延昭以从征朔州功，加保州刺史，真宗时，与七子延彬，初名延嗣者，屡有功，并授团练使。延昭子宗保，官同州观察，世称杨家将。

杨业

杨业又名杨继业、杨崇贵。《东都事略》说杨业“善射，好田猎，弱冠事刘崇”，《隆平集》《宋史》记载与此相同。杨业在宋朝平定北汉归顺宋朝后，宋太宗初年，为郑州观察史。

杨业塑像

杨业于太平兴国四年至六年（979—981），在代州于辽军出入各要道口构筑要塞阳武寨、崞寨、雁门寨等 10 寨。太平兴国五年（980），辽军南犯代州。在雁门关，宋主将潘美正面防堵，杨业率轻骑绕道敌后，予以重创。此后，辽军望见杨业旌旗，即闻风丧胆。雍熙三年（986），宋太宗下令北伐，兵分四路，以潘美为云、应、朔等州都部署，杨业为副，北出雁门关。他们接连攻取了几个州县。但其他两路进攻不顺，赵光义下令撤退，命杨业掩护云、应、寰、朔四州百姓撤离。杨业临危受命，“身数十创，士卒殆尽，犹手刃数十百人，为敌所擒，不食三日而死”。

杨弘信

欧阳修的《供备库副使杨君墓志铭》中说：君讳琪，字宝臣，姓杨氏，麟州新秦（今陕西神木）人。新秦近胡，以战射为俗。杨氏世以武力雄其一方。其曾祖讳弘信，为州刺史。司马光在《资治通鉴》中说："麟州土豪杨信，自为刺史，受命于周。"后周广顺元年（951），后汉监国郭威称帝，建立后周。杨弘信自立为麟州刺史，得到周太祖郭威的承认。不久，杨弘信病死。

杨弘信塑像

杨重勋

杨重勋又名杨重训，杨弘信次子，杨业弟。父死后，由于兄杨业事北汉，杨重勋继任麟州刺史后也归附北汉。

宋朝建立，杨重勋归附，多次击退北汉。乾德五年（967），设建宁军于麟州，杨重勋升任建宁军节度留后。开宝五年（972）九月，宋太祖采取另派武臣任灵州（今宁夏回族自治区灵武市）、麟州等地的长官，而将世袭的土豪移置内地，杨重勋由建宁军节度留后移为保静军（宿州，今属安徽省），后升节度使，开宝八年（975）七月去世。

杨重勋塑像

折太君

杨业妻折太君（佘赛花）为府州（今府谷）人。府州与麟州毗邻，府州折家世袭军职，父折德扆后降宋任永安节度使，旧史家限于历史局限性——特别是鄙薄女性的偏见导致史籍缺乏记载，主要来自地方文献、地方志。《宋纪》说："杨业娶府州折氏，称太君。"考《岢岚志》载："折氏系折德扆女，性警敏，尝佐业立战功。"《晋乘搜略》引《通志》说："保德州南四十里折窝村有折太君墓，即杨业妻折德扆女也。"

杨延昭

杨延昭，《续资治通鉴长编》卷 82、《东都事略》卷 34、《宋史》卷 272 均有"六郎"之称；生于后周显德五年（958）。朔州之役后，宋真宗任杨延昭出知景州（今河北东光），又徙保州缘边都巡检使。咸平二年（999）冬，契丹南侵，时杨延昭驻防定州遂城（今河北徐水），首当其冲。

"延昭集城中丁壮护守，偶大寒，命汲水注城外，冰坚滑，城不可近，敌遂解去"。在平生抗辽军事生涯中，杨延昭与部属同甘苦，号令严明，自奉俭约，遇战必身先士卒，更多谋善战。

杨光扆

杨光扆，五代宋初将领。麟州新秦人，杨重勋子。生于后汉乾祐八年（955），开宝五年（972）重勋任保静节度使后，由光扆主麟州军政，时年18岁。太平兴国四年（979），宋师攻后汉，光扆因伯父杨业在汉未得随军出征。北汉降，杨业归宋。光扆曾在太平兴国七年（982）与府州折御卿破契丹军于丰州，并追赶至河套而回。雍熙二年（985），光扆卒于麟州任所，年31岁。

杨文广

《续资治通鉴长编》《隆平集》《宋史》记载杨文广以父荫官，曾得到范仲淹的赏识。宋仁宗庆历年间（1041—1048），在陕西参与镇压农民起义的战功下升任殿值，后从名将狄青南征。熙宁年间，神宗出于巩固西陲，命文广遏止西夏入侵。

"在杨家将中，如果说杨业、杨延昭的事业在于抗辽，那么他的一生可谓南征北战，南伐侬智高，西征西夏，北御契丹"。

杨琪

杨琪，字宝臣，以荫授殿侍，后因其从伯父杨延昭之荫授三班奉职。欧阳修在《供备库副使杨君墓志铭》中称他"少丧父，事其母韩夫人，以孝闻"。杨琪"独好儒学，读书史"，是故后来其子杨畋文武兼备，走上科举仕进之路。欧阳修称他“为人材敏，谦谨沉厚，意恬如也”，但仕途并不得志。先后任同提点河东、京西、淮南三路刑狱公事，因杨畋之故，宋廷赠杨琪左骁卫将军。

皇祐三年（1051）十月甲申（初六），时任屯田员外郎、直史馆的杨畋将亡父及亡母慕容氏合葬于洛阳县（今河南省洛阳市），并请名臣欧阳修为亡父撰写墓志铭。

杨畋

杨畋，字乐道，保静军节度使重勋之曾孙。进士及第，授秘书省校书郎、并州录事参军，再迁大理寺丞、知岳州。庆历三年（1043），湖南徭人唐和等劫掠州县，擢殿中丞、提点本路刑狱，专治盗贼事。乃募才勇，深入峒讨击。然南方久不识兵，士卒多畏慑。及战孤浆峒，前军衄，大兵悉溃，畋踣岩下，借浅草得不死。卒厉众平六峒，以功，迁太常博士。未几，坐部将胡元战死，降知太平州。岁余，贼益肆。官至龙图阁学士知谏院。

杨业雕像

雕像

杨

硝烟里的故事

古代麟州是民族杂居之地，南北朝以来，突厥、党项、羌、契丹等民族在此纷争频繁。其中，贞元十四年（798）七月的战事尤为惨烈，麟州城陷，刺史郭锋被杀，城郭被夷为平地。五代时期，麟州战火纷飞。宋代，宋与西夏隔窟野河对峙，重大战事时有发生。宋与辽、金与西夏也曾反复争夺，激战麟州。

浊轮川之战

雍熙二年（985），夏州蕃落指挥使李继迁占据银州（今米脂、佳县一带），向北发展势力。五月，进攻麟州，北宋王侁所率军队在兔毛川（疑为今板兔川）、浊轮川（今永兴沟）将其挫败。

杨家城古兵营

松花岩之战

咸平二年（999），李继迁军由万户峪（今神木市万镇）进攻麟州，到达松花岩（疑为今神木市花石崖）。府州知州折维昌率部堵截失利，李继迁兵临麟州城下，被知州韩崇训击退。

咸平麟州之战

咸平五年（1002）六月初八，李继迁率 20000 骑兵围攻麟州，切断城中水源。知州卫居实、麟府浊轮川副都部署曹璨凭险据守，向外求援，宋军多路驰援。夏军腹背受敌，又逢忽降暴雨，李继迁见形势不利，拔营撤退。

庆历麟州之战

庆历元年（1041）七月，西夏李元昊率军进攻麟州，知州苗继宣抵抗 27 天。城中缺水，苗继宣让士兵用泥浆涂补城墙，迷惑敌人，又向外求援。夏军退兵，转而攻陷丰州。

柏子寨之战

庆历二年（1042）某月，并代都钤辖管勾麟州军马公事张亢

人物雕像

与知州折继闵，领兵 3000 人护饷到麟州，在柏子寨（今址不详）与来袭的西夏李元昊数万兵马遭遇。宋军将士突围后，利用地形伏击，西夏军大乱，坠崖而死者不计其数。

兔毛川之战

庆历二年（1042）三月，西夏军经兔毛川袭击建宁寨。张亢命骁将张岜率精兵数千埋伏，自领万余兵力诱敌。双方展开激战，宋军大胜告终。经过此役，西夏军很长时间不敢进兵。

嘉祐麟州之战

嘉祐二年（1057）春，并州通判司马光在麟州巡边，与知州武戡达成一致意见，拟在窟野河西修筑两座城堡，以防止西夏人侵扰，且做麟州前哨。五月初五夜，麟州军卒 1000 余人赴河西筑堡，遭到西夏兵马突袭。武戡仓促出战大败，管勾麟州军马郭恩、内侍黄道元战死。

杨家城

浮光掠影话名家

张说

张说（667—730），字道济，一字说之，唐代政治家、文学家。原籍范阳（今河北涿州），世居山西永济，后迁居洛阳。张说受封燕国公，时与许国公苏颋齐名，并称“燕许大手笔”，被誉为“开元名相”“一代文宗”。开元九年（721），突厥降将康待宾联合夏州党项部落反叛，进攻银城、连谷（今神木市域）。唐玄宗遣将征伐，张说参与军机，交战后大获全胜。对于如何处置俘虏，有人主张诛杀，张说上奏建议设置麟州，用以安抚投降的党项部落，朝廷予以认可。开元十二年（724），将胜州所属连谷、银城两县划分出来，正式设置麟州。

王维

王维（701—761），字摩诘，蒲州人（今山西）。官至尚书右丞，唐代著名诗人、画家，著有《王右丞集》。天宝四年（745）春，任侍御史之职的王维，奉命出使新秦郡、榆林郡（今内蒙古自治区准格尔旗十二连城）。当王维进入新秦地界，那漫山连绵起伏的松林，让他眼前一亮，于是吟出著名的《新秦郡松树歌》。

欧阳修

欧阳修（1007—1072），字永叔，号醉翁、六一居士，江西吉州永丰人。北宋政治家、文学家，世称欧阳文忠公。庆历四年（1044）四月，朝廷有关麟州的存废争论激烈，便派右正言、知制诰的欧阳修前往河东路考察。欧阳修深入调查，权衡利弊，上奏《论麟州事宜札子》，使朝廷认识到麟州的战略重要性。欧阳修体察民情，当了解到在麟州官营酒业后，上奏《乞放麟州百姓沽酒札子》，反对与民争利，建议取消酒榷政策。欧阳修此行，还注意察访地方官吏，向朝廷提出对麟州文武官员的考核意见。

文彦博

文彦博（1006—1097），字宽夫，号伊叟，山西汾州介休人。北宋政治家、书法家。出将入相五十年，是史上有名的长寿宰相。康定元年（1040），文彦博任河东转运副使，曾在麟州红楼题诗。当时麟州运输粮饷道路迂回绕远，而唐代修筑的旧粮道，路程较短，且长期荒废。文彦博的父亲文洎，当年担任转运使时曾打算恢复整修旧路，未来得及完成便因病去世。文彦博继承父亲遗志，带人修复这条便捷的运饷通道，为麟州城囤积粮草提供方便。

范仲淹

范仲淹（989—1052），字希文，江苏吴县人。北宋思想家、政治家、军事家、文学家。朱熹誉其为“有史以来天地间第一流

人物”。据范仲淹五世孙范之柔所编《范文正公年谱补遗》记载，庆历四年（1044）秋，范仲淹巡察河东路，十月十日到达麟州。其时，西夏军队经常侵扰麟府地界，百姓多逃至黄河东岸避难。麟州“孤悬河外”，许多当朝官员主张或移或废，如曾知并州的杨偕上疏《请建新麟州于岚州裴家山奏》。此前，范仲淹也赞同这些建议，及至亲赴麟州，才认识到麟州战略位置的重要。范仲淹在写给韩琦的书信中，坦承自己以前的错误，并上疏《乞于麟府修起城寨招蕃汉入户安居奏》《乞招纳嘉舒等七族奏》，建议朝廷设法安置流民，增修堡寨，巩固防守。同时，感于战乱后民生凋敝，又上奏请求在麟州创置榷场，繁荣商贸。麟州此行，范仲淹与当地文武官员登临州城，切身体会到边疆将帅的艰辛，于是作《渔家傲 · 麟州秋词》两阕，又赋《留题麟州》诗一首。同年十二月十六日，范仲淹驻留三个多月后，从麟府路返回到岢岚军。

张咏

张咏（946—1015），字复之，号乖崖，山东鄄城人。北宋名臣，官至礼部尚书，世界上最早的纸币——交子的发明者，被誉为“纸币之父”。雍熙二年（985）六月，知制诰苏易简推荐张咏任太子中允，通判麟州。麟州地区党项等少数民族与汉族杂居，战乱频仍。张咏作《麟州通判厅记》，并刻于办公处的墙壁上，表示要辅佐知州“辑兵绥民，御侮致饷”。张咏采取“缮起亭障，精明烽火”等举措，加强防御。当时，李继迁与北宋的战争集中于银州一带，麟州相对安宁。张咏在《答王观察书》中，详细描述麟州任内的清闲生活。端拱元年（988）夏，张咏任满回京。张咏在麟州多有善政，其墓志铭记载“时夏台未安，边鄙方耸，公多以兵法从事。洎西戎即叙，亦公之有画焉”。

张咏居官麟州期间，写下《麟州通判厅记》以及《登麟州城楼》《新秦遣怀》《新秦送人东归》《郡斋秋夕》《孟孟词》等诗作。

司马光

司马光（1019—1086），字君实，号迂叟，山西夏县涑水人，世称涑水先生。北宋政治家、史学家、文学家。至和二年（1055），司马光受河东路经略安抚使、并州知州庞籍推荐，出任并州通判。当时，官方不允许在窟野河西耕种，西夏人便时常蚕食河西良田。嘉祐二年（1057）春，司马光受庞籍之命，赴麟州调研，与知麟州武戡、通判夏倚讨论后向庞籍建议，在河西筑堡募民，开垦荒地，解决粮食问题。庞籍采纳了他的建议。就在麟州军民兴修堡垒的时候，西夏军出来骚扰，麟州守将郭恩趁夜出兵，结果全军覆没，史称“麟州事件”。面对朝廷追责，庞籍主动承担责任。事后，司马光三次上书澄清事实，为庞籍、夏倚等开脱。

杨家城

文献印象

《全宋文》

《升麟州为建宁军节度诏》:“比麟州，地连金泽，怀柔镇抚，实曰要区。俾分节制之权，以重藩宣之寄。宜升为节镇，以建宁军为名。”

《明实录》

永乐四年，宁夏总兵官、左都督何福奏：陕西神木县在绥德卫之外七百余里，盖极边冲要之地，虏之所常窥伺者。洪武中，每岁河冻，调绥德卫官军一千往戍。后设东胜卫，又在神木之外，遂罢神木戍兵。今东胜卫率调永平、遵化，神木虽如旧戍守，然兵少不足以制寇，且县治在平地，四山高峻，寇至凭高射城中，难为捍卫。县城东山有古城，颇险峻，且城隍坚完，请移县治，于彼益兵戍守为。上从其言，命于绥德卫再调一千户所往戍守。

《新唐书》

《新唐书》卷三十七《地理志》载：麟州新秦郡，下都督府。开元十二年析胜州之连谷、银城置，十四年废，天宝元年复置。

户二千四百二十八，口万九百三。县三。新秦，中。开元二年置，七年又置铁麟县，十四年州废，皆省。天宝元年复置新秦。连谷，中下。贞观八年以隋连谷戍置。银城，中下。贞观二年置，四年隶银州，八年隶胜州。

《宋史》

杨业，并州太原人。父信，为汉麟州刺史。业幼倜傥任侠，善骑射，好畋猎，所获倍于人。尝谓其徒曰：“我他日为将用兵，亦犹用鹰犬逐雉兔尔。”弱冠事刘崇，为保卫指挥使，以骁勇闻。累迁至建雄军节度使，屡立战功，所向克捷，国人号为“无敌”。

《资治通鉴》

《资治通鉴》卷二百一十二开元九年（721）七月条载：“秋七月，己酉，王晙大破康待宾，生擒之，杀叛胡万五千人。辛酉，集四夷酋长，腰斩康待宾于西市。”“先是，叛胡潜与党项通谋，攻银城、连谷，据其仓庾，张说将步骑万人出合河关掩击，大破之。追至骆驼堰，党项乃更与胡战，胡众溃，西走入铁建山。说安集党项，使其复居业。讨击使阿史那献以党项翻覆，请并诛之，说曰：王者之师，当伐叛柔服，岂可杀已降邪？因奏置麟州，以镇抚党项余众。”

杨君墓志铭

“君讳琪，字宝臣，姓杨氏，麟州新秦人也。新秦近胡，以战射为俗，而杨氏世以武力雄其一方。其曾祖讳弘信，为州刺

史。祖讳重勋，又为防御使。太祖时，为置建宁军于麟州，以重训为留后。后召以为宿州刺史、保静军节度使，卒赠侍中。父讳光扆，以西头供奉官，监麟州兵马，卒于官。君其长子也。君之伯祖继业，太宗时为云州观察使，与契丹战殁，赠太师、中书令。继业有子延昭，真宗时为莫州防御使。父子皆为名将。其智勇号称'无敌'，至今天下之士，至于里儿野竖，皆能道之。"（欧阳修著）

亡妻陶氏墓铭

君实陶姓，作配杨氏。父方母孙，教严礼备。君生乙巳而殁丙子，稾寓太原未即南徙。乙酉归洛，言陪祖迁。今随舅丧，西葬别园。皇祐辛卯，上冬甲申，素茵薄棺，窆于兹辰。今而有知，其安尔真。呜呼！性之纯静，寿曷不永行之婉淑，子奚不育。天曰至仁，于君为酷，邙交瀍曲，松楸始绿，君为我先，宁

校迟速！（新秦杨畋撰）

《元和郡县图志》

《禹贡》雍州之域，秦、汉为云中郡。隋开皇二十年置榆林县，改为胜州。天宝元年（742），王忠嗣奏割胜州连谷、银城两县置麟州。

《旧唐书》

天宝元年（742），王忠嗣奏请割胜州连谷、银城两县置麟州，其年改为新秦郡。乾元元年（758），复为麟州，领县三，户二千四百二十八，口一万九百三。去京师一千四百四十里，至东都一千九百五里。

《太平寰宇记》

麟州新秦郡，理新秦县，《禹贡》雍州之域。汉武帝徙贫人于关以西及充朔方，以南新秦中盖其地，周、隋以降为银、胜二州地。唐开元十二年，割胜州之银城、连谷二邑新秦郡并县，至十四年，又废郡，以属邑还隶胜州。天宝元年，复置，寻改为新秦郡。乾元元年，复为麟州，升为振武、麟、胜等州节度兼都护，以胜为支都。

《元丰九域志》

麟州新秦郡，镇西军节度。乾德五年升建宁军节度，端拱元年改镇西军，治新秦县。

地理：东京二千五百里。东至本州界六十一里，自界首至岢岚军一百四十九里。西至夏州三百五十里。南至本州界一百四十五里，自界首至石州三百三十里。北至本州界五十里，自界首至丰州一百一十里。东南至本州界一百一十里，自界首至岚州一百九十里。西南至银州一百八十里。东北至本州岛界六十三里，自界首至府州五十七里。西北至夏州一百二十里。

户：主三千七百九十，客一百九十六。

土贡：柴胡一十斛。

县三：上，新秦，神堂、静羌二寨。惠宁、镇川二堡。有兔毛川。中，银城，州南八十里。银城、神木、建宁三寨。肃定、神木、通津、兰干四堡。有五原塞、窟野川。下，连谷，州北一十里，横阳一镇。有窟野川。

古迹，汉武帝徒贫人于关西及朔方以南新秦中，即其地中，古麟州城。古长城，《史记》：赵武灵起长城，自代傍阴山下，至高关。

杨家城

《请不弃麟州疏》

“麟州天险，不可废。废之，则河内郡县民皆不安居矣。不若分其兵驻并河内诸缓急得以应援，而平时可省转输，于策为便。”（宋 · 欧阳修）

杨家城将军山庙碑

真武感异人间，密迩天上。密函贯布耳目者甚著，其在惟寅？凡心所可宣，明夫至神与天地阴阳相终始，变化不可诘其端倪，但有以格之而已。郡东北隅，旧有神庙，渺不知何年建，但有小碑，略言其神迹云：康定中，西人背和，且犯吾境，此现神物若指挥益兵状，西人大恐，黎明遁去。不纪建造月日，至今号为将军山，是其事也。惟寅绍圣二年九月十六日到官，始揖武威贾将子詹，剧谈神异云："祷之无不冥通。"子詹忠厚人也，其言固不妄。又云去夏赤日，有小蛇蜿蜒自庙中出，长仅数寸，体被文绣，光耀灿烂，盘踞梁上且久。触之者，作大雷，因倏不见。今观其地形诡异，下控阊阖，不与物接，宜其为静室栖神灵，实新秦祈福之奥区也。予适有祷，符若影响，如子詹之言不异。不觉悚心起敬，镂诸琬琰，以告登陛者。宋绍圣五年三月二十七日戎优冯惟寅谨书。（宋 · 冯惟寅）

杨家城

神松奇梦

神松奇梦——“神木”来由

传说古麟州城外东南有三棵巨松，张骞出使西域路过此地，正当赤日炎炎，人困马乏，看见路旁土坡上有几棵高大的松树，枝柯相连，荫翳扶疏，好像是搭起的一座凉棚，于是下马解鞍，在树下枕了一块石头躺着休息，不觉蒙眬入睡。他梦见自己驾着一只小舟，悠悠荡荡地泛入天河，进入天宫。他于是舍舟登岸，信步走去，见到好多琼楼玉宇，奇花异石。忽然一阵幽香过后，隐隐有机器声传到耳边，循声而往，竟来到织女织锦的机房。织女们惊奇地一齐围了过来，殷勤地款待他，并且向他问了好多人间的事。他都一一做了解答。临走时，一个年龄较大的织女从织机下抽出织机石一块，赠送给他，作为纪念。他郑重地接了过来，藏在自己的袖筒里。一觉醒来，日已过午，他举手整装，准备上路，觉得袖里沉甸甸的，用手一摸，原来是织女送给他的那块织机石，于是大呼“神松”——神木由此得名。

远古神林

夸父追赶太阳，渴死于途中。他的手杖化为一片浩瀚的神林。在那开天辟地，远古洪荒的亿万年前，这块贫瘠干涸的大地曾是一番水草肥美，林木荫翳，鱼翔浅底，鸢飞蓝天，美丽富饶的景象。植物生而死，死而生，周而复始，不断堆积。侏罗纪地质时代后期，地壳开始一次次碰撞挤压、升降沉浮，森林植被一批批繁衍、死亡、腐烂、分解……经历了亿万年的孕育，大自然为这片广袤的贫苦地区悄悄地蛰伏了一条与万里长城同向延伸的、绵延数万平方公里的黑色巨龙，它便是今天举世瞩目的大煤田。

清官劝水

传说有一年，窟野河洪水猛涨，危及县城。人们呼天叫地，乱作一团。县官见情况危急，迎水头一跪，将乌纱帽抛向水头，愿以一人性命换取百姓安全。并急忙许下大愿说：“卑职如能平安回衙，一定将近日一案所得白银三百两，为河神爷补修庙宇。”

河神深受感动，命洪水傍二郎山立起来，侧城而过。不久，大水退去了，只见整座西山被黄泥糊糊给染成驼色的山了。加之这西山脊背本来就几峰对峙，所以看到这种情景，人们就说，那是河神爷丢下的一只大骆驼。有人说这正是二郎山原名“驼峰山”的原因。而今日二郎山的腰线据说就是那次洪水冲刷而成的。

晨光里的杨家城（局部）

西津奇柏

相传麟州城南黄河西岸的西津寺原有一个聚宝盆，抓一把米放进去，盆一下便满了；投一枚钱币，钱币便不断从盆中溢出。南方一货郎投宿庙中，得知此事，便于夜深趁师徒二人熟睡时，把瓦盆抱于怀中溜出院门。他怕师徒二人发现追赶，况天黑路险不便行走，只好捡一块空地，刨一小坑将瓦盆埋藏。又怕日

久难以觅寻，便从寺中唯一一棵古柏上折一小枝插于此地，并特意将树干向左扭了几扭，以图日后辨认。然后潜回寺院假寐。三年后，货郎打探到师徒二人都已不知去向，遂赶回西津寺取宝，远处一望遍山翠绿，整座山峰长满柏树。货郎上山细找埋瓦盆之处，看到漫山遍野全是左扭柏，聚宝盆再也找不到了。

二郎担山

传说远古时期，神木地势开阔平坦，常有风沙侵袭。更由于过度地垦殖，毁林开荒，使农田无保护，地表没掩盖，风沙危害愈来愈严重。尤其每年春天狂风甚恶，卷着沙子飞扬，断断续续，数月不止。有时竟出现咫尺不见的沙尘暴，常常摧毁林草，覆压农田，打伤禾苗，人民深受其苦。于是二郎神杨戬便从山西担了两座山，飞渡黄河，给神木城东、城西各放了一座。从此挡住了漫天风沙，人民得以安居乐业。

火塔驱兽

远古时，凶猛兽类在神木大地四处横行，门神灶君请托塔天王以宝塔相助，火焰四射的宝塔将野兽降伏，神木人从此留下了垒火塔的习俗。此俗最早可追溯至由游牧转入定居的古代当地人的生活中，不仅是一种喜庆的举动，也是为了团体集会、集团取暖、防御野兽侵犯，同时也是一种发出招呼近邻、号召群集的讯号的行为举动。此习俗在当地能够延续至今，原因有四：一是当地广有煤炭，旧时代当地群众将其当石块使用。二是当地是山大沟深黄土坡，讯号传递不便，火堆远照，光射显眼，讯号传递功能好。三是地处高寒，集体活动时会有火堆，供人们取暖。四是长期的边关时代，烽火习惯的延续。现在每年春节，火塔驱兽仍是既定的习俗。

历史上真实的杨家将

杨业本名叫杨重贵，其父杨信是麟州的土豪，趁五代混乱的时候，占据麟州，自称刺史，由于时局的动荡，先后归附过后汉、后周。大约是在杨信归附后汉的时候，为了结交当时任河东节度使的刘崇，派年少的杨重贵到太原。后杨信投靠了后周，杨重贵留在了太原。杨信死后，以其子杨崇勋（杨业的弟弟）继任刺史，又以麟州归附了北汉刘崇。其后杨崇勋又归附了后周。虽然有这样的反复，但是由于处于五代那个混乱的年代，杨重贵在太原的生活并没有受到什么影响。年少英武的杨重贵很受刘崇的看重，他以杨重贵为养孙，改名为刘继业。刘继业先担任保卫指挥使，以骁勇著称，以功升迁到建雄军节度使。由于刘继业战功卓著，所向无敌，国人号称无敌。然而刘继业在北汉 30 多年的战绩却湮没在茫茫的历史长河中，《宋史》和《辽史》均缺乏这方面的记载，《宋史》中提到几次宋军与刘继业的交锋，全是以刘继业的失败而告终。刘继业与宋将党进战于太原城下，被党进以少击众，大败，刘继业先躲在壕沟里，然后靠城上垂下的绳索，才得以逃生。以这样狼狈的战绩，不知道为何成为无敌？而在《续资治通鉴》中，仅仅提到刘继业在太原城头苦战防守，甚至北汉主刘继元投降以后，刘继业还在坚持战斗，直到宋太宗派刘继元去招降，刘继业才大哭解甲归降。其中描述这段历史的文字不过几十字，非常简略。同时期的《九国志》曾经记载过刘继业的功绩，但是遗憾的是关于这段历史的记载没有流传到今天。

杨家城一角

《辽史》中有辽将耶律斜轸责问杨业，“汝与我国角胜三十余年，今日何面目相见”。可见刘继业在北汉时期主要的对手是辽国。虽然北汉一直臣事辽国，但是处于强势的辽国经常侵掠北汉的边境，刘继业为北汉守边，估计经常与来犯的辽军交锋，虽然规模不大，但30余年未处下风，这样的经历让刘继业积累了边防的丰富经验。

北汉灭亡以后，刘继业归降北宋，宋太宗素知刘继业威名，

授予他左领军大将军，郑州防御使。刘继业归宋以后，复本姓杨，单名业。宋太宗以杨业对防御辽国有丰富经验，派他到代州为三交驻泊兵马部署，为潘美节制。辽国大军从雁门大举进攻，杨业从小路率领数百骑兵绕到辽军背后，与潘美的部队前后夹击辽军，杀死辽国节度使驸马侍中萧咄李，生擒马步军都指挥使李重诲，缴获很多兵甲战马。杨业因功升云州观察使。以后辽国望见杨业的旌旗，就不战而走。守边的主将忌杨业威名，屡次向宋太宗上书，诽谤杨业。宋太宗封其奏交给杨业，以表示对杨业的信任。而实际上书诽谤杨业的人，很可能就是潘美。潘美对杨业早就心存嫉妒，这样的心理，在某个特别的时刻就会表现出来。雍熙三年（986），宋太宗派出三路大军征讨辽国，其中潘美为西路军主将，杨业为副将。起初各路进展顺利，杨业一路夺取了辽国的寰、朔、云、应四州，但主力军中路曹彬失利。宋太宗命令各路人马班师，后又命潘美等率领大军将收复四州的民众迁移到内地。当时，辽国十余万大军已经反击，攻破了寰州。辽军兵力占有很大的优势，杨业等人的任务只是迁移民众，不需要与敌人决战。

《辽史》中记载了杨业与辽国交锋，夺取城池的功绩。并对杨业的善战、功绩大写特写，表达了辽军对杨业的畏惧。

杨家将第二代的代表人物是杨业的儿子杨延昭。杨延昭本名杨延朗，为了避讳，而改名杨延昭。幼年的杨延昭沉默寡言，但总是喜欢玩行军作战的游戏，杨业看了以后说："此儿类我。"以后出征，必然带杨延昭同行。杨延昭就在这样的环境中成长熏陶，成年以后，也成为一名职业军人。

雍熙三年北伐，杨延昭与父兄一起出征，攻击朔州的时候，杨延昭作为前锋进攻，被流矢射穿了手臂，他却更为勇猛地作战。杨业阵亡以后，杨延昭由供奉官升迁为崇仪副使。后来又担任保州缘边都巡检使，在河北的边防前线任职。北宋咸平二年（999），辽国南下进犯。杨延昭正在遂城，遂城小，又没有做好防守的准备，遭到了辽军的猛烈围攻，城中人心惶惶，而杨延昭召集城中壮丁，授予武器，配合宋军，全力固守。当时正值隆冬，杨延昭命人担水浇在城墙上，一夜之间就冻成了坚冰，城墙光滑难登，辽军的猛烈攻势也无法继续，只好撤退了，宋军缴获了辽军遗弃的军资器械。杨延昭出奇计保全了遂城，显示了他的军事才能，他因此功被授予莫州刺史。辽国南下进犯，身为镇定高阳关都部署的傅潜率领重兵驻扎在中山，屯兵不出，消极避战。而杨延昭以及杨嗣、石普等将领屡次请求傅潜增派人马，主动出击，傅潜都不听从，龟缩在中山。即使部下的将领出击取胜，傅潜也掩盖他们的功绩。后来宋真宗得到报告，将傅潜削职流放。宋真宗召见杨延昭，向他询问边防策略。宋真宗对杨延昭的表现非常满意，称赞杨延昭行军作战大有父风，给他很优厚的赏赐。咸平四年（1001），辽国又南下进攻，杨延昭在羊山埋伏精兵，自己率领部队与辽军交锋，将辽军引诱在伏击圈，与伏兵一起夹击，辽军大败，阵斩辽国大将。杨延昭因功被加封为莫州团练使。他和当时另外一位边防骁将杨嗣，并称为二杨。杨延昭等人卓著的战绩，也引起了朝

杨家城一角

廷中某些人的嫉妒。宋真宗曾经对宰相说："嗣及延昭，并出疏外，以忠勇自效，朝中忌妒者众，朕力为保庇以至于此。"咸平五年（1002），辽国进攻保州，杨延昭和杨嗣率领部队支援，还未列阵，就遭到辽军突袭，部队损失很大。宋真宗以两人素以忠勇闻名，赦免了他们的罪过。杨延昭仍然担任莫州团练使。咸平六年（1003），杨延昭又被任命为缘边都巡检，后又迁为宁边军部署。景德元年（1004），宋真宗将杨延昭的兵马增加到上万人，如辽国进犯，就屯驻静戎军之东，并许他便宜行事，不听都部署王超的指挥。澶州之役，杨延昭反对议和。他上书朝廷：契丹顿澶渊，去北境数千里，人马俱乏，虽众易败。凡有剽掠，率在马上，愿饬诸军扼其要路，众可歼焉。即幽、易等数州，可袭而取。杨延昭的主张和当时寇准的主张不谋而合，然而北宋朝廷并未对此做出反应。杨延昭自己率领人马进入辽国境内，攻破古城，取得不小的战果。以后澶渊定盟，杨延昭因为守边的功劳，屡次升迁，景德二年（1005），杨延昭被授予高阳关副都部署。杨延昭在大中祥符七年（1014），卒于任上，终年五十七岁。宋真宗听到这个消息，极为悲痛，派使者护灵而归，河朔的百姓，多望柩而泣。北宋朝廷录用杨延昭的三个儿子为官，并且从杨延昭常从门客中选取有才能的人为官。

数里不见今更逢

渔家傲·麟州秋词

宋·范仲淹

塞下秋来风景异，衡阳雁去无留意。

四面边声连角起，千嶂里，长烟落日孤城闭。

浊酒一杯家万里，燕然未勒归无计。

羌管悠悠霜满地，人不寐，将军白发征夫泪。

留题麟州

宋·范仲淹

宜恩来到极西州，城下羌山隔水流。

不见耕桑见烽火，原封丞相富人侯。

新秦郡松树歌

唐・王维

青青山上松，数里不见今更逢。
不见君，心相忆，此心向君君应识。
为君颜色高且闲，亭亭迥出浮云间。

忆红楼

宋・文彦博

昔年持斧按边州，闲上高城久驻留。
曾见兵锋逾百草，偶题诗句在红楼。
控弦挽粟成陈事，缓带投壶忆旧游。
狂斐更烦金石刻，腼颜多谢镇西侯。

登麟州城楼

宋・张咏

莫问戎庭苦，高栏是夕攀。
时清官事少，边静戍人闲。
雉堞临寒水，穹庐倚乱山。
皇恩正无外，不拟更移关。

杨家城秋景

出塞曲

唐 · 贾至

万里平沙一聚尘，南飞羽檄北来人。
传道五原烽火急，单于昨夜寇新秦。

新秦登红楼

宋 · 谢卿材

极塞登临略解颜，红楼高对玉门关。
四围山色讴歌内，万里羌情指顾间。
坐甲恐令飞骑老，卷帘欲贺白星闲。
细思故地方嗟愤，拍遍栏杆未忍还。

麟中寓居寄蒲中友人

唐 · 薛能

萧条秋雨地，独院阻同群。
一夜惊为客，多年不见君。
边心生落日，乡思羡归云。
更在相思处，子规灯下闻。

登杨家城得神松旧处

清 · 王致云

欲寻神木识根由，直上馋崖到此游。

好溯金时初建寨，还徵宋相旧题楼。

勋传柱国杨家将，说误槎仙博望侯。

更莫浪称松见处，山城改徙自云州。

参考文献

[1] 顾全芳. 杨家将历史与传说 [M]. 北京：人民出版社，2007.

[2] 段生成. 北宋杨家将志传 [M]. 北京：作家出版社，2014.

[3] 范林虎编. 店塔镇志 [M]. 北京：方志出版社，2019.

[4] 杨文岩. 古麟州与杨家将 [M]. 西安：陕西人民出版社，2021.

[5] 蔡向生，杜雪梅主编. 杨家将研究（历史卷）[M]. 北京：人民出版社，2007.

[6] 高山水. 正说杨家将 [M]. 天津：天津人民出版社，2010.

[7] 陈小林 . 杨家将故事考论 [M]. 杭州：浙江大学出版社，2018.

[8] 陈旭 . 民本神木 [M]. 西安：陕西旅游出版社，2008.

[9] 邵晶 . 杨家将与杨家城的文献和考古学观察 [J]. 文博，2016 (2) .84-86.

[10] 杜林渊，霍佳 . 神木杨家城的历史学观察 [J]. 延安大学学报（社会科学版），2012 (4) .66-69.

[11] 陕西省神木县县志党史红军史编纂委员会 . 神木县志（道光二十一年）[M]. 神木，1982.

[12] 神木市文学艺术家联合会 . 神木故事 [M].2018.

[13] 神木市文学艺术家联合会 . 麟州传说 [M].2018.

[14] 王世雄，王峰存 . 陕北地名故事 [M]. 西安：陕西人民出版社，2002.

[15] 李玉亭 . 神木古树 [M]. 西安：陕西科学技术出版社，2016.

[16] 赵雄 . 青青山上松：神木重要人物辑略（1620—1978）[M]. 北京：中国文史出版社，2017.

[17] 政协神木市委员会 . 历代文人咏神木 [M].2018.

[18] 刘欣 . 边墙古堡走神木 [M]. 北京：光明日报出版社，2015.